한국인 이름의 사회언어학

이 저서는 2014년 정부(교육부)의 재원으로 한국연구재단의 지원을 받아 수행된 연구임. (NRF-2014-0260)

한국인 이름의 사회언어학

강희숙 · 양명희 · 박동근

역락

책머리에

　강단에 선 지 비교적 오랜 경력을 지니다 보니 어느 때부턴가 출석부에 등재된 학생들 이름에 변화가 일고 있음이 눈에 띄었다. 한동안은 '나라', '아름', '으뜸', '한솔' 같은 고유어 이름이 주종을 이루는가 싶더니, 어느 때부턴가 '지선', '지우', '지연', '지유', '지현' 등 한자어 일색에 첫 글자가 모두 '지(智)'인 이름들이 흔하게 발견되었다. 부모 세대인 우리 연구팀의 이름이 '동근', '명희', '희숙'이라는 사실에 비추어 보면, 자녀 세대인 학생들의 작명 방식에 분명 어떠한 변화가 일고 있음이 감지되었다. 본 연구서는 바로 이와 같은 언어적 사실에 대한 인식을 같이한 데서 비롯되었다.

　한국의 전형적인 언어문화를 구성하는 요소 가운데 하나로 우리의 선인들은 어떠한 방식으로 이름을 지었으며, 그 이름에 대한 태도는 어떠했을까? 해방 이후 70여 년의 세월이 흐르는 동안 한국인들의 이름 짓기와 이름에 대한 인식은 어떠한 변화를 겪고 있을까? 시대의 변화와 함께 새로이 등장하는 이름의 유형은 무엇이며, 시대와 대상자의 사회적 신분에 따라 차이를 보이는 이름이 드라마의 인물이나 대중가요의 가사나 그룹명에는 어떻게 반영되었을까? 이러한 문제들이 꼬리에 꼬리를 물고 나타나 우리의 관심과 눈길을 끌게 되었는바, 2011년 한국연구재단에서 지원하는 '일반연구지원-기본연구(공동연구) 사업'으로 <한국인의 인명과 언어 태도에 관한 사회언어학적 연구>가 선정될 수 있었던 것은 전혀 우연이 아니었다.

우리 연구팀은 2011년 5월 1일부터 2013년 4월 30일까지 2년의 연구 기간 동안 한국인 이름의 다양한 양상에 대한 자료 수집과 연구 논문 발표 등의 작업을 비교적 충실히 수행하였다. 다음 목록들은 그러한 작업의 성과와 함께 그 후속 작업으로 최근까지 이루어진 연구 성과물이다.

(1) 강희숙·양명희·박동근(2011), <한국인 인명의 특성 및 언어 태도에 대한 사회언어학적 연구>, ≪2011년도 한국사회언어학회 정기 가을학술대회 발표 자료집≫, 한국사회언어학회.

(2) 강희숙(2012), <태명 짓기의 실태 및 확산 양상에 대한 사회언어학적 분석>, ≪사회언어학≫ 20(2), 33-61, 한국사회언어학회.

(3) 강희숙·양명희·박동근(2012), <해방 이후 한국인 이름의 특성 및 변천 양상에 대한 사회언어학적 연구>, ≪어문연구≫ 73, 33-60, 어문연구학회.

(4) 양명희(2012), <인명의 특징과 그에 대한 언어 태도 연구-서울, 광주, 목포 거주 고등학생을 중심으로->, ≪한국어학≫ 55, 239-266, 한국어학회.

(5) 박동근(2012), <한국의 사람 이름 연구사>, ≪한말연구≫ 31, 5-32, 한말연구학회.

(6) 양명희·강희숙·박동근(2013), <인명에 대한 언어 태도 연구 : 고등학생 자녀와 그 부모 세대를 중심으로>, ≪사회언어학≫ 21(3), 181-120, 한국사회언어학회.

(7) 강희숙(2013), <드라마 인물의 명명에 대한 사회언어학적 연구>, ≪우리말연구≫ 58, 1-26, 우리말글학회.

(8) 양명희(2015), <가수 및 그룹의 명명 방식에 대한 사회언어학적 연구-1990~2009년의 멜론 차트를 중심으로->, ≪한말연구≫ 36, 37-62, 한말연구학회.

(9) 강희숙(2016), <현대 한국인의 호(號) 사용 양상에 대한 사회언어학적 분석>, ≪한국사전학≫ 28, 7-33, 한국사전학회.

이러한 연구 성과에 힘입어 본 연구팀은 지난 2014년 한국연구재단 인문사회분야 학술 지원 사업인 <저술출판지원사업>에 또 다시 선정되는 기쁨을 누리게 되었다. 본 연구서는 이러한 일련의 연구 과제 수행의 결과물로 우리 연구팀이 그동안 공동으로 또는 독자적으로 수행해 온 연구 내용을 바탕으로 하되 연구서의 체제에 맞게 새롭게 내용을 깁고 보탠 결과이다.

본서의 구성은 다음과 같다. 제1부 <한국인의 이름, 그 역사 및 연구 발자취>에서는 한국인 이름의 여러 특징과 시대에 따른 이름의 역사, 그리고 한국인 이름에 대한 연구 성과를 연구사적 관점에서 다루었다. 제2부 <해방 후 한국인 이름 짓기의 실태 및 변천 양상>에서는 해방 이후 한국인의 각 연대별 이름의 특성 및 변천 양상과 함께 '배냇이름', 곧 태명(胎名)의 작명 실태와 전통 문화의 계승이라고 할 수 있는 호(號)의 작명 및 사용 실태를 사회언어학적으로 분석하였다. 제3부 <이름에 대한 한국인의 의식과 태도>에서는 부모가 자녀의 이름을 지을 때 어떤 것들을 고려하며, 자녀들은 자신의 이름에 대해서 어떠한 태도를 보이는지 분석하였다. 끝으로 제4부 <한국인의 이름과 대중문화>에서는 한국인의 이름이 대중문화 속에 어떻게 나타나는지를 살펴보기 위해 텔레비전 드라마 속 인물들의 이름과 가수 및 그룹의 명명 방식을 연구하였다.

2011년 5월부터였으니 우리 연구팀은 햇수로 6년여의 시간을 한국인 이름의 정체성 및 사회언어학적 특성을 밝히는 데 천착해 온 셈이다. 한국인 이름의 실체와 그 사회언어학적 현재를 본격적으로 다룰 수 있게 되었다는 점에서 보람이 없지 않다. 그러나 우리에게 좀 더 많은 시간이 허용되었더라면 새롭게 접근하고 싶은 주제들도 적지 않았다. 새로운 연구 성과들을 담은 두 번째 연구서의 탄생을 스스로들 기대해 본다.

이 책이 세상에 나오기까지 많은 분들의 도움을 받았다. 우선은 연구자들의 작업을 채근하여 간행을 서둘러 주신 도서출판 역락의 이대현 사장님께 감사를 드린다. 세세한 문제까지 놓치지 않고 꼼꼼하게 챙기며 편집에 최선을 다해 주신 권분옥 편집장님께는 더 많은 감사의 말씀을 드려야 할 것 같다. 마지막으로, 연구자들이 연구와 글쓰기에 매달리는 동안 도리 없이 외로운 시간을 견뎌야 했던 가족들에게도 늘 가슴속에만 담아 두고 차마 꺼내 놓지 못하였던 말, 무한한 고마움과 사랑을 전한다.

2016년 12월, 새로운 세상을 꿈꾸며,
연구팀 일동.

차례

한국인의 이름, 그 역사 및 연구 발자취

••• 한국인의 이름, 그 역사 및 연구 발자취

1부에서는 한국인 이름의 여러 특징과 시대에 따른 이름의 역사, 그리고 한국인 이름에 대한 연구 성과를 연구사적 관점에서 두루 살펴볼 것이다.

'이름'의 본질적인 기능은 개인을 다른 사람들과 구별하여 지시하는 것으로 사람들은 이름을 통해 사회를 구성하는 유의미한 개체로 인정을 받는다. 이름은 '고유명사'라는 언어학적 특성 외에 한 나라의 사회·문화적 정서가 반영되어 있어 그 나라의 언어와 문화를 아울러 살필 수 있는 좋은 매개가 된다. 이에 제1부 1장에서는 이름이 갖는 가치에 대해 생각해 보고 한국 사람의 이름이 어떤 특성을 갖는지 두루 살펴볼 것이다. 이는 이름을 통해서 한국인의 정체성을 확인하는 일이기도 하다.

한국인은 언제부터 지금과 같은 방식의 이름을 사용하였을까? 이를 이해하기 위해, 2장에서는 한국인의 성씨와 본관, 이름에 대한 기록이 언제부터 시작되었으며 초기 이름은 어떠하였는지, 또 신분 계층에 따른 이름의 작명 양상과 유형은 어떠하였는지를 시대별로 살펴볼 것이다. 이름에 대한 통시적인 관찰을 통해 지금과 같은 이름의 양상을 이해하는 데 도움이 될 수 있을 것이다.

한국의 인명에 대한 체계적인 연구는 1990년대에 들어 서서히 시작되어 다른 연구들에 비해 아직까지 충분한 학술적 성과를 이루지 못하였다. 규모 면에서도 많은 이름 목록을 대상으로 한 연구가 이루어지지 못하였었다. 이에 본격적인 논의에 들어가기에 앞서 3장에서 그간 이름에 대한 학술적 성과를 정리하고 이름 연구가 국어학 또는 사회언어학적 측면에서 어떻게 논의되어 왔는지를 연구사적 관점에서 살펴볼 것이다. 이를 통해 앞선 연구의 문제점을 파악하고 우리가 이름 연구에서 무엇을 깁고 더해야 할지 방향을 모색하게 될 것이다.

제1장 한국인과 이름

"호랑이는 죽어서 가죽을 남기고, 사람은 죽어서 이름을 남긴다."라는
속담이 있듯이 한국 사람은 예로부터 이름에 특별한 가치를 부여해 왔
다. "이름값을 못하다.", "이름에 먹칠하다."에 대조해 "이름을 떨치다.",
"이름을 날리다.", "이름을 드높이다."와 같은 관용구는 한국 사람에게
이름이 어떤 의미를 갖는지 잘 상징한다.

이름은 사람이 태어나면서 가장 먼저 갖게 되는 것으로 이름에는 개
인의 가계·혈통이 드러나기도 하며, 자식에 대한 부모의 바람이 담기
는 등 한 사람의 정체성이 표시되기도 한다. 언어학적인 측면에서 이름
은 하나의 어휘 범주를 이루므로 이름의 사용 양상은 당대 언어 실태의
한 면을 보여주는 셈이다. 한편 이름은 단순히 특정한 사람을 지칭하는
언어 기호로서의 기능을 넘어 성과 이름의 계보를 통해 사회·정치적
구도를 이해하는 척도가 된다.

이 장에서는 이름에 대해 본격적인 학술적 논의를 하기에 앞서 이름
에 대한 전반적인 이해를 돕기 위해 이름의 여러 가지 성격을 두루 살
피게 될 것이다. 먼저 이름의 정의와 용어의 기원에 대해 간단히 알아보
고, 이름이 갖는 가치에 대해 생각해 볼 것이다. 또 한국 사람이 어떠한

방식으로 이름을 짓고 이들을 어떻게 사용해 왔는지 살펴볼 것이다.

1. 이름의 정의와 기능

1.1. 이름의 정의와 유래

이름은 본래 "다른 것과 구별하기 위하여 사물, 단체 현상 따위에 붙여서 부르는 말"을 통칭하는 것이나, 이를 사람에 한정하면 사람의 '성 (姓)' 아래에 붙여 다른 사람과 구별하여 부르는 개인명을 가리키거나 성과 이름을 아우르는 '성명(姓名)'을 의미하는 말이다. 한국어에서 '이름'의 형태는 19세기 말에 처음 나타나는데 이 말은 15세기의 '일훔', '일홈', '일흠' 등으로 거슬러 올라갈 수 있다.

〈표 1.1〉 '이름'의 형태별 사용 시기(한민족 언어정보화, 2007)

형태	형태별 사용 시기					
	15세기	16세기	17세기	18세기	19세기	20세기
일훔	O	O	O	O	O	
일홈	O	O	O	O	O	O
일흠	O		O	O	O	O
일흠			O		O	
일음				O	O	O
닐홈					O	
이름					O	O

형태로만 보면 '이름'은 역사적으로 '이르다'에서 온 것으로 생각할 만하다. 하지만 '이름'을 '이르다'에서 온 것으로 보면 '이름'의 15세기

형태인 '일훔'에서 'ㅎ' 음가를 설명할 수 없다. 이에 15세기 '일훔'은 가리키는 것[稱]을 뜻하는 '일콛다'와 관련된 것으로 해석할 수 있다. '일 콛다'는 "잃다(名) + 콛다(日)'에서 온 말로 볼 수 있다. 여기서 '잃다'는 15세기 문헌에서는 어형이 확인되지 않지만 '일콛다'를 통해 재구할 수 있으며, 15세기의 '일훔'은 '잃다'가 소실되기 전에 '잃- + -옴/움'의 결합으로 형성되어 15세기에 이른 것으로 설명할 수 있다.

1.2. 이름의 가치와 기능

이름은 단순히 특정 대상을 다른 것과 구별하여 지칭하는 것 이상의 의미를 갖는다. 길거리의 이름 없는 고양이나 개는 그냥 '개'이거나 '길 고양이'로 나와 무관한 것이지만 사람들이 키우는 반려동물은 주인에게 '검둥이, 나비'와 같은 고유한 이름을 얻고, 이름을 통해 사람과의 관계에서 남다른 존재 가치를 인정받는다.

시인 김춘수는 '꽃'이라는 시에서 사물이 어떤 과정을 통해 우리의 삶에서 의미 있는 존재로 평가 받는지 잘 보여 주고 있다.

   (1) <김춘수, '꽃'>

       내가 그의 이름을 불러 주기 전에는
       그는 다만
       하나의 몸짓에 지나지 않았다.

       내가 그의 이름을 불러 주었을 때
       그는 나에게로 와서
       꽃이 되었다.

내가 그의 이름을 불러 준 것처럼
나의 이 빛깔과 향기에 알맞은
누가 나의 이름을 불러다오.
그에게로 가서 나도 그의 꽃이 되고 싶다.

우리들은 모두
무엇이 되고 싶다.
나는 너에게 너는 나에게
잊혀지지 않는 하나의 의미가 되고 싶다.

이름을 불러 주기 전에는 의미 없는 몸짓에 지나지 않았던 꽃이 이름을 불러 준 뒤에야 비로소 하나의 의미 있는 존재가 된다고 시인은 노래하고 있다. 즉 이름은 단순히 나를 다른 것과 구별해 주는 자의적인 언어 기호에 그치는 것이 아니라 이름을 통해 존재 가치나 의의(意義)를 인정받게 되는 것이다. 잠깐 스쳐 지나갈 사이가 아니라면 사람들은 통성명(通姓名)이라는 과정을 통해 서로의 이름을 교환하며, 서로의 이름을 확인한 후에 신뢰를 갖고 관계를 형성해 나가는 것도 같은 맥락이다.

> (2) <유엔아동권리협약> 제7조
> "모든 아동은 이름과 국적을 가질 권리를 지니며, 당사국 정보는 아동의 생존과 발달을 최대한 보장해야 한다."

<유엔아동권리협약>[1]은 아동을 '보호 대상'이 아닌 '권리의 주체'로 규정하고 있는데, 제7조에 모든 아동이 이름을 가져야 한다고 규정하여

---

[1] <유엔아동권리협약>(Convention on the Rights of the Child : CRC)은 1989년 11월 20일 유엔총회에서 채택한 조약으로 아동의 생존과 보호, 발달, 참여의 권리 등 아동의 인권과 관련한 권리를 규정하고 있으며 우리나라는 1991년 11월 20일 협약 이행 당사국이 되었다.

'이름'이 인간이 갖는 기본적 권리 가운데 하나임을 천명하고 있다. 이처럼 이름은 인간이 이 세상에 존재할 때 개체로 존재함을 증명하는 (언어적) 표지가 되며 인간에게는 하나의 권리처럼 꼭 있어야만 하는 필수 요소이다.

협약에 의해 규정하지 않더라도 아이가 태어났을 때 부모가 우선적으로 하는 것은 이름을 짓는 일이다. 요즘은 '태명'이라고 하여 태어나지 않은 뱃속의 아이에게 이름을 지어주기도 한다. 부모가 아이의 이름을 지을 때는 대개 아이에 대한 장래 바람이나 태어날 때의 상황 등을 고려하여 의미를 부여한다. 예전에는 남자 아이가 태어나면 단단한 돌멩이나 무쇠덩이 같이 튼튼히 자라기를 바라는 마음에 '돌'이나 '쇠'를 넣어 이름을 짓는 경우가 많았다. 유아 사망률이 높았던 시절에 무탈하게 잘 크기를 바라는 부모의 소망이 담겨 있는 것이다.

우리는 이름을 통해서 당대 사회의 주류 가치관이나 시대 상황을 엿볼 수도 있다. 예전에 첫 딸을 낳으면 '복딸'이니 '상딸'이니 하며 추켜세우기도 했지만 이는 아들을 낳지 못한 아쉬움에 딸의 이름을 반어적으로 지은 것이다. 두 번째 딸을 낳으면 아들을 낳지 못한 서운함에 '서운이, 섭섭이'라 짓고 그래도 또 딸을 낳으면 '인제또'(仁諸都示), '또나유'(道那有)라 짓고, 더 나아가 '자꾸'(作九)라는 이름까지 등장하였으니 이름을 통해 한국인의 뿌리 깊은 남아선호사상을 엿볼 수 있다(최창렬, 1994).

한편 이름의 성, 본관, 돌림자는 그가 집안에서 계보상으로 또는 현재 혈연들 사이에 어떤 위치에 있는지를 나타낸다. 한국 사람은 같은 조상 안에서 몇 대 손임을 중시하며 돌림자를 사용하여 친족 간에 강한 결속과 응집성을 강조한다(신도희, 1997).[2]

---

2) 돌림자를 사용하여 친족 간에 공유하던 응집성은 현재 많이 약화된 모습이다. 도시화에 따른 급속한 개인주의 성향은 이름을 지을 때도 항렬에 얽매이지 않고 부르기 쉽고 언

사람 이름은 회사 이름이나 상품 이름, 학교와 같은 기관 이름을 짓는 데 사용하기도 한다. 개인의 인지도를 상업적 목적에 활용하거나 자신의 이름을 후대에 남기고 싶은 욕구에 따른 것이다.

> (3) 이름(호 포함)에서 따온 기관 이름 · 상품 이름
> ㄱ. 가천 대학교, 금호아시아나 그룹, 아산 병원, 호암 회관
> ㄴ. 이명래 고약, 한경희 스팀청소기, 윤민창의투자재단

가천 대학교에서 '가천'은 초대 이길여 총장의 호이다. 금호아시아나 그룹에서 '금호'는 창업주 박인천의 호이며, 아산 병원, 호암 회관에서 '아산'과 '호암'은 각각 현대 고 정주영 회장과, 삼성 고 이병철 회장의 호이다. 한때 대표적인 가정 상비약으로 유명했던 이명래 고약에서 '이명래'는 개발자의 이름을 그대로 상표명으로 사용한 것이다. 스팀청소기로 유명한 '한경희' 역시 제품 개발자이자 회사의 대표 이름을 상표명으로 사용한 것이다. 뜻하지 않은 사고로 사망한 자녀의 이름으로 재단을 설립하는 경우도 종종 있다. '윤민창'은 메가스터디그룹 회장의 죽은 딸 이름을 재단명으로 사용하였다. '포드(FORD), 벤츠(BENZ), 프라다(PRADA), 샤넬(CHANEL)' 등 서구에는 사람 이름을 상표명이나 회사명으로 사용하는 경우가 많은 데 반해 한국에서 흔한 일은 아니다. 이름을 함부로 사용하는 것을 꺼려했던 전통과 무관하지 않을 것이다. 하지만 요즘에는 의원이나 미용실, 음식점 등에서 가게 이름으로 영업주의 이름을 내세우는 경우를 어렵지 않게 볼 수 있는데, 이는 본인의 이름을 세상에 드러내고 싶은 욕구나 명성을 이용해서 매출에 긍정적인 영향을 끼치고자 하는 상업적 의도에 따른 것으로 볼 수 있다.

어적으로 아름다운 이름을 자유롭게 선택하려는 경향이 나타난다(신도희, 1997).

2. 한국인의 '성'과 '이름'

≪표준국어대사전≫에 '성씨'(姓氏)는 '성'(姓)을 높여 이르는 말로 풀이하고 있다. 하지만 본래 성(姓)은 혈족(血族), 즉 같은 조상에서 갈라져 나온 친족을 나타내며, 씨(氏)는 그 성의 계통을 나타낸다. 씨(氏)란 같은 혈통의 사람들이 각지에 분산하여 정착하였을 때 각 지역에 분산된 일파를 나타내는 표지였다. 즉, 씨는 핏줄이 아니라 땅과 연계되어 있는 개념으로, 한국의 본(本)과 유사하다. 하지만 오늘날에는 '성'과 '씨'의 구분이 없어져 ≪표준국어대사전≫의 풀이처럼 성씨(姓氏)는 성(姓)을 높여서 나타내는 말로 사용되고 있다. 한국의 성씨는 발생 이래 계속 분화하여 지금은 조상이 같으면서 성이 다르거나 성이 같으면서 조상이 다른 경우가 적지 않다.

한국의 성(姓)은 본(本)을 필수 요소로 하여 각 성마다 한 개 이상의 본관(本貫)이 있다.3) 한국에서는 성이 같더라도 본이 다르면 같은 혈족으로 보지 않는 것이 일반적이다.

한국에서 성은 부계 혈통을 나타내며 사람의 혈연 관계를 분류하는 기준이 된다. 성은 그 사람이 태어난 부계 혈통의 표지라는 인식으로 그 사람의 신분이나 호적에 변동이 생긴다 하여 혈통 자체가 변하는 것이 아니므로 일생 동안 바꾸지 못하였다. 하지만 2005년에 개정된 <민법>에 따라 2008년 1월 1일부터는 일부 조건에 따라 성을 바꾸는 것이 가능해졌다.4)

한국의 성씨는 대부분 1음절의 1자 성이며 그 외 두 음절로 된 복성(複姓)이 있다. 복성 가운데에는 '남궁(南宮)' 성을 가진 인구가 가장 많고

---

3) 본관은 '관향(貫鄉)'이라고도 하는데, 한 집안의 시조가 난 곳을 가리킨다.
4) 이에 대해서는 '6.1. 이름과 법률'에서 좀 더 자세히 다룰 것이다.

그 외 황보(皇甫), 선우(鮮于), 독고(獨孤), 제갈(諸葛), 사공(司空), 서문(西門) 등
20여 가지 복성이 있다.

 2016년 9월 7일 통계청에서 발표한 2015년 인구 총조사에 의하면 한
국의 성씨는 모두 5,582개이다. 2000년 조사 때 발표한 성의 개수 중 토
착성이 286개, 귀화성이 442개였는데, 2015년 인구조사에서 증가한 성
씨는 대부분 귀화성으로 볼 수 있다. 이중 한자어 성씨는 1,507개이며
한자가 없는 성씨는 4,075개이다.

 2015년 대한민국 10대 성씨의 비중은 다음과 같다.

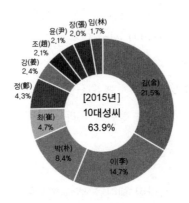

[그림 1.1] 2015년 대한민구 10대 성씨 비중(통계청, 2016)

 김(金)씨 성이 전체 인구의 21.5%로 가장 많으며, 그 다음으로 이씨와
박씨가 많다. 상위 10대 성씨가 차지하는 비율은 2000년 64.1%에서
2015년 63.9%로 0.2% 포인트 감소하였다. 20대 성씨의 인구 비율은
77.8%이며, 50대 성씨는 전체 인구의 94.2%를 차지한다.

 귀화성에는 중국계가 가장 많으며 그 밖에 위구르계, 베트남계, 일본
계 등이 있다. 20세기 후반 결혼 이민자의 귀화가 증가하면서 외래 성씨

가 급격히 늘어났다.

> (4) 귀화 성씨 사례(2000년 인구주택 총 조사)
> ㄱ. 중국계 : 蘆, 武, 岳, 汪, 藏, 焦, 叢 등.
> ㄴ. 일본계 : 古田, 吉岡, 吉省 등.
> ㄷ. 필리핀계 : 골라낙콘치타, 퀼랑로즈, 글로리아알퀘아포스 등.
> ㄹ. 기타 : 누그엔티수안(베트남계), 남캉캉마(태국계), 루비악달(방
>   글라데시) 등.

　귀화 외국인은 성과 본관을 본인이 모두 정할 수 있다. 미국에서 귀화한 방송인 '하일' 씨의 경우 영도 하씨이며, 이다 도시의 경우 '도시'가 성인데, 한국에 오직 한 명만 있는 성씨이다. 최근 동남아에서 결혼 이주 후 귀화하는 경우 본인의 성을 그대로 사용하는 경우가 적지 않아 한 명만 있는 성들이 많아지고 있다. 하지만 성씨의 종류가 4천 개가 넘는 중국이나 10만이 넘는 일본과 비교할 때 한국에서는 성씨의 종류가 다양하지 않은 편이다.

　한국의 인명은 성씨가 적고 이름이 많은 '성소다명'(姓小多明)의 특징을 갖는다. 성을 일반적인 호칭어로 쓰는 서구와 달리 같은 성을 가진 사람이 많아 성으로는 개인이 잘 구분되지 않는다. 대부분의 언어와 마찬가지로 한국인의 인명은 '성'과 '이름'으로 이루어져 있으며[5] 서구어와 달리 '가운데 이름'(middle name)이 없다. 전통적으로 인명에서 성(姓)은 가문을, 이름은 가계의 대수를 나타내는 항렬(行列)과 개인을 구분하는 자(字)로 구성되어 있다. 한국인의 인명에는 개인 구별은 물론 가문의 세대까

---

[5] 세계에는 이름만 있고 성이 없는 나라도 적지 않다. 미얀마나 인도네시아와 같은 동남아시아 국가나 아프리카 신생국들 중에는 지배층만 성을 갖고, 일반 국민은 이름만 있는 경우도 있다. (≪한민족문화대백과≫, 성씨)

지 나타나, 세계 어느 나라에서도 찾아보기 힘든 독특한 인명 체계를 갖고 있다. 한국 인명의 차례는 '성-이름' 순인데, 서구 언어에서 개인명인 퍼스트 네임(first name)이 먼저 오고, 가족명인 패밀리 네임(family name)이 뒤에 오는 것과 다르다.6)

한국 여성은 결혼 후에도 자기 성을 그대로 쓴다. 그런데 일본이나 중국은 결혼 후 남편 성을 따르도록 법으로 규정하고 있고, 강제적인 것은 아니지만 대부분의 서구권에서 여성은 결혼 후 남편의 성을 따르고 있다.7) 결혼 후에 남편의 성을 따르는 것이 문화 보편적인 현상이라는 점에서 여성이 결혼 후 남편의 성을 따르지 않는 것은 한국 인명이 갖는 특징 중에 하나이다.

1990년대 후반 여성주의와 진보 성향이 대두하면서 전통적으로 자녀들이 부계의 성을 따르는 인명 방식을 거부하는 '부모 성 함께 쓰기 운동'이 전개되었다. 부모 성을 함께 쓰는 사례로 영화 제작자 '김조광수', 영화감독 '이송희일' 등을 들 수 있는데, 이러한 작명 방식은 아직 대중적으로 크게 호응을 얻고 있지는 못하며 법적으로 인정되지 않는다.

한국인의 인명은 한 음절의 성과 두 음절의 이름으로 구성되어 3음절로 이루어진 경우가 가장 많다. '이름 석 자'라는 말은 한국인의 전형적인 인명의 음절 수를 가리킨다. 그 다음으로는 한 음절의 성에 외자 이름으로 된 두 음절 인명이 많다. '허씨'의 경우 '허웅', '허참'처럼 외자 이름을 짓는 경우가 많다. 두 음절 성의 경우 '독고-탁', '사공-빈', '남궁-억'처럼 외자 이름을 갖는 경우가 상대적으로 많다.

---

6) 서구에서 성씨는 신분이 높은 귀족들의 표지였다. 이에 19세기까지는 name에 존칭을 나타내는 'sir'를 붙여 성을 'sirname' 또는 'sirename'이라고도 했다.
7) 미국에서는 자신이 원할 경우 여성은 결혼 전에 쓰던 성을 그대로 쓸 수 있다. 하지만 남편의 성을 따르는 전통이 여전히 우세하다.

이 밖에 네 음절로 된 이름은 많지 않다. 간혹 매우 긴 이름이 등장하여 뉴스거리가 되기도 하지만 1993년 2월 25일 이후 출생자의 경우 법원에서 5음절로 이름의 길이를 제한하여 지금은 이를 넘게 지을 수 없다. 이름을 짓는 데도 유행이 있어서 시대 별로 많이 지어진 이름이 있다.[8)]

3. 이름의 종류

한국 사람은 다양한 종류의 이름을 갖는다. 공식 이름은 '관명'(冠名)이라 하여 예전에는 관례(冠禮)를 치르고 어른이 되면서 관명을 지었다. 요즘은 관명 대신 '본명'(本名)이라는 용어를 주로 쓰는데, 호적에 등록되어 공식적으로 사용하는 이름으로 법률적인 효력을 갖는다.

사람은 태어나기 전부터 이름을 갖기도 한다. '태명'(胎名) 또는 토박이 말로 '배냇이름'이라고도 하여 어머니 뱃속에 있는 태아를 부르는 이름이 있다. 주로 부부나 가족들이 아이가 태어난 후 본명을 갖기 전에 사용하기 위한 애칭으로 짓는 경우가 많다.[9)]

'아명'(兒名)은 어릴 때 부르는 이름이다. 태어나면서부터 가정이나 동네에서 부담 없이 부르는 이름이다. 주로 고유어로 지으며 천한 이름일수록 역신(疫神)의 시기를 받지 않고 장수한다고 하여 '똥개', '쇠똥이', '개똥이'처럼 짓기도 하였다. 예전에는 어릴 때 사망하는 경우가 많아

---

8) 해방 후 시대별로 선호하는 이름의 변천 양상에 대해서는 제2부 1장에서 다룰 것이다.
9) ≪표준국어대사전≫이나 ≪고려대한국어사전≫과 같이 큰 사전에 '태명'이 표제어로 수록되어 있지 않은 것으로 보아, 태명 짓기가 우리 고유의 이름 문화는 아니었던 것 같다.

아이가 태어나면 처음에는 아명으로 부르다 홍역을 치르고 날 정도의
나이가 되면 정식 이름을 짓기도 하였다.

> (5) 한국 문인들의 아명들(이복규, 2012)
>   김유정 - 먹설
>   노천명 - 기선
>   유치환 - 돌메
>   윤동주 - 해환

정식 이름, 즉 호적이나 족보에 오르는 '관명(冠名)'을 갖게 되면 아명
은 사용하지 않게 된다. 그런데 이름은 부모님께서 주신 소중한 것이기
때문에 예전에는 부모나 스승을 제외하고는 친구 간에도 이름을 함부로
부르는 것이 예의에 어긋난다고 생각하였다.[10] 이에 남자가 관례를 치
르거나 성인이 된 후에는 친구나 이웃 간에 허물없이 부르는 이름으로
'자(字)'를 지었다. '자'는 대개 스승이나 집안 어른이 지어 주었는데, 본
이름의 뜻이나 발음과 비슷하게 짓거나 품성과 관련된 뜻을 넣어 지었
다.[11]

성인이 된 후에는 이름 이외의 별칭으로 '호(號)'를 짓기도 하였다.[12]
주로 윗사람이 지어 주는 '자'와 달리 '호'는 본인이 스스로 짓거나 친구
들이 짓기 때문에 그 사람의 취미나 성격, 능력, 인생관, 거주지 등을 반
영하여 좀 더 자유롭게 지었다. 역사적인 인물 가운데에는 '율곡 이이',

---

10) 2종 이상의 이름을 갖는 복명속(復名俗)의 풍습은 사람 이름을 직접 부르는 것이 예에
    어긋난다고 여겼던 한자 유교 문화권의 공통된 풍속으로 동아시아에서 널리 퍼졌다.
11) 예를 들어 제갈량(諸葛亮)은 이름이 량(亮)이고 자는 공명(孔明)인데, 모두 밝다는 뜻을
    지녔다. 퇴계 이황(李滉) 선생의 자는 경호(景浩)인데, 물 깊을 황(滉)자나 물 넓을 호
    (浩)자는 모두 물의 상태를 뜻하는 글자이다. (≪살아있는 한자교과서 2≫(2011) 참조)
12) '호'(號)에 대해서는 이 책 '제2부 제3장 현대 한국인의 작호(作號) 원리 및 사용 실태'
    에서 자세하게 다룰 것이다.

'오성 이항복', '한음 이덕형'처럼 이름보다 호가 더 잘 알려진 경우도
적지 않다.

(6) 널리 알려진 호(號)
　　송강(松江) - 정철(鄭澈)
　　율곡(栗谷) - 이이(李珥)
　　퇴계(退溪) - 이황(李滉)
　　석봉(石峯) - 한호(韓濩)
　　다산(茶山) - 정약용(丁若鏞)
　　단원(檀園) - 김홍도(金弘道)
　　단재(丹齋) - 신채호(申采浩)
　　추사(秋史) - 김정희(金正喜)
　　매월당(梅月堂) - 김시습(金時習)
　　난설헌(蘭雪軒) - 허초희(蘭楚姬)

　이외에 '충무공 이순신'의 '충무(忠武)'나 '명성왕후'의 '명성(明成)'처럼
나라에 공을 세운 사람이 죽은 뒤에 그 업적을 높여 임금이 내려주는
시호(諡號)가 있다. 시호는 그 사람의 생전 업적에 따라 짓는데, 나라에서
내리는 것이 원칙이나 이름난 문인이나 학자, 친구들이 지어 올리는 경
우도 있다. 자와 호는 한 사람이 하나만 갖는 것이 아니어서 여러 개를
가질 수도 있다. 김정희는 추사(秋史), 완당(阮堂), 시암(詩庵), 노과(老果) 외
100여 개 호를 사용하였으며 이이도 율곡(栗谷) 외에 석담(石潭), 우재(愚
齋) 등의 호를 사용하였다.
　여자들은 대개 자가 없으며, 혼인을 하고 나서 출신지에 따라 '택호'
(宅號)를 지어 이름을 대신했다. 예를 들어 출신지가 '충주'라면 '충주
댁'이 되는 식이다. '점순이'처럼 신체적 특성에 따라 이름을 짓기도
하였다.

그 사람이 거처하는 집의 이름으로 사람 이름을 대신하는 경우가 있
는데 이를 '당호'(堂號)라고 한다. 널리 알려진 당호로는 '신사임당'의 '사
임당'(師任堂)이나 여유당 정약용의 '여유당'(與猶堂)이 있다.

이외에 중이 되는 사람에게 종문(宗門)에서 지어 주는 이름인 '법명'(法
名)[13]과 가톨릭에서 세례 의식 때에 짓는 '세례명'(洗禮名)과 같은 종교적
목적으로 짓는 이름과, 작가들이 글을 써서 발표할 때에 사용하는 필명
(筆名), 기생이 본명 대신 사용하는 기명(妓名), 연예인이 본명 이외에 따
로 지어 사용하는 '예명'(藝名) 등의 별칭이 있다.

고유어인 '이름'에 대응하는 한자어는 '성명'(姓名)인데, 한자어에는 성
명 외에 이름(성명)을 높여 부르는 한자어들이 적지 않다. 이들을 제시하
면 다음과 같다.

> (7) '이름'의 다른 용어들
> • 가명(嘉名) : ①실제의 자기 이름이 아닌 이름. ②임시로 지어 부
>   르는 이름. ⑪가함(假銜).
> • 고명(高名) : 남의 이름을 높여 이르는 말 =고화(高華).
> • 고화(高華) : =고명(高名).
> • 귀명(貴名) : ①존귀한 이름 ②듣는 이를 높여 이르는 말. ㉛존함
>   (尊銜).
> • 대명(大名) : 널리 소문난 훌륭한 이름이라는 뜻으로, 남의 이름
>   을 높여 이르는 말. ⑪고명(古名).
> • 명함(名銜) : 남의 이름을 높여 이르는 말. ⑪성함(姓銜).
> • 방명(芳名) : 꽃다운 이름이란 뜻으로, 남의 이름을 높여 이르는
>   말. =방함(芳銜).
> • 방함(芳銜) : =방명(芳名).

---

13) 승명(僧名) 또는 승호(僧號)라고도 한다. '법명'(法名)은 죽은 사람에게 붙여 주는 이름
을 가리키기도 한다.

- 성함(姓銜) : 성명(姓名)'의 높임말. ⑪명함(名銜).
- 영명(令名) : 남의 이름을 높여 이르는 말. ⑪가칭(佳稱). 고명(高名)
- 존명(尊名) : 존함(尊銜).
- 휘자(諱字) : 돌아가신 높은 어른의 생전의 이름자를 말함.

4. 이름과 어법

4.1. 이름의 문법

이름은 품사상 명사의 한 부류인 고유명사로 분류된다. 고유명사는 낱낱의 특정한 사물이나 사람을 다른 것들과 구별하여 부르기 위하여 고유한 기호를 붙인 것으로 어떤 대상을 보편적으로 가리키는 보통명사와 구별된다. 고유명사는 대개 유일한 것을 가리키나 여기서 유일한 것이란 실체하는 것이라기보다 관념적이다. 즉 사람 이름은 동명이인을 가리키는 것이 많으나 이때 이름은 관념적으로 특정한 사람을 인식하는 표지이므로 이름은 모두 고유명사가 된다. 프레게(G. Frege)처럼 고유명사에도 내포된 의미가 있다고 주장하는 경우도 있으나, 고유명사의 주된 기능은 특정한 개체(個體)를 다른 사물과 구별하여 '지시'하는 것이 주된 기능이다. 이에 고유명사는 언어생활에서 주로 '호칭어'나 '지칭어'로 사용된다.

다른 직함 없이 이름만을 사용하여 사람을 호칭할 때는 다음과 같이 세 가지 방식을 고려할 수 있다.

(8) ㄱ. 김철수
　　ㄴ. 철수야
　　ㄷ. *김

성과 이름을 붙여 부르는 경우는 학교에서 출석을 부를 때와 같이 호명할 때 주로 사용하며, 이때는 호격 조사를 사용하지 않는다. 반면에 성을 빼고 이름을 부를 때는 호격 조사 '아/야'를 붙여 말하는 것이 일반적인데, 친구 사이나 아랫사람을 부를 때 주로 이와 같이 한다. 서구권이나 성의 종류가 많은 일본에서는 성만으로 개인을 지시하는 호칭으로 사용한다. 하지만 한국에는 성의 종류가 많지 않아 성을 부르는 것만으로는 개인이 잘 구분되지 않는다.

> (9) ㄱ. 김철수 씨
> ㄴ. 철수 씨
> ㄷ. 김 씨

공식적이거나 사무적인 자리에서 다른 사람을 부를 때는 성명이나, 이름 뒤에 '씨'를 붙여 말하기도 한다. (8ㄷ)처럼 성을 단독으로 호칭어로 사용하지는 않지만 성 뒤에 (9ㄷ)처럼 '씨'를 붙여 호칭어로 사용할 수 있다. 씨를 붙여 말하는 것은 윗사람에게는 쓰기 어려운 표현으로 대체로 동료나 아랫사람에게 쓴다.

> (10) ㄱ. 김철수 과장
> ㄴ. *철수 과장
> ㄷ. 김 과장

이름은 직함과 함께 사용하기도 하는데 '성명 + 직함', '성 + 직함'의 형태로 사용하며 성 없이 '이름 + 직함'으로는 잘 사용하지 않는다. 한국인은 상대나 본인의 성씨를 묻고 답할 때, 일반적으로 '김'처럼 성을 단독으로 말하지 않고 '김씨'와 같이 씨(氏)자를 붙여 말한다. 상대를 호칭할 때 성(姓)만 호칭하는 일은 없으며 이름 뒤에 '각하, 선생' 등 직위를 붙여 말하는데, 각각의 경칭이 주는 어감이 다르므로 주의해서 써야 한다.

서반석(2016)에 따르면 한국어에서 사람 이름에 직함을 나타내는 지칭·호칭이 결합하여 명사구를 이루는 양상과 그에 따른 구조적 성격은 다음과 같이 구분할 수 있다.

〈표 1.2〉 인명고유명사구와 지칭·호칭명사구의 결합 양상(서반석, 2016)

구성의 기능	결합 순서	구성의 성격	예
호칭 표현	인명 + 호칭	소구(N + N)	홍길동 선생님
	호칭 + 인명		호민관 메살라
지칭 표현	인명 + 지칭	일반적으로 소구(N + N)/ 텍스트에 따라 동격 구성 (NP + NP)도 나타남.	고건 시장
	지칭 + 인명	선행명사구가 한정성이 낮을 경우 부접 구성(NP + N)/ 한정성이 높아지면 동격 구성 (NP + NP)으로 해석 가능	소설가 허균

'인명 고유명사 + 호칭 명사구'가 결합하여 호칭으로 기능할 때는 결합 순서와 관계없이 소구를 이룬다. 이때 인명과 호칭명사는 개별적인 수식을 받을 수 없고 사이에 '의'가 개입할 수 없다.

(11) 홍길동 선생님!
　　ㄱ. *[훌륭하신 홍길동] 선생님
　　ㄴ. *홍길동 [훌륭하신] 선생님
　　ㄷ. *홍길동의 선생님

이를 보면 호칭으로 쓰인 '홍길동 선생님'에서 각 요소는 NP 범주를 이루지 못하고 명사에 해당하는 것으로 소구를 이루는 것으로 볼 수 있다. '호칭 명사구 + 인명 고유명사' 구성이 호칭 표현으로 기능하는 경우는 소설과 같은 문어 텍스트에서 간혹 등장할 뿐 거의 사용되지 않는다.

지칭 표현 중 인명 고유명사가 앞에 오고 지칭 명사구가 뒤에 오는 경우는 대체로 (11)의 호칭어처럼 소구의 구성을 갖는다.

> (12) ㄱ. 고건, 영원히 기억되어야 할 우리의 시장.
> ㄴ. 정진걸, 이소연, 죽음조차 깨드릴 수 없었던 부부.

다만, (12)처럼 영화, 소설, 책 등의 제목이나 문어체 등에서 지칭명사가 홀로 수식을 받는 것이 가능한 동격 구조를 이루기도 한다.

> (13) 소설가 허균
> ㄱ. [새 시대를 꿈꾼 소설가] 허균.
> ㄴ. [이상향을 꿈꾸었던 소설가], [위대한 허균]

지칭 명사구가 선행하고 인명 고유명사가 후행하는 경우는 사용 맥락에 따라 한정성에 차이를 보인다. 선행명사구가 한정성이 낮을 경우는 (13ㄱ)처럼 부접 구성(Post-NP word construction)으로, 한정성이 높으면 동격 구성으로 해석된다(서반석, 2016).

4.2. 이름의 용법

우리나라는 전통적으로 언어 예절을 중요시하였는데, 특히 다른 사람

의 이름을 부를 때 가족이나 사회적 관계에 따라 사용하는 호칭과 지칭
방법이 다르다. 윗사람의 이름을 물을 때는 이름 대신 '성함' 또는 '함
자'라는 말을 쓴다. 죽은 사람의 이름을 부를 때에는 '고 홍길동'처럼 이
름 앞에 '고(故)' 자를 붙여 말한다. 한국은 전통적으로 다른 사람 특히
손윗사람의 이름을 함부로 부르는 것을 꺼려하였다. 그래서 아버지나
어머니, 스승의 이름을 말할 때는 "○, ○자 ○자입니다." 또는 "○, ○
자 ○자를 쓰십니다."처럼 성을 제외한 각 글자 뒤에 '자'를 붙여 말하
는 것을 예의로 여겼다.

상대방을 직접 부르는 것을 꺼려하는 언어 전통으로 가정이나 이웃
간에 상대를 부를 때 자녀의 이름을 앞세우는 경우가 많은데, 이는 한국
어의 호칭·지칭 방법으로 특징적인 것이다.14)

(14) 철수 아버지/어머니/할머니/할아버지/이모!

한국에서는 부모도 자식의 이름도 함부로 부르지 않는다. 아들이 혼
인하기 전에는 '철수야'처럼 이름을 부르지만 혼인한 뒤에는 자녀 이름
을 사용하여 '○○[손주] 아비/어멈'처럼 부른다.

직장의 상사, 동료, 아래 직원에 대한 호칭과 지칭은 상대의 직함과
성별, 친밀도를 고려하여 적절한 말을 선택한다. 사회에서 호칭, 지칭은
성, 이름, 성 + 이름 뒤에 직책이나 관계를 나타내는 말을 붙여 말한다.
'○ 선생님', '○○○ 선생님'은 상하 관계없이 두루 가리키거나 부를
수 있는 말이다. 이외에 윗사람에게는 '이/○○○ 선배님', '이/○○○
여사님', '이/○○○ 부장님' 등으로 부르거나 칭할 수 있다.

직급이 같은 동료끼리는 '○○○ 씨' 또는 '○○ 씨'라고 할 수 있다.

---

14) 한국어의 표준적인 호칭·지칭은 국립국어원(2011) 참조.

남녀에 따라 'O/OO/OOO 형'이나 'OO 언니'라고 하거나 성이나
성 + 이름에 직급을 붙여 말할 수 있다. 'O 씨'처럼 성에 씨를 붙여 말
하는 것은 상하 관계없이 적절하지 않다.

5. 이름 짓는 방법

5.1. 한자어 이름 짓기

해방 이후에 출생한 한국인의 이름을 어종별로 분류하면 한자어 이름
이 98.2%로 압도적으로 높은 비중을 차지한다.[15] 한자어 이름 짓기의
가장 전형적인 방법은 항렬(行列)이라고 부르는 동족 간의 서열을 나타내
는 돌림자를 사용하는 것이다. 항렬은 임의로 정하는 것이 아니라 문중
에서 족보를 편찬할 때 일정한 대수의 항렬자(行列字)와 그 용법을 정해
놓아 후손들이 이에 따르도록 하는 것이 관례로 되어 있다.

족보에는 집안에서 미리 정한 일정한 항렬자가 명시되어 있다. 항렬
자를 정하는 데는 여러 가지 방법이 있는데, 오행(五行), 십이지(十二支),
일이삼사… 등의 순서로 정하기도 한다. 예를 들어 오행의 순서는 '목
(木)-화(火)-토(土)-금(金)-수(水)'인데 이들 글자가 포함된 글자를 순서대로
미리 항렬자로 정하는 것이다. 항렬자를 지켜 이름을 지을 경우 친족끼
리는 이름만으로도 아버지뻘인지 형제뻘인지 쉽게 알 수 있다. 여성을
위해 따로 항렬자를 정하는 집안은 드물다. 서양이나 일본은 아버지나
할아버지의 이름을 따라 이름을 짓는 경우가 있으나 한국이나 중국에서
는 피휘(避諱)라고 하여 조상의 이름을 따르는 것을 기피하였다. 오늘날

---

15) 한국인 이름의 어종별 분포는 제2부 제1장에서 자세히 다룬다.

에는 항렬에 구애받지 않고 이름을 짓는 경우가 많으나, 보수적인 집안
에서는 아직도 항렬을 중요시하는 경향이 있다.

항렬자 외에 다른 이유로 이름을 짓는 경우도 있다. <춘향전>의 남
자 주인공 이몽룡(李夢龍)은 부모가 용꿈을 꾸고서 붙인 이름이다. 삼월(三
月), 구월(九月) 등은 출생 시기를 이름으로 삼은 것이다. '갑돌이', '정월
이'도 이에 속한다. 형제간의 서열을 반영하는 경우도 있다. 첫째는 '태
(太)'나 '원(元)'자를 넣어 짓거나 '삼순(三順)', '사순(四旬)'처럼 숫자를 사용
하여 짓기도 한다(이복규, 2012 : 1~18).

5.2. 고유어 이름 짓기

고유어 이름은 한자어 이름에 상대되는 것으로 '한글 이름', '순 우리
말 이름'이라고도 한다. 고대 이 땅에 사는 사람들의 이름은 고유어 이
름에서 출발한 것으로 보이나 오랜 한자문화권의 영향과 특히 1910년
일본이 민적부를 만들어 한국 사람의 이름을 한자로 기재하면서 한자
이름의 정착이 본격화되었다.

해방 이후 민족의식이 확산되면서, 1967년 서울대학교 국어운동 학생
회에서 주최한 '고운 이름 자랑하기 대회'는 한글 이름이라고 통칭되는
고유어 이름에 대한 관심을 높이는 계기가 되었다. 이어 한글학회에서
는 1991년부터 '온겨레 한말글 이름 큰잔치' 이름 공모전을 실시하였다.

고유어 이름은 남성보다 여성 이름에 더 많이 사용되는데 남자의 경
우 항렬에 따라 이름을 짓는 전통으로 여성보다 이름을 짓는 것이 자유
롭지 못하다. 이름은 대개 남자의 이름과 여자의 이름이 구분되는데 이
는 한글 이름도 마찬가지이다. 하지만 고유어 이름 가운데에는 '슬기,
하늘, 가람, 다운, 한별, 보람'처럼 남자와 여자 이름에 두루 쓰이는 것

이 적지 않다.16)

고유어 이름은 '가을', '구슬', '나라'처럼 일반 명사인 기존의 단어를 그대로 쓰거나, '꽃달', '눈별', '뜰봄', '꽃님'처럼 합성이나 파생법으로 이름을 짓거나 '귀염', '나눔', 누림'처럼 용언의 명사형이나, '고운', '어진', '힘찬'처럼 관형형으로 짓기도 한다. 또는 '예람'(예쁘다 + 사람), '아름'(아름답다)처럼 생략의 방식으로 이름을 짓는 등 다양한 작명 방법이 활용되고 있다. 또 한자어 이름에서는 보기 힘든 '큰기쁨', '뜰에봄', '늘푸른솔'과 같은 구문형 이름도 있다. 한자어 이름과 마찬가지로 고유어 이름 역시 2음절로 된 경우가 가장 많으나 3음절어 이름이 12.8%로 3음절 이름이 1% 미만의 한자어 이름에 비해 상대적으로 3음절어 이름의 비중이 높다. 이는 고유어 이름에는 한자어 이름과 달리 구문 형태로 된 것이 있기 때문이다(조오현 외, 2002).

고유어 이름 짓기의 두드러진 특징은 성과 연계해서 이름을 짓는 경우가 많다는 점이다. 이때 '성'의 한자 의미는 대개 고려하지 않으며 음만 빌려 온다.

(15) 성과 어울려 지은 고유어 이름
강-나루, 민-들레, 배-우리, 이-슬비, 정-겨운, 조-아요, 채-송아,
한-송이, 함-초롬

자녀의 이름을 고유어로 짓는 경우에는 형제들 모두 고유어로 짓는 경우가 적지 않은데 이때 돌림자를 두어 형제 관계임을 나타내거나 의미적으로 관련이 있는 단어를 사용하여 형제 사이임을 강조하는 경향이 있다.

---

16) 문금현(2003)은 이를 고유어 이름에 남녀평등 사상이 반영된 것으로 해석하였다.

(16) 고유어 이름 돌림자로 짓기

　　겨레-겨운, 나루-나래, 다음-다솜, 단비-단샘

　　그네-시네, 이슬-다슬, 나래-다래, 아롬-다롬

(17) 연상되는 이름으로 짓기

　　가람-샘, 가을-새봄, 달님-별님-해님, 하나-두나, 맑음-밝음,
엄지-으뜸

5.3. 종교에 따른 이름 짓기

　현대 한국에는 적지 않은 기독교 신자들이 있는데 자녀들의 이름을
성서 인물에서 따온 서양식 이름으로 짓는 경우가 더러 있다. 성서의 인
물인 요셉, 요한, 베드로, 바울, 다윈, 마태, 한나, 에스더, 루디아 등이
그 예이다.

　서북 출신 유학생으로 기독 문화에 매진했던 형제 소설가 '주요한'과
'주요섭' 역시 성서 인물에서 따온 이름이다. '주요한'은 성서 이름인
'요한'을 그대로 이름으로 따왔으며, '주요섭'은 '요셉'을 한자어로 고친
것이다. 성서의 이름을 그대로 가져오는 대신 하느님과 예수를 상징하
는 '하-' 또는 '예-'를 앞에 붙여 예찬(예수 찬양), 예성(예수의 성품), 예린
(예수의 어린이), 하은(하느님의 은혜)처럼 짓기도 한다.[17]

---

17) 이 외에 세계화 추세에 맞추어 수지(Susie), 유진(Eugene), 재인(Jane)처럼 외국에서도 쉽
　게 부를 수 있도록 이름을 짓기도 한다.

6. 그 밖에 이름과 관련된 이야기

6.1. 이름과 법률

한국에서 자녀는 아버지의 성을 따르는 것이 원칙이며, 귀화인이 아니라면 새로운 성을 만들 수 없다. 여성은 결혼해도 성을 바뀌지 않는다. 그런데 아버지의 성을 따르도록 하는 것이 헌법에 위배된다 하여 위헌법률심판제청이 제기된 적이 있다. 이에 헌법재판소 전원재판부(주심 주선회 재판관)는 2005년 12월 22일 재판관 7대 1의 의견으로 <민법> 제781조 제1항 중 "자는 부의 성과 본을 따르고" 부분에 대해 헌법 불합치 결정을 내렸다. "부성주의를 규정한 것 자체는 헌법에 위반된다고 할 수 없으나 부성주의에 대한 예외를 규정하지 않고 있는 것은 인격권을 침해하고 개인의 존엄과 양성의 평등에 반하는 것이어서 헌법에 위반된다."고 판정하였다. 더불어 헌법재판소는 예외적으로 어머니 성을 따르는 것이 필요한 상황으로는 "출생 직후의 자(子)에게 성을 부여할 당시 부(父)가 이미 사망하였거나 부모가 이혼하여 모가 단독으로 친권을 행사하고 양육할 것이 예상되는 경우, 혼인 외의 자를 부가 인지하였으나 여전히 모가 단독으로 양육하는 경우 등에 있어서 모(母)는 자신의 성을 그 자(子)의 성으로 부여할 수 없다."고 보았다(헌재 2005.12.22., 2003헌가5). 그리고 2005년에 개정된 <민법>에 따라 2008년 1월 1일부터는 부모가 혼인 신고를 할 때 어머니의 성과 본을 따르기로 협의한 경우에는 자녀가 어머니의 성을 따를 수 있다.

> (18) <민법>의 성(姓) 관련 규정
> 　　제781조(자의 성과 본)
> 　　① 자는 부의 성과 본을 따른다. 다만, 부모가 혼인신고 시 모의 성

과 본을 따르기로 협의한 경우에는 모의 성과 본을 따른다.

② 부가 외국인인 경우에는 자는 모의 성과 본을 따를 수 있다.

③ 부를 알 수 없는 자는 모의 성과 본을 따른다.

④ 부모를 알 수 없는 자는 법원의 허가를 받아 성과 본을 창설한 다. 다만, 성과 본을 창설한 후 부 또는 모를 알게 된 때에는 부 또는 모의 성과 본을 따를 수 있다.

⑤ 혼인 외의 출생자가 인지된 경우 자는 부모의 협의에 따라 종 전의 성과 본을 계속 사용할 수 있다. 다만, 부모가 협의할 수 없거나 협의가 이루어지지 아니한 경우에는 자는 법원의 허가 를 받아 종전의 성과 본을 계속 사용할 수 있다.

⑥ 자의 복리를 위하여 자의 성과 본을 변경할 필요가 있을 때에 는 부, 모 또는 자의 청구에 의하여 법원의 허가를 받아 이를 변경할 수 있다. 다만, 자가 미성년자이고 법정대리인이 청구할 수 없는 경우에는 제777조의 규정에 따른 친족 또는 검사가 청 구할 수 있다. [민법 전문개정 2005.3.31.]

2009년 12월 대법원이 자녀의 성·본 변경에 대해 "원칙적으로 허용해야 한다."는 판결(2009스23)을 내리면서 법원은 특별한 사유가 없는 한 성씨의 변경을 허가해 왔다. 이에 2011년 성·본 변경을 신청한 7,493건 가운데 6,485건(86.5%)이, 2012년에는 7,354건 가운데 6,498건(88.3%)의 성·본 변경이 허용되었다. 2013~2015년 사이에도 매년 75.4~85.6%의 높은 성·본 변경 허가율을 보이고 있다.[18] 외국인이 대한민국에 귀화할 때에는 성과 본관은 새로 만들어 가정법원에 신고하여야 한다.

柳(류/유)와 李(이/리), 羅(라/나)와 같은 몇몇 성은 한글 표기에 관한 두음법칙 적용 여부로 사회적으로 논란이 되기도 했다. 본래 주민등록상 성

---

18) 법률신문(2016. 2. 4.) 참고.

의 한글 표기에 두음법칙을 적용하는 문제는 개인의 선택에 맡기었으나, 2000년대 초에 대법원에서 호적을 전산화하면서 성의 한글 표기에 일괄적으로 두음법칙을 적용함으로써 관련된 여러 사람들의 반발을 샀다. 이에 법원은 당사자가 정정 허가 신청을 할 경우에 호적상 성의 표기에 두음법칙이 적용하지 않는 것으로 고치는 것을 인정하였고, 2009년에 국어심의회는 맞춤법 해설서에서 성씨의 두음법칙 적용에 관한 규정을 삭제하였다.

성을 제외한 이름의 길이는 5자로 제한하고 있는데 이름에 쓰는 한자는 대법원에서 정한 인명용 한자 범위에서 사용해야 한다. 이러한 제한은 1991년 이후 출생자에 대해 적용되며, 그 이전 출생자라도 개명을 할 때에는 인명용 한자 범위 내에서 새 이름을 정해야 한다.[19] 또 <가족관계등록예규>에 따라 한글과 한자를 혼합하여 사용하는 것도 출생신고 시 받아들이지 않는 것이 원칙이다.

대법원 <가족관계등록예규> 제475호에는 한글과 한자를 섞어서 지은 이름으로는 출생신고를 할 수 없도록 규정하고 있다. 즉, 한이새봄(韓李새봄)과 같이 짓는 것을 허용하지 않는 것이다. 그러나 2015년 6월 법원에서는 예규가 국민의 작명권(作名權)을 침해하고 한글·한자를 혼용한다고 해서 성(姓)과 혼동될 우려 없다고 판정하였다.

성을 바꾸는 것에 비해 이름을 바꾸는 것은 상대적으로 쉬운 편이다. 주민 센터에서 관련 서류를 발급 받아 법원에 접수를 하고 개명허가 심사를 받는데, 개명을 하려면 합당한 사유가 있어야 한다. 놀림감이 되거나 사회적으로 물의를 일으킨 사람과 이름이 같거나 친족 중 같은 이름이 있는 경우, 일본식 이름일 경우, 의미가 나쁜 경우, 발음하기 어렵거

---

19) 2015년 1월 1일부터 대법원 규정 인명용 한자가 기존 5,761자에서 8,142자로 확대되었다.

나 잘못 부르기 쉬운 경우 등이 주요 개명 사유가 된다.

6.2. 북한의 사람 이름

현재 북한의 인명에 대한 자료는 많지 않다. 학술논문으로는 전수태 (2004) 정도가 있을 뿐이다. 이에 따르면 1981년 말 현재 북한에 사는 17세 이상 되는 사람들의 성은 모두 212가지이다. 이 가운데 가장 많이 쓰이는 성은 김(253만 명), 리(161만 명), 박(71만 명) 순이다. 북한에서는 사람 이름을 지을 때 뜻이 깊으면서 부르기 좋고 듣기 좋은 '조선식' 이름을 고유어로 지을 것을 장려한다.

하지만 이러한 원칙과 북한 주민들이 고유어 이름을 선호하느냐는 별개의 문제인 듯하다. 분단 이후 한국과 북한의 이름 짓기에는 약간의 차이가 생겼다. 남한의 이름 짓기가 시대별로 어느 정도 유행을 타고 변해온 것과 달리, 북쪽은 전통적인 한자어 이름 방식을 지켜 왔다. 이에 북에서는 90년대 이후 한국에서 만들어진 고유어 이름과 같은 사람 이름을 찾아보기 어렵다.

북한은 1960년대 김일성 주석의 유일사상 체계 확립 과정에서 주민들이 김일성과 같은 이름을 사용하지 못하도록 하였다. 1970년 김정일이 후계자가 되면서 김일성, 김정일뿐만 아니라 김정숙(김정일 생모), 김형직 -강반석(김일성 부모) 등 그 일가와 이름이 같은 경우에도 개명하도록 했다. 1990년대 이후에는 평양산원에서 태어난 세쌍둥이 이상의 쌍둥이는 김정일 우상화나 정권의 구호를 반영해 이름을 짓는 사례가 많았다.[20]

1993년 12월 6일 평안남도 숙천군에서 태어난 네 쌍둥이의 이름은 백

---

20) 데일리N, 2005. 11. 13. 참조.

조성, 백국성, 백보성, 백위성으로 돌림자를 합하면 '조국보위'가 된다. 2000년 1월 23일 함북 온성군 중산리에 사는 한영실 씨가 낳은 세 쌍둥이 이름 '최강국, 최성국, 최대국' 역시 '강성대국'의 의미를 담아 지었다.[21]

또한 2014년에는 북한 당국이 주민들에게 김정은의 이름도 사용하지 못하도록 한 사실이 북한 내부 공식 문건을 통해 확인됐다. 김정일 국방위원장이 2011년 1월 5일 하달한 '비준과업' 문서에 따르면 북한 당국은 '김정은'의 이름을 가진 주민들에게 스스로 이름을 고치도록 하고 출생 신고서 등 각종 신분증명서도 수정하도록 했다.[22]

7. 요약 및 결론

이 장에서는 이름과 관련된 기초적인 문제를 간단히 살펴보았다. 한국어에서 '이름'은 '성'과 '개인명'을 아우르는 '성명'을 가리키거나 성을 제외한 개인명을 의미하기도 한다. 이름의 어원은 15세기 '일쿨다'에서 유래하는 것으로 보인다.

사람은 이름을 통해 존재 가치를 인정받게 되며 인간이 이름을 갖는 것은 기본적인 권리이다. 이름은 단순히 개인을 다른 사람과 구분해 주는 자의적인 언어 기호가 아니라 개인의 정체성을 드러내며 당대 사회의 주류 가치관이나 시대 상황을 엿볼 수 있는 사회의 창이기도 하다.

2000년 현재 귀화 성씨를 제외한 한국의 성씨는 286개로 많은 편은 아니다. 한국의 이름은 성씨가 적고 이름이 많은 '성소다명'(姓小多名)의

21) 국민통일방송, 2005. 11. 10. 참조.
22) 연합뉴스, 2014. 12. 3. 참조.

특징을 갖는다. 한국인의 인명에는 개인 구별은 물론 가문의 세대까지 나타나, 세계 어느 나라에서도 찾아보기 힘든 독특한 인명 체계를 갖고 있다.

사람 이름의 종류로는 법적 이름인 '관명(본명)', 아이 때 이름인 '아명', 이외에 별칭으로 '호(號)'와 '자(字)'가 있다. 역사적 인물 가운데에는 본명보다 '호'가 널리 알려진 경우도 적지 않다.

개인이 가지고 있는 이름은 품사상 '고유명사'로 분류되며 언어생활에서 주로 '호칭어'나 '지칭어'로 사용된다. '씨'나 직함 없이 '성'만으로는 호칭어나 지칭어로 사용할 수 없다. 한국은 전통적으로 언어 예절을 중요시하는데, 가족 구성원과 사회적 관계에 따라 이름을 사용하는 호칭과 지칭 방법이 다르다.

다른 사람의 이름을 직접 부르는 것을 꺼려하는 언어 전통으로 막역한 친구 사이나 부모가 어린 자녀를 부르는 경우를 제외하면 이름을 직접 부르는 경우는 드물다. 가정이나 이웃에서 상대를 부를 때 자녀의 이름을 앞세우는데, 이는 한국어의 호칭·지칭 방법으로 매우 특징적인 것이다.

한국의 이름은 일부 서구의 종교에서 따온 것을 제외하면 크게 한자어 이름과 고유어 이름으로 구분된다. 현재 한국 사람 이름의 대부분은 한자 이름으로, 한자어 이름 짓기의 가장 전형적인 방법은 항렬(行列)이라는 돌림자를 사용하는 것이다. 고유어 이름은 남성보다 여성 이름을 짓는 데 더 선호되는데 남자의 경우 항렬에 따라 이름을 짓는 전통과 무관해 보이지 않는다.

법률적으로 한국에서는 아버지의 성을 따르는 것이 원칙이나 부모가 혼인 신고를 할 때 어머니의 성과 본을 따르기로 협의한 경우에는 자녀가 어머니의 성을 따를 수 있다.

북한의 인명에 대한 자료는 많지 않아 자세한 실태를 알기는 어렵다. 북한에서는 사람 이름을 지을 때 뜻이 깊으면서 부르기 좋고 듣기 좋은 '조선식' 이름을 고유어로 지을 것을 장려한다. 북한에서는 아이 이름으로 정권의 구호를 반영해 이름을 짓는 사례가 있으며, 김일성 주석의 유일사상 체계 확립 과정에서 주민들이 김일성 및 그 일가의 이름을 사용하지 못하도록 하고 있다.

제2장 한국인과 이름의 역사

이 땅의 사람들이 언제부터 자기 이름을 갖게 되었으며 처음의 이름은 어떠한 형태였을까? 또한 이름은 시대에 따라 어떻게 변화하였고 언제 지금과 같은 이름으로 정착하였을까?

이 장은 이름에 대한 통시적인 관찰을 통해 해방 이전까지 한국인이 시대에 따라 이름을 어떻게 지었는지 살펴보고자 한다. 이를 통해 시대의 변화에 따라 한국인 이름 짓기가 어떤 양상을 보여 왔는지 계기적으로 이해할 수 있을 것이다. 서정수(1993)에서는 한국인의 이름 변천사를 다음과 같이 네 시대로 구분하였다.

(1) 사람 이름의 변천사(서정수, 1993)
　　ㄱ. 순 우리말 이름 시기 : 삼국시대~고려 초
　　ㄴ. 순 우리말 이름과 한자 이름의 공존 시기 : 고려 초~조선조 말
　　ㄷ. 한자로 일원화된 시기 : 1910년 민적부 작성 이후의 일제 시대
　　ㄹ. 순 우리말 이름 되찾기 운동 시기 : 광복 이후 현재의 한글 시대

삼국시대~고려 초는 고유어(순 우리말 이름) 시기로, 아직 한자가 널리 쓰이지 않던 삼국시대나 통일신라시대에는 고유어 이름이 주를 이루었

다. 고려 초기에서 조선시대 말기까지는 고유어 이름과 한자어 이름이
같이 쓰였다. 고려 초에 이르러 한자로 이름을 짓거나 왕에게 하사를 받
는 등 한자어 이름을 사용하는 경우가 증가하였으나 한자어 이름 짓기
는 상류층에 한정되었으며 대부분의 서민들이나 하층의 노비들은 고유
어 이름을 사용하였다. 조선시대에 양반의 이름은 대부분 한자로 지었
으나 하층민의 이름은 여전히 고유어 이름이 주를 이루었다.

전 국민이 한자어 이름을 갖게 된 것은 1910년 일제 강점기에 민적부
를 만들 때부터였다. 이후 고유어 이름은 점점 자취를 감추게 되는데 이
때까지만 해도 고유어 이름이 한자어 이름의 1.3배가 되었다. 서정수
(1993)은 광복 이후 현재까지를 고유어 되찾기 운동 시기로 분류하고 있
는데, 현재 한국인 이름의 98% 이상이 한자어 이름이라는 점에서 고유
어 이름 되찾기 운동이 큰 실효를 거두었다고 보기는 힘들다.

본 장에서는 한국인 이름의 변천사를 통시적으로 살펴볼 것이다. 한
국인 이름의 변천사를 본격적으로 다룬 논의는 많지 않다. 그런 점에서
비슷한 시기에 발표된, 삼국시대부터 조선시대까지 이름의 변천사를 통
시적으로 다룬 남풍현(1991)과 김종택(1991)의 논의는 이름 연구사에 귀중
한 연구물이다. 남풍현(1991)은 삼국시대부터 조선시대까지 한국인 이름
의 변천 과정을 고유어 이름과 한자어/외래어 이름으로 구분하여 시대
에 따른 변화 양상을 살피고 있으며, 김종택(1991)은 고대부터 현대에 이
르기까지 한국인 이름의 정착 과정을 자료를 중심으로 살펴보았다. 신
도희(2007)은 이름의 변천 과정과 사용 현황을 다룬 첫 학위논문으로 시
대에 따른 이름 짓는 방법의 추이를 살피고 있는데, 이름의 변천이 그
시대의 권력의 중심에서 만들어져 생성 발전되어 가는 것으로 보았다.

이 장은 이름의 변천을 크게, 삼국시대, 고려시대, 조선시대, 일제강점
기 시대로 구분하여 살펴볼 것인데 앞에 연구를 주로 참고할 것이다.

1. 삼국시대의 이름

지금 한국 사람의 이름은 대부분 한자어이지만 중국의 영향을 받기 이전인 고대국가 초기 및 삼국 시대에 한반도에서는 고유어 이름이 주를 이루었다.

(2) 탄생 신화와 이름(김종택, 1991)
ㄱ. 단군(檀君)
    태백산 檀木 밑에서 났다고 해서 檀君이라고 했다고 한다. (조선세기)
ㄴ. 주몽(朱夢)
    유별히 남들과는 달라 제 손으로 弓矢을 만들어 쏘매 백발백중이었다. 부여의 속언에 활을 잘 쏘는 사람을 朱夢이라 하므로 그와 같이 이름을 지었다. (삼국사기, 권30)
ㄷ. 혁거세(赫居世)
    몸에서 광채가 나고 새와 짐승들이 따라 춤을 추었다. 이내 천지가 진동하고 해와 달이 청명해졌다. 이에 그 아이를 赫居世라고 했다. 혁거세는 필경 향언(鄕言)일 것이다. 弗拒內王이라고도 하니 밝게 세상을 다스린다는 뜻이다. (삼국유사)
ㄹ. 알지(閼智)[1]
    마치 혁거세의 고사와도 같았다. 고로 그 말에 따라 그 아이를 알지라고 이름지었다. 알지(閼智)란 우리말로 小兒를 일컫는다. (삼국유사)

고대 역사서에 등장하는 중요 인물들은 대부분 탄생 신화(고사)를 갖고 있다. 탄생 신화에는 대개 이름에 얽힌 이야기가 들어가는데 설화를 통해 그 인물은 시조로서 유의미한 가치를 갖는다. 여기서 주목할 것은

---

1) 신라시대 경주 김씨의 시조.

신화에서 이들 이름이 '속언' 또는 '향언'이라 하여 고유어 이름임을 밝히고 있다는 점이다. 또한 이들은 신분상 모두 최상위의 지배 계층이라는 점이다. 즉 지배 계층이 고유어 이름을 가지고 있었다는 것은 학자나 관리, 승려는 물론이려니와 일반 민중까지 이 땅에 살았던 사람은 토착화된 고유어 이름을 사용하고 있었음을 알 수 있다.

신라가 삼국을 통일한 이후에는 지배 계급을 중심으로 중국식 이름을 채택하기 시작하였으며, 고려로 넘어오면서 상류층에서 한자어 이름이 적극 채택되면서 고유어 이름을 사용하는 일반 백성과 지배층 사이에 차이가 생기기 시작하였다.

삼국시대부터 고려 초기까지 고유어 이름은 대부분 다음절이었는데 한자로 차자 표기되어 당시의 정확한 발음을 알기는 어렵다. 고대 삼국의 고유어 이름 자료가 충분하지 않으나 신라의 경우는 ≪삼국사기≫나 ≪삼국유사≫ 등의 역사서나 금석문을 통해 당시의 이름을 제법 확인할 수 있다. 특히 차자 표기와 함께 한역(漢譯)으로 주석이 된 경우가 있어 백제나 고구려에 비해 이름의 의미를 자세히 재구할 수 있다. 이들 문헌들에 나오는 이름은 대부분 지배 계층의 것으로 고유어 이름을 사용했다는 점에서 일반 백성이나 피지배 계층도 고유어 이름을 썼을 것으로 추정할 수 있다.

먼저 신라시대 지배 계층에 속하는 인물의 이름 몇 가지와 풀이를 보면 다음과 같다.

〈표 1.3〉 신라인 이름 보기(남풍현, 1991)

고유어 이름	신분	풀이
혁거세(赫居世)	신라 시조	'불거내(弗拒內)'라고도 하며 '광명(光明)이 세상을 다스린다'는 주석이 있어 '밝은누리' 정도로 재구할 수 있다. 중세 국어의 '붉ㄱ니'에 이어진다.
유리 이사금 (儒理尼師今)	3대 임금	'유리'는 '누리'(世)를 뜻하는 것으로 추정된다.
소지마립간 (炤知麻立干)	21대 임금	'炤'는 '빛'을 뜻한다.
이차돈(異次頓)	승려	異次, 伊處 등으로도 표기되는데 15세기 '잊-'(困)에 대응한다. '물리다'(厭)의 뜻으로 쓰였다.
원효(元曉)	승려	당시 우리말 '始旦'으로 불렀다는 기록으로 미루어 '元'과 '비릇'으로 추정된다.
이사부(異斯夫)	장군	이사부는 '伊史夫智', '苔宗'으로도 표기되어 '異斯, 伊史'와 '苔'가 대응한다. 이는 이끼를 뜻하는 15세기 '잇'에 해당한다.
거칠부(居柒夫),	장군· 재상	'荒宗'이라고도 부른다는 기록으로 보아 중세 국어 '거츨-'의 뜻을 가진 것으로 본다.
알지(閼智)	김씨 시조	≪삼국유사≫에 우리말의 '小兒'를 가리키는 말이라고 되어 있다.

  김종택(1991)에서는 신라 2대 왕 남해(南解) 4대 탈해(脫解), 10대 내해(奈解), 12대 첨해(沾解) 등이 모두 '해'(解, keg/kai)로 끝난다는 점과, 3대 유리이사금(儒理尼師今), 14대 유례이사금(儒禮尼師今), 19대 눌기마립간(訥祈麻立干)의 이름이 모두 같은 것에 주목하였다. 여기서 '儒理/儒禮/訥祈'는 모두 중세국어의 '누리'에 이어지는 말로 이들은 모두 나랏님을 가리키는 말로 왕이 되기 이전에 아명이 따로 있었을 가능성이 높다.

  임금의 이름을 '世', '炤'처럼 '빛', '누리'의 의미로 지은 것은 밝은 세상을 바라는 신라인의 소망을 나타내는 것으로 보인다. 이차돈이나 원효의 이름은 불가의 사상을 담고 있으며 '이사부'와 '거칠부' 두 신라

장수의 이름은 자연에서 이름을 빌려 온 것이 공통적이다.

왕 이름 외에 신라 왕비의 이름 역시 모두 고유어였다. 신라의 왕비 이름에는 중국식 존칭인 '-부인(夫人)'이 붙어 있지만 이름이 모두 고유 어인 것은 틀림없어 보인다. 몇 가지 예를 들면 다음과 같다.

(3) 閼英夫人, 阿妻夫人, 阿孝夫人, 阿留夫人, 思道夫人, 巴刀夫人, ….

여기서 알영(閼英), 아처(阿妻), 아효(阿孝) 등은 아명이 성인이 된 이후에 도 그대로 사용된 것이다. 사도(思道), 파도(巴刀) 등에서 'to'는 인칭접미 사 巴, 卜, 福, 童과 관련이 있는 것으로 보인다(김종택, 1991). 김유신의 누 이 이름은 보희(寶姬)와 문희(文姬)인데 보희의 아명은 아해(阿海)이고 문희 의 아명은 아지(阿之)로 모두 어린 아이를 가리키는 말이 이름으로 사용 된 것이다.

≪삼국유사≫ '귀복부언조'(蛇福不言條)에 과부의 아들이 12살이 될 때 까지 말도 못하고 일어서지도 못하여 '蛇童'이라 불렀는데, 이때 '童'자 는 '卜, 巴, 伏' 등으로도 부르며 '童子'를 가리킨다고 하였다. 즉 사내 아 이를 '복'이라고 하였는데 이것이 그대로 사람 이름으로 쓰이거나 접미 사처럼 쓰여 사람 이름에 사용된 예가 많다(남풍현, 1991). 장보고(張保皐) 에서 '장(長)'은 성이고 이름은 '보고'이다. '신라 본기'에는 장보고의 이 름이 '궁복'(弓福)으로 되어 있는데 이 역시 같은 고유어에 기원한 이름 으로 보인다.

진흥왕 '단양적성비'(진흥황, 551년)의 비문에는 19명의 사람 이름이 차 자 표기로 기록되어 있는데 모두 고유어 이름으로 추정된다(최범훈, 1977).

(4) 伊史夫智(잇부지), 西叱夫智(셧부지), 內禮夫智(놀부지), 比次夫智(빗부지), 助黑夫智(조검부지), 豆弥智(둠지), 武力智(무력지), 導設智(도셜지), 也尒次(야이지), 師文(사문), 巴珎婁(바도루), 刀只(도기), 烏禮兮(오례혜), 道豆只(도두기), 悅利巴(여리바), 刀羅兮(도라혜), 勿支次(물기지), 非今(비금), 高頭林(고두림)

신라 초기에는 성과 이름을 신화적인 요소를 가미하여 짓다가 점차 왕이 성을 하사하는 사례가 늘어났다. ≪삼국사기≫에는 제3대 유리왕 때 6부의 이름을 바꾸고 각 부마다 성을 내렸다는 기록이 있지만, 이때 내린 李, 崔, 鄭, 薛, 裵, 孫 등의 성은 중국에서 받아들인 것으로 실제 당시 신라의 상류층에서는 성을 잘 사용하지 않았다.

신라 23대 법흥왕의 이름은 원종(元宗)인데 ≪책부원귀≫(冊府元龜)[2]에 성(姓)이 '모'(募)라고 되어 있다. 신라 22대 지증왕 때까지 성에 대한 기록이 없는 것으로 보아 23대 법흥왕 때 신라 왕으로 처음 성을 사용한 것으로 보인다. 신라는 제35대 경덕왕 때 관직의 이름과 땅이름과 사람 이름을 중국식으로 바꾸는데 경덕왕의 한화 정책과 이후 장보고가 활약하던 시기에 중국과의 접촉이 활발해지면서 이름도 중국식의 영향을 받았던 것으로 보인다. 신라인의 이름에는 끝 글자로 '智, 知, 只' 등을 많이 사용되는데 인칭접미사나 존칭을 뜻하는 접미사로 보인다.

고구려의 고유어 이름 가운데 어원을 알 수 있는 것은 많지 않다. 고구려의 시조 동명왕(東明王)의 이름은 주몽(朱蒙), 추모(鄒牟), 도모(都慕) 등으로 표기되는데, 부여어로 '활을 잘 쏘는 사람'이라는 뜻이다. 고유어로 추정되지만 이 말이 현대어로 이어지지는 않는다. 연개소문(淵蓋蘇文)에서 '蓋蘇'는 '蓋金'으로도 표기되는데 '蘇'와 '金'이 대응하는 것으로

---

2) 중국 북송시대 때 왕흠약(王欽若) 등이 임금의 명을 받아 역대 정치에 관한 사적을 모은 유서.

보아 고유어 이름으로 추정할 수 있으며, 이를 통해 고구려 말기까지 고유어 이름이 지배 계층에서 널리 사용되었음을 알 수 있다.

신라나 백제의 경우 중기 이전까지 인명을 그대로 왕호로 사용하였는데 반해, 고구려는 시조부터 이를 엄격히 구분하였다. 고구려 시조 '주몽'의 왕호는 동명성왕(東明聖王)이고 30대 무휼(無恤)의 왕호는 대무신왕(大武神王)이었다. 신라, 백제와 달리 이름과 왕호를 구분한 것은 고구려가 중국과 인접하여 대륙문화를 접촉하기에 신라나 백제보다 용이하였기 때문이다. 그런데 고구려는 한문화의 접촉과 관계없이 왕의 이름을 고유어로 지었는데, 왕호는 중국문물의 영향을 받았지만 사람 이름은 보다 근본적인 언어 생활의 문제이기 때문에 전통적인 명명 방식인 고유어를 유지했던 것으로 보인다(김종택, 1991).

고구려 후기에 와서 왕가에서는 성과 이름을 함께 적는 중국식 표기가 정착되며 상류 계층 사람들은 성씨에 대해 어느 정도 인식이 있었던 것으로 보인다.

신라나 고구려의 경우로 보아 백제 역시 말기까지 고유어 이름이 널리 사용하였을 것으로 추정되지만, 이름의 어원적인 의미를 알 수 있는 것은 많지 않다. 신라의 성과 이름은 신화적인 유래를 갖는 경우가 많은데 백제 사람의 이름은 신화와 관련된 것이 많지 않다. 신라와 마찬가지로 백제 또한 후기의 몇몇 왕을 제외하고 대부분의 왕 이름은 고유어로 되어 있다.

　(4) 溫祚, 多夢, 己婁, 蓋婁, 肖古, 仇首, 沙伴, 責稽, 汾西, 近肖古, 近仇首,
　　　蓋歯, …. (김종택, 1991)

기루(己婁), 개루(蓋婁), 개치(蓋歯) 등은 거의 같거나 비슷한 이름이며 초

고(肖古)/근초고(近肖古), 구수(仇首)/근구수(近仇首)는 이름이 같아 구별하기
위해 큰(仇)을 앞에 붙인 것으로 보인다(김종택, 1991). 이 외에 ≪삼국유사≫
에 보면 백제의 제24대 왕인 동성왕(東城王)의 이름을 모대(牟大), 마제(麻
帝)라 하였는데, 남풍현(1991)에서는 이를 '마[薯]'의 뜻으로 볼 수 있으며,
마제(麻帝)는 '머리'를 의미하는 것으로 볼 수 있다고 하였다.

백제의 여자 이름으로는 알려진 것은 거의 없는데, 침류왕의 모후가
'阿尒(아이)夫人'이고 전지왕의 비가 '八須(바수)夫人'인 것으로 미루어 보
아 여성 역시 고유어 이름을 사용하였음을 알 수 있다(김종택, 1991). 이와
같이 삼국은 상류층에서부터 고유어로 이름을 짓는 전통을 갖고 있었다.
김영황(1989)은 삼국의 고유어 사람 이름을 구조적으로 유형화하여 다음
과 같이 제시하였다.

⟨표 1.4⟩ 고구려·백제·신라의 사람 이름(김두루한, 2002)

째(번)	구조상 유형	고 구 려	백 제	신 라
1	-이	마리, 누리, 수리	마리	마리, 누리, 수리,
2	-우	부루, 미루, 해루	기루, 해루	아지, 아호리
3	-이(용언)	발기	고비	아루, 해루
4	-리(용언)	불그리		고비, 거리, 거미, 고보리
5	-ㅁ(용언)	오롬	오롬	오롬, 나삼
6	-지	웃지, 웃도지	도지	밋지, 구리지, 누리지
7	-둥	잇둥	맛둥	뱀둥
8	-보	실보	웃보	웃보
9	-나	소나, 웃나		
10	-도	웃도	웃도, 새도, 굿도	웃도, 새도, 굿도
11	-쇠	웃쇠, 개쇠	웃쇠, 굿쇠	웃쇠, 굿쇠, 누리쇠
12	-불	웃불, 새불	새불	웃불, 새불
13	-한			마리한
14	-마로			누리마로, 잇기마로

신라가 삼국을 통일한 이후 중국과의 교류가 활발해지면서 정치·문화적으로 중국의 영향을 많이 받게 된다. 고유명사인 땅이름이 한자식으로 바뀌고 상류 계층에서는 사람 이름 역시 '성 + 한자어 이름' 조합의 중국식 이름으로 점차 확대되어 갔다.

우리나라에 한자가 유입된 것은 중국 한나라 때로 알려져 있으나 한자어 이름을 짓기 시작한 것은 훨씬 후대의 일이다. 신라 22대 지증왕이 국호와 왕호를 한자어로 개정하고 23대 법흥왕이 연호와 시호를 사용하고 35대 경덕왕에 이르러 땅이름을 두 음절의 한자어로 개정하고 문무관직명 등을 중국식으로 개정하는 조치를 취하는 과정에서 점차 중국식 이름이 보급되었을 것으로 보인다.

삼국 통일 이후 30대 문무왕(金法敏)부터 마지막 56대 경순왕(金傳)에 이르기까지 통일신라시대의 왕 이름은 모두 한자어이다.

(5) 통일신라 시대 이후 왕 이름

김법해(金法海, 30대 문무왕)	김정명(金政明, 31대, 신문왕)
김이홍(金理洪, 32대 효소왕)	김흥광(金興光, (33대, 성덕왕)
김승경(金承慶, 34대 효소왕)	김헌영(金憲英, 35대, 경덕왕)
김건운(金乾運, 36대 혜공왕)	김양상(金良相, 37대 선덕왕)
김경신(金敬信, 38대 원성왕)	김준옹(金俊邕, 39대 소성왕)
김청명(金淸明, 40대 애장왕)	김언승(金彦昇, 41대 헌덕왕)
김경휘(金景徽, 42대 흥덕왕)	김경휘(金景徽, 43대 흥덕왕)
김명(金明, 44대, 민애왕)	김우징(金祐徵, 45대 신무왕)
김경응(金慶膺, 46대 문성왕)	김의정(金義貞, 47대 헌안왕)
김응렴(金膺廉, 48대 경문왕)	김정(金晸, 49대 헌강왕)
김황(金晃, 50대 정강왕)	김만(金曼, 51대 진성왕)
김요(金嶢, 52대 효공왕)	박경휘(朴景暉, 52대 신덕왕)
박승영(朴昇英, 54대 경덕왕)	박위응(朴魏膺, 55대 경애왕)
김부(金傳, 55대 경애왕)	

특징적인 것은 56대 경순왕(金傅)을 비롯하여, 44대 민애왕(金明), 49대 헌강왕(金晸), 50대 정강왕(金晃), 51대 진성왕(金曼), 52대 효공왕(金嶢)의 여섯 왕의 이름은 외자인데 고려와 조선의 왕 이름이 대부분 외자인 것과 무관하지 않아 보인다(김종택, 1991). 그런데 신라의 왕 이름이 한자어로 바뀐 이후에도 '진흥황 순수비'에 기록된 중신들의 이름이 모두 고유어인 것으로 보아 신하들까지 한자어 이름을 두루 쓰기까지는 시간이 더 걸린 것 같다. 한자어 이름이 보급되는 데는 승려들의 영향이 있었던 것으로 보인다. 진흥황 순수비에 중신들의 이름이 고유어로 기록된 데 반해 같은 시기 승려들의 이름(法名)은 한자어로 기록되어 있다. 이후 삼국시대 말기에 이르러 '김춘추(金春秋), 김유신(金庾信), 김인문(金仁門), 김대성(金大城)'처럼 상류 계층에서도 점진적으로 한자어 이름을 짓는 경우가 많아 진다. 하지만 고려의 개국 공신 이름 중 상당수가 고유어 이름인 것을 보면 통일신라 말기까지도 한자어 이름이 널리 보급되었다고 보기는 어렵다(남풍현, 1991).

신라의 왕비명은 초기에는 고유어 이름이 대부분이었으나 후대로 오면서 외래적 요소가 나타난다. 26대 진평왕의 왕비인 마야부인(摩耶夫人)은 불교의 색채를 보이는 이름이다.

한국에 성씨가 사용되기 시작한 때는 정확히 알 수 없으나 한자와 더불어 중국 문물이 유입되면서 함께 들어왔을 것으로 추정된다. ≪삼국유사≫의 기록에 따르면, 고구려의 시조 주몽은 국호에서 성을 따와 고(高)씨로 하였으며, 휘하의 충신에게 극(克), 중실(仲室), 소실(小室) 등의 성을 내려주었다고 기록되어 있다. 백제의 온조(溫祚)는 성(姓)을 부여(扶餘)라 하였으며, 신라에서는 박(朴), 석(昔), 김(金)의 세 성씨에 대한 유래가 설화와 함께 전해진다. ≪삼국유사≫에는 신라 제3대 유리왕 때에는 6부의 이름을 바꾸고 각 부마다 이(李), 최(崔), 정(鄭), 설(薛), 배(裵), 손(孫)

씨 성을 내렸다고 기록되어 있다(이수건, 2011). 알에서 태어난 설화를 가
진 가야국의 시조인 수로왕(首露王)은 김(金)씨라 전해진다.

그런데 신라는 박, 석, 김의 3성의 설화가 있고 제3대 유리왕 때 6부
촌장에게 6성을 주었다고 전해지나 신라 진흥왕 시대(540~576)에 건립한
4개의 순수비와 진지왕 3년(578)에 세운 '무술오작비(戊戌塢作碑)'나 진평
왕 때(578~632)에 건립한 '남산신성비(南山新城碑)' 등 7세기 이전의 금석
문에 나타나 있는 인명을 보면 중국식 한자 성을 쓴 사람이 하나도 없
는 것으로 보아, 고대 삼국의 성의 기원에 대한 설화는 중국 문화를 수
용한 뒤에 지어낸 것으로 보인다(이수건, 2003).

우리는 여기서 성씨와 이름의 결합 관계에 주목할 필요가 있다. 춘추
(春秋), 법해(法海)처럼 한자식으로 이름을 지었을 때는 중국식 한자 성과
자연스럽게 어울리지만 한자 성이 도입되기 전에 고유어 이름과 결합하
는 것은 자연스럽지 못하다. 그러므로 중국 한자 성의 도입은 자연스럽
게 한자어 이름의 발달을 촉진했다고 할 수 있다.

2. 고려시대의 이름

신라의 봉건 사대주의 계층을 중심으로 시작된 한자어 이름 짓기는
고려에 와서 상류 계층에서 일반화되기 시작했으며 조선 말기까지 이어
진다. 고려시대에는 주자학 등 중국의 학문과 과거 제도 등의 문물 제도
가 정착되면서 한자로 이름을 짓는 일이 더욱 활발해졌다. 그러나 상류
계층을 제외한 일반 서민이나 노비들은 여전히 고유어 이름을 사용하였
다. 결과적으로 이 시기는 지배 계층의 한자식 이름과 일반 서민 및 노
비들의 고유어 이름 짓기로 사람 이름이 양분되었다(김두루한, 2002). 신분

계층에 따라 이름 짓기를 달리하면서 이후 고유어 이름의 가치가 한자어 이름에 비해 상대적으로 낮게 평가되는 계기가 되었다.

고려시대 전 기간에 한자어 이름과 고유어 이름이 공존하였다. 당시 하층민의 고유어 이름은 공신록 등에 기록된 노비명 등으로 확인할 수 있다. 노비들의 이름은 가축의 이름을 그대로 전용하는 경우가 적지 않아 이름으로 당시 노비들의 위상을 짐작할 수 있다.

(6) 米加伊(쌀가히), 加伊猪(가히돝), 犹加伊(되가히), 毛叱犬(터럭가히),
    火加伊(블가이)

(6)은 노비의 이름을 가축에 비유하여 지은 것으로 특히 '가히(犬)'가 자주 사용되었다. 주인에게 순종하는 개의 특성을 천한 신분의 사람 이름으로 전용한 것으로 조선시대에까지 이어지는 봉건주의적인 이름이라고 할 수 있다(남풍현, 1991). 문수사(文殊寺)와 장곡사(長谷寺)의 불상복장발원문에 나타난 고유어 이름의 사례를 보면 다음과 같다.

(7) 石伊(돌이), 金珍伊(쇠돌이), 凡金(범쇠), 阻金(막쇠), 古邑伊(곱이), 수金
    (금쇠), 難金(난쇠), …. (남풍현, 1991)

고려시대 고유어 이름에 대한 연구는 상대적으로 적고 자료도 충분하지 않아 현재는 그 단면만 볼 수 있다.

(8) 고려시대 고유어 사람이름(김두루한, 2007)
   • 최범훈(1977) : 가히돝, 그물이, 금쇠, 나근내, 난쇠, 되가히, 돌이
   • 남풍현(1981) : 막쇠, 만흠이, 범쇠, 복장이, 부쇠, 가히, 사월이
   • 서정수(1993) : 쌀가히(米加伊), 가히들, 돌이, 쇠돌이, 얼돌, 금쇠,
     부쇠, 난쇠, 막쇠, 살자기, 나근내, 만흠이, 그물이, 사월이, 복장이

'돌'이나 '쇠'를 가진 이름은 자식이 돌이나 쇠처럼 굳고 단단하게 오래 살기를 기원하는 마음으로, '곱이'는 여성의 이름으로 '곱다'에서 온 것이며, '살자기', '나근내'는 여성의 고운 동작을 나타내는 의태어에 기원하는 것으로 추측된다. '만흠'이는 '많다'에서 온 이름으로 넉넉한 삶을 누리기를 기원하는 마음을 담은 것이다. '그믈이'나 '사월이'는 태어난 때를 이름으로 삼은 것으로 '그물이'는 '그믐'과 어원이 같다(남풍현, 1991).

상류 계층에서 한자어 이름을 본격적으로 갖기 시작한 것은 고려조에 들어와서이다. 왕건과 더불어 나라를 세운 고려 개국 공신들의 이름을 보면 성이 없는 이름이 더 많아 개국 초에는 상류층에서도 고유어 이름의 사용이 우세했던 것을 알 수 있다. 태조 왕건은 개국 공신들과 지방 토호 세력들을 규합하고 관장하기 위하여 전국의 군·현 개편 작업과 함께 중신들에게 성을 하사하여 이때부터 귀족 관료들은 대부분 성을 갖게 되었다. 고려의 개국공신인 홍유(洪儒), 배현경(裵玄慶), 신숭겸(申崇謙), 복지겸(卜智謙) 등도 본래 성이 없었다. 각각 홍술(弘述), 백옥(白玉), 삼능산(三能山), 복사귀(卜沙貴) 등의 이름으로 불리다가 성을 하사 받아 각 성(姓)의 시조(始祖)가 되었다. 그 후, 고려 중엽 이후에는 일반인들에게도 성(姓)이 보급되었다. 특히 고려 4대 왕인 광종조에 이르러 과거제가 실시되면서 한자 성과 이름이 정착되기 시작한 것으로 보이며, 11대 문종 때에는 성씨 없는 선비들의 과거 응시 자격을 제한하는 율령을 반포하는데 상류층에 한자어 이름이 정착되는 데 큰 영향을 끼쳤을 것으로 본다.

원나라의 고려 내정 간섭기에는 왕들이 한자어 이름과 더불어 몽골식 이름을 갖기도 하였다. 29대 충목왕(八思麻朶兒只), 30대 충정왕(迷思監朶兒只), 31대 공민왕(伯顔帖木兒) 등은 몽골식 이름을 가졌다. 이외에 관원 중에도 고려인의 성씨를 가지고 몽골 이름을 쓴 사람이 없지 않았으나 주로 왕을 수행하여 원나라에 갔다가 귀화한 고려인들로 몽골식 이름이 널리 일반화되지는 않았다.

고려의 왕 이름은 1대 태조 건(建)에서 32대 공양왕 요(瑤)에 이르기까지 모두 외자이다. '최충(崔沖), 최영(崔瑩), 안향(安珦), 서희(徐熙), 길재(吉再), 신돈(辛旽) 등 고려의 주요 인물 가운데 외자가 많은 것도 신라시대나 조선시대와 구분되는 고려시대 사람 이름의 특징이다.

중국이나 한국, 일본 등 한자문화권에서는 사람의 이름을 직접 부르는 것이 예의에 어긋난다하여 꺼리는 경향이 있었다. 이에 군주나 자신의 조상이 사용한 글자를 사용하지 않는 관습이 있는데 이를 피휘(避諱)라고 한다. 부모나 조상, 스승의 이름을 말할 때 '홍길동'이라고 직접적으로 예기하지 않고, '홍 길자, 동자'라고 부르거나 자나 호를 지어 부르는 것도 같은 맥락이다.[3]

피휘의 방법으로는 피할 글자의 소리가 같거나 비슷한 다른 글자로 대체하는 '대자(代子)', 공백으로 남겨 놓는 '결자(缺字)', 피할 글자의 마지막 획을 긋지 않는 '결획(缺劃)' 등이 있다.

한국의 역사에서 왕의 이름을 피휘하는 풍속은 고려 왕건 때부터 나타난다. 선종 즉위년인 1083년 11월에는 피휘법이 공식적인 법령으로 발표되기도 하였다

> (9) "정묘일에 한림원에서 서울과 지방의 주, 부, 군, 현 사원들과 관용 혹
> 은 개인들의 문, 간 명칭 및 대신 이하 관료들의 이름이 왕의 이름에
> 저촉되거나 글자 음이 같은 것들은 이를 모두 딴 글자로 바꾸도록 하
> 자는 것을 청하니 왕이 이 제의를 따랐다" (≪고려사≫ 권 10 세가제

---

3) 피휘는 유교 문화에서 주로 나타나며 서양에서는 이와 반대로 조상의 이름을 후손이 이어 받는 것을 선호하여 루이 14세, 헨리 8세처럼 조상의 이름에 숫자를 더하여 이름을 짓는 경우가 종종 있다.

10 선종 원년 11월)⁴⁾

예를 들어 태조 왕건의 아버지인 세조 왕륭(隆)에서부터 태조 왕건(建), 혜종 왕무(武), 성종 왕치(治) 등의 이름 한자는 고려가 망할 때까지 사용이 금지되어 다른 한자로 사용되었다.

3. 조선시대의 이름

숭유억불 정책을 기조로 개국한 조선 왕조는 문물제도에 있어 중국의 문화를 적극 수용하였다. 특히 고려 말과 조선 초에 유학은 조선시대 사상 형성에 절대적인 영향을 미치게 된다. 하지만 외형적인 제도상의 개혁이 오랫동안 사회 밑바탕에 깔려 있는 전통적인 문화를 하루 아침에 바꿀 수 있는 것은 아니다.

조선 초기에 한자식 성과 이름을 제대로 갖춘 계층은 사대부 중에서도 남자에 한정되었으며, 대부분의 일반 백성이나 부녀자들은 어릴 때 아명을 그대로 사용되는 것이 일반적이었다. 주목할 것은 그간 차자 표기에 의존하였던 불안정한 고유어 이름 표기를 1446년 훈민정음의 창제로 제 소릿값대로 적을 수 있게 되었다는 점이다. 이를 통해 당대 고유어 이름의 형태를 좀 더 정확하게 알 수 있게 되었다.

조선시대 유교·불교 학자였던 김수온은 1449년 궁중에 설치된 내불당 완공을 기념하여 '사리영응기(舍利靈應記)'를 지었는데, '사리영응기'에는 다음과 같이 낙성식 의례에 참가한 47명의 명단이 성씨는 한자로 이

---

4) 이복규(2012 : 4) 재인용.

름은 정음으로 표기되어 있다.5)

(10) 前典樂署典律臣韓실구디
　　　前上林園司正臣朴검동
　　　前上林園司正臣朴타내
　　　前上林園司正臣金올마대 (사리영응기)

이름이 같은 사람을 제하면 서로 다른 이름의 종류는 모두 39가지
이다.

(11) '사리영응기' 기록 고유어 이름 목록(김종택, 1991)
　　　막동, 오마디, 쟈가둥, 마딘의, 도티대오망디, 고소미, 매뇌, ᄀ리대,
　　　오미둥, 더믈, 샹재, 검불, 망오지, ᄯᅩᆼ구디, 수새, 쇳디, 량관, 터대, 힌
　　　둥, 우루미, 어리딩, 돌히, 눅대, 아가지, 실구디, 검둥, 거매, 쟈근대,
　　　북쇠, 은쇠, 망쇠, 모리쇠, 강쇠, 곰쇠

궁중의 내불당 낙성식 행사에 참가할 정도라면 상류 계층에 속하는
것으로 짐작되는데6) 성씨가 주어진 계층임에도 불구하고 관명이 보편

---

5) 이 외에 최범훈(1976)에서 조선시대의 한글 이름을 살필 수 있는 자료로 제시한 것은
다음과 같다.
　　　<표 1.5> 조선시대 한글 이름을 살필 수 있는 자료(최범훈, 1976)

1449	사리영응기 (舍利靈應記)	47명의 사람 이름이 성(한 자)과 함께 한글 이름(서로 다른 이름 : 40명)으로 나와 있음
1596	진관관병편오책 (鎭管官兵編伍 冊)	성씨가 있는 병정 이름 856명, 성씨가 없는 남자 노비 이름 816명
1617	동국신속삼강행실 (東國新續三綱行實)	효자 이름 1,212명, 열녀 이름 796명, 충신 이름 99명 이중 하층민(노인, 천 인) 289명
1687	불설대보부모은중경언해 (佛說大報父母恩重經諺解)	21명의 이름이 한글로 표기되어 있음
1745	노비보(奴婢譜)	노비의 족보로 76가구 200여 명의 노비 상황 기록

화되지 않고 여전히 무병장수하기를 바라는 뜻으로 지은 아명(兒名)이 통용되고 있음을 보여준다(김종택, 1991). 조선 중기까지는 지배층에서도 여전히 고유어 이름이 사용되었던 것을 알 수 있다.

훈민정음이 창제된 이후에도 고유어 이름을 적는데 여전히 차자 표기가 활용되었다. 최범훈(1977)에서는 차자 표기 방식으로 기록된 고유어 이름을 분류한 바 있는데 이의 일부를 보이면 다음과 같다.

> (12) 차자 표기 방식으로 기록된 고유어 이름(최범훈, 1977)
> 1) 동물명
>   姜江只/강아지, 道也之/도야지, 國國鳥/국국새, 介九里/개구리
> 2) 식물명
>   栗伊/밤이, 古草/고추, 待秋/대추
> 3) 용모류
>   古邑金/곱쇠, 古邑丹伊/곱단이, 立分伊/입분이, 福述伊/복술이
> 4) 성격류
>   也音田/얌전이, 於眞/어진이, 獨獨伊/똑똑이, 未邑乭/밉돌이
> 5) 장소류
>   馬堂金/마당쇠, 夫億伊/부억이, 古乙目伊/골목이
> 6) 시간류
>   半達/반달이, 夜女/밤네, 端午介/단오개
> 7) 기구류
>   方蔚伊/방울이, 壯乭/장돌이, 方望伊/방망이
> 8) 암석류
>   岩回/바회, 石乙孟伊/돌맹이, 石乙同伊/돌덩이
> 9) 신원류
>   古萬伊/고만이, 分通/분통이, 五竹/오죽이
> 10) 똥·불알류

---

6) 남풍현(1991)에서는 이들을 정 7품과 종 8품의 관리들로 보고 있다.

介同/개똥이, 介夫里/개부리, 方九/방구
11) 민속류
彌力/미륵이, 土흡伊/삼이, 朝王突/조왕돌, 點佛/점불이
12) 십간, 숫자, 사계류
甲金/갑금이, 百石乙/백돌이, 冬至釗/동지쇠

앞의 고유어 이름들은 주로 노비나 하층민 백성이 사용한 것으로 주로 생활 주변이나 사물에 비유한 것으로 철학적인 깊이를 담은 것은 찾기 어렵다.

1801년 편찬된 ≪화성성역의궤≫에 백성들의 이름을 기록하고 있는데 조선 후기에도 대부분의 백성들은 이름을 가지고 있지 않은 것으로 추정된다. ≪화성성역의궤≫에 기록된 백성들의 이름들은 신체적인 특징을 바탕으로 지은 것이 많다.

즉 키가 큰 사람은 박큰노미(朴大老味), 최큰노미라 하고 키가 작은 사람은 김자근노미(金者斤老味), 임자근노미, 김작은복(金者斤福)이라고 하며, 망아지처럼 잘 달리는 사람은 최망아지라고 이름하였다. 또 백성의 성씨와 이름을 알 수 없는 경우 대충 나이로 이름을 짓기도 하였다. 나이가 한 오십쯤 된 것 같다고 김쉰동이(金五十同)라고 하거나, 이름은 모르고 대충 태어난 달만 알아 지은 박시월쇠(朴十月金)라고도 하였다(김준혁, 2006).

조선시대 여자 이름을 고찰한 조규태(1980)에 따르면 조선시대 여인들은 기녀, 승녀 등 특수한 신분을 제외하고 이름으로 모두 아명만을 가지고 있었으며 그나마 아명을 사용하는 것도 매우 제한적이었다고 보았다. 또한 여성의 아명은 신분과도 무관하여 모든 여성들이 같은 유형의 이름을 가졌는데, 이름으로 가장 널리 쓰인 것으로는 '召史'(소사)와 '阿只'

(아지)가 있는데, 이는 특수한 작명 의식이 없을 때 널리 쓰인 것으로 그 결과 여성의 이름에는 동명이인이 무수히 많았다.

조선시대는 중국 왕조가 명나라에서 청나라로 교체되었지만 고려시대부터 정착하기 시작한 한자어 이름 짓기에 큰 영향을 미치지는 못했다. 특징적인 것은 실학의 영향으로 천주교가 보급되고 신도가 늘어나면서 성경 속 인물의 이름을 갖는 경우가 나타났다는 점이다. 남자의 경우 조선식 이름이 따로 있었지만 본명을 가지지 못했던 여자들은 세례명을 곧 본명으로 삼게 되었다. 1839년 순교한 사람들의 세례명 이름을 몇 가지 들면 (13)과 같다

(13) 세례명 이름(남풍현, 2011)
 • 남자 : 권베드루, 리요안, 박요안, 명바오로
 • 여자 : 권발브라, 리아가다, 리마리아, 박안나, 김아그네서, 김로사, 김아그네스

4. 일제 강점기 시대의 이름

우리나라에서 본격적으로 성씨가 보급되기 시작한 것을 고려 초이지만 조선 초기만 해도 전 인구의 90%가 성씨가 없었다. 하층민 계층까지 성씨가 보급된 것은 1894년 갑오개혁으로 성씨의 대중화가 촉진되었고, 일제강점 직전 해인 1909년 민적법의 시행되고 1910년부터 민적부가 작성되어 누구나 성과 본을 갖게 되면서부터이다. 민적부 제도 시행 이후 현재와 같은 한자어 이름이 급속도로 확산되고 고유어 이름은 자취를 감추기 시작한다.

일제는 1940년 2월 창씨개명(創氏改名)이라 하여 조선인의 이름을 일본식 성과 이름을 바꾸도록 강요하였다. 이는 신사 참배, 조선어 사용 금지 등과 더불어 일본의 '내선일체' 정책 가운데 하나로 조선인의 가족 관념을 일본 <민법>의 것과 동일하게 바꾸어 황국신민화를 강화하려는 의도가 있었다. 부계 혈통에 기초한 조선의 종중 제도와 여자가 결혼을 해도 남편의 성을 따르지 않고 본래의 성(姓)을 유지하는 제도는 황민화에 장애가 된다고 보았다. 이에 조선총독부에서는 조선민사령(제령 제19호)을 개정하여 1940년 2월부터 창씨개명을 시행하였다.

창씨를 신고하는 일이 처음에는 매우 저조하였으나 이에 따르지 않으면 각종 불이익이 따르는 등 일본이 온갖 수단을 동원하여 강제한 결과 1945년 해방 전까지 전 인구의 80% 이상이 일본식 성명으로 창씨개명을 하였다(이대화, 2011).

'창씨개명'은 한국식 '성'을 일본식 '씨'로 새로 만드는 '창씨(創氏)'와 한국식 이름을 일본식으로 바꾸는 '개명(改名)'을 아우르는 말로 사람에 따라서는 '창씨'만 하기도 하고, 또 '창씨'와 '개명'을 모두 한 사람도 있다. 이광수(李光洙)가 '향산광랑(香山光郎)'으로 성과 이름을 바꾼 것은 '창씨 + 개명'의 사례라 할 수 있다.

한편 일제 강점기 여성 이름을 살펴본 조규태(1981)에 의하면 민적부가 생기기 이전에 조선 여성의 이름은 아명에 불과하여 부모가 부를 때 한해 사용되었으나 민적부가 생기면서 여자 이름이 전면적으로 등재되게 되었고 관명으로서의 가치를 갖게 되었다고 보았다. 물론 민적법에 올린 이름이 관명 의식에 의해 지어진 것은 아니어서 오늘 날의 관명과 성질이 같지는 않다.

조규태(1981)에서 사천군 사남면의 민적부(1911~1923)에 등재된 여성 이름을 살펴본 결과에 따르면 조선시대의 여성 이름과 비교하여 몇 가

지 차이점을 들 수 있다. 첫째, 그 이전에 볼 수 없었던 지명이 이름으로
등재되었다. 이는 아명이 있었음에도 불구하고 아명을 본명으로 생각하
지 않은 탓으로 여성이 민적부에 이름을 신고할 때 출신지를 이름으로
올린 것이다. 둘째 한문식 이름이 수적으로 많아졌다. 특히 한문식 이름
으로 '-順', '-任', '-玉' 등을 가진 이름이 많이 등장하는데, 이는 19세
기~20세기 초에 여자 이름이 급속도로 한문화하는 과정에서 나타난 현
상으로 특히 여자의 성질이 유순하기를 바라는 부모의 마음에서 '-順'
을 구슬같이 아름답기를 바라는 마음에서 '-玉'을 사용하였고, 언젠가는
남에게 맡기게 된다는 의미에서 '-任'을 이름에 사용하였다.

해방 후 조선 성명 복구령[7]에 따라 원래의 성과 이름을 되찾았으나
재일 한국인 가운데에는 통명(通名)이라고 불리는 일본식 씨명을 사용하
는 경우가 적지 않았다. 또한 여자의 경우 '자(子)'자로 끝나는 일본식 이
름 짓기의 습관이 해방 후에도 꽤 오랜 기간 지속되었다.

5. 요약 및 결론

이 땅의 사람들은 삼국시대 중후반기 이전까지 사회적 신분이나 계층
에 관계없이 대부분 고유어 이름을 사용하였다. 고유어 이름을 사용하
던 시기에 성과 이름을 갖추어 쓰던 중국식 인명법은 정착하지 않았다.
삼국 시대 후반에 이르러 왕가를 비롯해서 상류 계층에 한자어 이름이
등장하기는 하지만 한자어 이름의 사용은 극히 일부에 한정되었다.

고려시대에는 왕 및 상류 계층에서 한자어로 이름을 짓는 것이 어느

---

7) 1946년, 미군정과 소련군정의 <조선 성명 복구> 조치로 창씨(創氏)한 성씨는 폐지되었
고, 창씨 개명했던 조선인들은 본래의 성명을 회복하였다.

정도 보편화되기 시작하였다. 특히 왕 이름을 비롯하여 외자의 한자어 이름 짓기는 고려시대 이름의 특징으로 볼 만하다. 하지만 한자식 이름 짓기는 여전히 상류 계층 일부에 한할 뿐 대부분의 민중은 고유어로 이름을 지었다.

조선조에 이르러 남자의 경우 상류 계층의 이름으로 한자어 이름이 확고하게 자리를 잡는다. 남자의 이름에는 족보에 따른 항렬(行列)이 있고 전통적인 작명법이 확립되었다. 하지만 여자의 경우는 아명을 사용하는 경우가 우세하였다.

남녀 모두 지금과 같은 이름이 일반화된 것은 1894년 갑오개혁으로 성씨의 대중화가 촉진되었고, 1909년 민적법이 시행되면서 누구나 성과 본을 갖게 되면서부터이다. 특히 민적부 제도 시행 이후 한자식 이름이 급속히 보급되면서 고유어 이름이 크게 위축되어 현재까지 이르게 된다.

제3장 한국인 이름 연구사

이 연구는 한국의 사람 이름 연구에 대한 앞선 연구 목록을 작성하고 이름 연구가 국어학 또는 사회언어학적 측면에서 어떻게 논의되어 왔는지를 연구사적 관점에서 살펴보는 것이 목적이다.

사람 이름은 품사로는 명사, 더 정확히는 고유명사에 속하며 문장 가운데서 호격의 독립어나 주어, 목적어, 서술어 등 다양한 문법적 기능을 하며, 의미적으로는 다른 사람과 구별하여 부르는 말로 지시적 기능을 수행하는 어휘 범주이다. 통사 범주상 '낱말(word)'에 해당하므로 국어학의 하위 분야로 볼 때 어휘론의 연구 대상에 속한다고 볼 수 있다. 하지만 국내에서 발간된 어휘론 개설서에서 사람 이름을 어휘론의 한 체계로 설정하여 본격적으로 다루고 있는 저서는 없는 것 같다.

이는 사람 이름이 자연발생적으로 생성되는 어휘와 달리 임의적으로 작명되며 고유명사로서 국어사전에 수록되는 대상이 아니므로 체계적인 국어학의 연구 대상으로 학술적인 주목을 받지 못했던 것으로 보인다. 하지만 청자와 화자의 상호관계라는 측면에서 상대방이나 특정인을 부르거나 가리키는 수단인 이름은 의사소통의 중심에 있으며, 개인의 입장에서 본인이 평생 함께 해야 할 어휘라는 점에서 여타의 고유명사와는 또 다른 의미를 갖는다.

이에 우리는 국어 연구의 변방에 있던 이름 연구가 국어학 또는 사회
언어학적인 측면에서 좀 더 가치 있는 연구 대상이라고 판단하고 그간
의 연구 업적을 되돌아보고 성과와 문제점을 살펴 앞으로 이름 연구가
나아가야 할 방향을 모색하고자 한다.

1. 사람 이름 연구의 흐름

먼저 이 장에서는 이름 연구에 대한 앞선 연구 목록을 작성하고 전반
적인 내용 분석을 통해 이름 연구의 큰 흐름을 살펴보도록 하겠다.

연구 목록은 이름을 연구의 주 대상으로 논의한 것을 대상으로 하되,
필요에 따라 부수적으로 논의한 것도 포함하였다. 가급적 칼럼 수준의 논
의는 대상에서 제외하였으나 내용에 따라 연구 목록에 포함하기도 하였
다. 사주 명리학 등을 바탕으로 하는 처세적 작명 등은 원칙적으로 대상
에서 제외하였으며, 이와 관련한 성명학도 가급적 논의에서 제외하였다.

이와 같은 원칙에 따라 작성한 사람 이름 연구 목록은 총 114편이다.
이를 단행본, 학위논문, 학술논문으로 나누어 시기별로 발행 편수를 보
면 다음과 같다.

〈표 1.6〉 시기별·논저 유형별 인명 연구 발표 편수

시기 / 형식	1950 년대	1960 년대	1970 년대	1980 년대	1990 년대	2000 년대	2011 ~2012	합계
단 행 본				1	2	4	1	8
학위논문				1	6	10	2	19
학술논문	1	1	4	17	19	27	18	87
합 계	1	1	4	19	27	41	21	114

지금까지 한국인의 이름을 주 연구 대상으로 한 국어학적 성과는 많지 않다. <표 1.6>에 제시한 숫자가 이름 연구의 총수라고 볼 수는 없지만 상대적으로 볼 때 70년대까지만 해도 이름에 대한 학술적 논의가 많지 않았음을 알 수 있다.

80년대 들어 이름에 대한 관심이 높아진 것은 사회적으로 토박이말 이름에 대한 관심과 선호도가 높아진 것과 관련이 있다. 유동삼(1980), "한글로 이름쓰기", 박병찬(1982), "우리말 이름 짓기의 실태와 전망", 김윤학(1983), "우리말 이름", 배우리(1984), ≪고운 이름 한글 이름≫, 김광언(1985), "한글 이름 우리말 이름" 등은 이와 같은 흐름을 반영한 것들이다. 80년대에 이름에 관한 석사학위 논문으로 안미숙(1988)이 있으나 이름에 대한 철학적 접근으로 한국인의 이름을 대상으로 한 본격적인 논의는 아니다. 80년대는 이름 표기와 관련한 논의가 두드러지는데 최범훈(1980), 김창호(1983ㄱ,ㄴ), 장세경(1986, 1987, 1988) 등이 있다.

90년대 들어 이름 연구에서 주목할 점은 한국인의 이름에 대한 학술적인 논의가 본격화되었다는 것이다. 국립국어연구원에서 간행한 ≪새국어생활≫ 제1권 제1호(1991)는 창간호 특집으로 '한국인의 이름'을 주제로 다루었는데, 당시 이름의 중요성에 대한 사회적 인식이 자못 컸던 것으로 평가할 수 있다. 여기에는 모두 여섯 편의 논문이 실려 있다. 이수건(1991)에서는 한국 성씨의 유래와 종류 및 특징에 대해, 박헌순(1991)에서는 이름의 종류에 대해, 남풍현(1991)에서는 한국인의 이름의 변천에 대해, 김문창(1991)에서는 고유어식 사람 이름에 대해, 서정수(1991)에서는 우리말 이름의 로마자 표기에 대해, 김백만(1991)에서는 성명학의 인식에 대해 각각 다루고 있다.

90년대에는 각각 세 편의 석사학위논문과 박사학위논문이 발표되었다. 석사학위논문으로 송정자(1992)는 고유어 이름 짓기의 조어론적 연구이며, 한연주(1994)는 현대 한국어 인명 전반에 대한 논의하였다.[1] 90년 대 후반에 나온 김태윤(1999)의 "음성인식을 이용한 114 안내 서비스에 적합한 한국어 이름 모델링"은 IT의 발달과 더불어 인명의 연구 영역이 실용적인 측면에서 공학 분야로 확대되는 경향을 보이기도 하였다. 김 경숙(1990)과 장세경(1990)은 같은 시기에 나온 이름과 관련한 첫 박사학 위논문이라는 점에서 의미가 있다.[2] 이관식(1995)는 음운적 유사성과 형 태 분석에 근거하여 한국 고대 인명의 어원에 대해 논하고 있다.

2000년대 이후 이름 연구에 대한 관심의 확대가 뚜렷이 나타난다. 연 구 방법 면에서 사회언어학적 접근 방법이 두드러진다. 김석미(2001)을 비롯하여 조오현 외(2002), 나은미(2003), 문금현(2003), 김슬옹(2004), 채서 영(2004), 이은영(2005) 등이 이 부류에 속한다. 이 시기는 국내 중국인 유 학생이 급격히 증가한 때로 이름 연구에서 장휘(2005), 정성현(2008), 주림 림(2009), 마영미(2010) 등 한중 이름의 비교 연구가 특히 활발하게 이루 어진다. 이름 짓기에 관한 논의도 주목할 만하다. 김슬옹(2002) ≪한글 이름 짓기 사전≫을 비롯하여, 전수태(2004)의 "북한의 이름 짓기" 외 채 서영(2004), 안승웅(2010), 김만태(2011) 등 한글 이름 짓기, 한자어 이름 짓 기, 영어식 이름 짓기, 성명학에 근거한 이름 짓기 등 다양한 방식의 이 름 짓기에 대한 논의가 비교적 활발하게 이루어졌다.

---

1) 인천 지역 8개 지역의 동사무소에서 1930년대, 60년대, 90년대의 세 세대의 출생신고서 의 이름을 수집하여 남녀와 세대별 이름의 특징을 분석하였다.
2) 대개 박사학위논문은 관련 분야의 연구가 충분히 축적되거나 최대로 활성화되었을 때 나오기 마련이다. 그런데 당시에 앞서 발표된 인명을 주제로 한 석사학위논문이 서너 편밖에 없었다는 점은 연구사적으로 볼 때 다소 예외적이라고 볼 수 있다.

2. 주제별 연구 내용 분석

지금까지 이루어진 한국인의 이름에 대한 연구는 몇 가지 기준에 따라 유형화 할 수 있다. 첫째 앞에서와 같이 시기별로 연구 경향을 구분하거나 방법론상 국어학적인 관점에서 이루어진 것과 사회언어학적 관점에서 이루어진 것으로 나눌 수 있다.

좀 더 구체적으로는 연구 내용에 따라 1) 한국인의 성씨와 이름의 정착 과정, 이름의 종류 및 변천 양상, 시대별 이름의 특징 등 이름의 사적인 연구, 2) 한자어, 고유어, 외래어 등 어종별 특성에 대한 연구, 3) 작명 방법과 관련된 논의, 4) 중국이나 일본 등 다른 언어 문화적 배경을 지닌 이름과의 비교 대조 분석, 5) 사회언어학적인 측면에서 이름에 대한 태도 연구 등으로 나눌 수 있다. 이는 다시 방법론상 구조적인 연구와 계량적인 연구로 구분할 수 있다.

이 장에서는 인명 연구를 내용에 따라 분류하고 주요 논의와 성과를 살펴보도록 하겠다.[3]

2.1. 이름의 정착과 변천 양상

이름의 정착과 변천 양상에 대한 주요 논의로는 이홍식(1954), 김종택(1991), 김문창(1991), 남풍현(1991), 박헌순(1991), 이수건(1991), 서정수(1993), 최창렬(1994), 이장희(2003), 신도희(2007), 이관식(2001) 등을 들 수 있다.

이홍식(1954)는 이름 연구의 초기 성과물로 백제 8대 성에 대해 논하고 있다. 이름 연구에 초점이 있기 보다는 이를 통해 백제사의 일면을

---

3) 단 작명 방법과 관련한 논의는 다른 연구 내용과 대부분 겹치므로 따로 절을 구분하여 논하지는 않겠다.

살피는 데 주안점을 두고 있다.

김종택(1991)은 오늘날 모든 한국인이 가지고 있는 성씨와 이름의 정착 과정을 고대 삼국시대부터 살펴보았다. 삼국사기나 삼국유사 등의 기록에 의하면 성씨는 고대 부족국가 시대부터 있었던 것으로 기록되어 있지만 삼국시대에는 거의 성이 없었고 있는 경우에도 혈연과는 무관하며 오늘날까지 계승되고 있는 것은 거의 없는 것으로 보았다. 삼국시대 중·후반기 이전까지의 이름은 거의 고유어식이며, 고유어식 이름을 쓰던 시대에는 성과 이름을 갖추어 쓰는 중국식 이름은 정착하지 않았으며 통일신라와 고려시대에는 중국 문물의 수입으로 상층부에서부터 이름을 한자식으로 짓고 성명을 함께 적는 중국식 이름 표기가 확대되었으며 고려 말기 원나라의 지배를 받으면서 왕이나 신하들의 이름에 몽골식 이름이 등장한 것으로 보았다. 조선 전기에 유교식 관습이 정착되면서 오늘날과 같은 한자식 성씨를 갖게 되었고, 거기에 맞추어 한자식 인명이 정착되었는데 여자의 경우 유교적인 이유로 과거에 응시하거나 족보에 등재되는 데 제약을 받는 등 관명 사용의 필요성이 없었기 때문에, 아명을 사용하거나 이름이 없는 경우도 있었다. 그러므로 남녀귀천의 차별 없이 모든 한국인이 성명을 가지게 된 것은 광복 이후로 보았다.

김문창(1991)은 동서양을 막론하고 예로부터 사람들은 이름을 그 무엇보다도 소중히 여기는 경명사상(敬名思想)이 있었다고 보고, 고대로부터 일제시대에 이르기까지 한국인의 이름을 작명법적 차원을 비롯하여 형태상 이름의 길이, 음운상 말음절의 유형, 작명상의 소재 등으로 분석하였다. 이 연구는 작명의 원리에서부터 음운과 형태상의 특징에 이르기까지 비교적 이름에 대해 종합적으로 고찰하고 있다.

남풍현(1991)에서는 한국인의 이름에 대해 역사적 변천 과정을 다루고 있다. 삼국 시대부터 고려 초까지는 고유어 이름이 절대적으로 우세하였으며, 고려 왕조로 들어오면서 상류층으로부터 한자어 이름이 점차 적극적으로 보급된 것으로 보았다. 삼국시대 불교의 유입에 의한 범어(梵語)의 영향이나 고려시대에 몽골과의 접촉, 조선조 후기의 기독교 전파, 일제 강점기하에서 이루어진 창씨개명 등이 외래어 이름 전파에 적지 않은 영향을 미쳤다고 보았다.

박헌순(1991)은 한국인의 이름을 언제 누가 짓느냐에 따라 크게 세 가지로 유형화하였다. 즉 20세 이전에는 부형이나 스승 또는 친구가 지어주는 이름으로 '아명(兒名), 본명(本名), 자(字)'를, 어른이 된 뒤에는 주로 자기 스스로 짓는 이름인 호(號)를, 본인이 사망한 뒤에는 나라에서 지어주는 시호(諡號), 묘호(廟號) 등으로 구분하였다. 비록 상류 계층에서이긴 했지만, 한 개인의 생애와 관련하여 상당히 다양한 종류의 이름을 가지고 있었던 한국인들은 현대로 오면서 거의 대부분 단 하나의 본명만을 가지고 있는 것이 일반적인 추세라고 보았다.[4]

이수건(1991)은 성씨에 대해 연구로, 성씨의 기원과 보급, 성씨 체계의 특징을 고찰하였다. 성(姓)과 씨(氏)는 역사적으로 때로는 함께 붙어서, 때로는 각각 독립적으로 사용되었으며, 본관과 함께 사용하여 혈연관계가 없는 동성(同姓)과 구별하였다. 성씨는 발생 이래 계속 분화하였는데 아버지의 성을 따르거나 어머니의 성을 따르기도 하였으며, 모성(冒姓), 변성(變姓), 사성(賜姓), 자칭성(自稱姓) 등이 있다. 고려 초기 지배층에게 성이 보급되면서 성은 부계 혈통을 표시하고 명(名)은 개인의 이름을 가리키

---

4) 하지만 오늘날에도 '태명(胎名)'을 짓는다든가 성년식에서 전통 예법에 따라 '자(字)'를 지어준다든지, 연예인이 '예명(藝名)'이나 문필가들이 '필명(筆名)'을 사용하고 인터넷 상에서 '별명'을 사용하는 등, 전통적인 방식과는 비록 다를지라도 본명 외에 상당히 다양한 이름을 가지고 있다는 언어적 사실에 주목할 필요가 있다.

게 된 것으로 보았다. 한국 성씨의 특징으로는 성불변의 원칙과 호적에 반드시 본관을 기재하는 것을 들었다. 본관은 시조의 출신지 또는 그 씨족이 대대로 살아온 고장을 가리킨 것으로 한 성을 사용하기 전인 7세기 이전에는 출신지가 신분을 표시하는 성의 역할을 했다고 보았다. 또 신라 말과 고려 초 이후에 성이 일반화하는 과정에서 혈족 계통을 달리하는 동성이 많이 생겨남으로써 이족의 동성과 구별하기 위해 널리 쓰이게 된 것으로 보았다. 한국인이 성씨를 갖게 된 원인을 중국의 영향이 아닌 지배층의 정치적인 이유에서 찾고 있는 점이 특색이다.

서정수(1993)은 우리 이름은 본디 한자식이 아니라 순 우리말로 되어 있었고 그 전통은 조선조 말기까지 이어졌다고 보았다. 고려 초부터 한자를 가지고 이름을 짓기 시작하였으나 이른바 양반에만 한정된 것이었으며, 민중들은 대부분 조선조 말기까지도 순 우리말 이름을 지니고 있었으며, 따라서 순 우리말로 이름을 좀 더 다양하게 지어 부르자는 것이 새삼스러운 이야기가 아니며 한자식 이름을 탈피하고 우리말로 아름답고 다양한 이름을 지어 불러야 마땅하다고 보았다. 순 우리말 이름의 시초로 신라 시조 '박 혁거세'와 고구려 시조 '주몽' 등을 예로 들었으며, 순 우리말 이름과 한자어 이름의 공존 시기에 한자어 이름은 상류층에 한정되어 있었으며, 일반 서민이나 노비의 이름은 순 우리말로 쓰였다고 보았다. 또 1910년 일제 강점 하에 민적부를 만들면서 한자어 이름 일색으로 이름을 짓게 되었다고 보았다. 따라서 우리의 성씨나 이름이 한자어로만 되기 시작한 시기는 90년도 채 되지 않았으며 일본 사람들의 강압으로 민적부를 한자로 작성하도록 한 데서 한자어 이름 일색으로 바뀌었다는 사실을 부끄럽게 여겨 빠르게 청산해야 할 일제 잔재라고 보았다. 순 우리말 이름 되찾기 운동 시기는 광복 이후의 한글 시대부터 보고 있으며 최초의 한글 이름을 '금난새'로 보았다. 순 우리말 이름 되찾기 운동은 본래 한자어 이름을 새로운 한글 이름으로 바꾸자는 것이 아니라 사대주의와 일제의 강압으로 빼앗겼던 순 우리말 이름을 되살려 씀으로써 주체성 있는 국민이 되는 것으로 민족 문화 운동의 첫걸음으로 보았다.

최창렬(1994)는 우리나라 전래 사람 이름 가운데 순 우리말로 된 것에 어떤 것이 있으며 그것이 원래 어떤 뜻이었고 무엇을 반영하고 있는지 어원론의 측면에서 살펴본 것이다.

이관식(1995)는 삼국유사와 삼국사기 소재의 인명어를 어휘별로 구분한 뒤 각 어휘의 어원을 찾고자 한 연구이다. 먼저 고대인의 이름에 대한 인식을 개관하고 그에 따라 인명어가 어떻게 형성되고 변천했는지를 고찰하였다.

이장희(2003)는 6세기 신라 금석문에 나타나는 사람 이름을 정리하고 이들 이름에 붙어 있는 접미사를 추출하였다 사람 이름의 말음절에 쓰인 용자를 분류하고 분류된 용자들을 빈도에 따라 나눈 후 빈도가 높은 용자들이 쓰인 인명의 신분과 후대 사서에 등장하는 인명 표기를 비교하여 접사를 분리하였다. 분리한 접사에 대해서는 신분에 의거한 의미 기능을 밝히고 음운론적 해독을 시도하였다.

신도희(2007)에서는 성과 이름의 변천사를 고찰하였다. 먼저 이름의 기능을 복을 기원하는 기능, 사회적 기능, 혈연적 기능, 상징적 기능으로 구분하였다. 이름의 종류로는 아명(兒名), 자(字), 호(號), 휘(諱), 택호(宅號), 시호(諡號) 등이 있는데 자, 호 등은 지식층이나 지배층만이 사용하던 이름으로 보았다. 일반 서민들의 이름은 무병장수를 바라는 이름, 태어난 순서에 따른 이름, 외모나 태도의 특징으로 지은 이름, 남아선호사상을 반영한 이름이 주를 이루는 것으로 보았다. 신라는 처음 성과 이름을 신화적인 요소를 바탕으로 짓다가 점차 왕이 성을 하사하는 사례가 늘었

다. 또한 법흥왕을 시점으로 왕이 성을 사용한 것으로 보았다. 경덕왕
때 관직명과 지명을 중국식으로 바꿨으며, 장보고가 활약하던 시기에
중국과의 교류가 활발해지면서 성의 사용이 촉진된 것으로 보았다. 고
구려와 백제는 신라에 비해 신화적인 요소에 의해 지어진 성과 이름이
적다고 보았다. 고려시대에는 이름을 지은 요인이 다양해졌으며, 대부분
의 관료들은 성과 함께 호와 자를 사용하였다. 또한 왕의 이름과 글자나
발음이 같은 경우 이름으로 사용하지 못하였으며, 왕의 경우에는 원나
라나 거란의 왕과 같은 이름을 사용하지 못하였다고 하였다. 조선시대
에는 고려시대에 사용하던 자와 호가 양반층에게 더욱 일반화되었다.
조선시대는 사농공상의 신분 차이를 엄격히 하였기 때문에 상민이나 천
민에 해당하는 사람들은 거의 이름을 지니지 못하였으며, 여성은 사대
부 집안에서조차도 이름을 가진 경우가 드물었다고 보았다.

2.2. 고유어, 외래어, 한자어 등 어종별 특성

한국인의 이름은 어종에 따라 고유어(순 우리말), 한자어, 외래어(영어)
등으로 나눌 수 있는데, 특히 고유어 이름에 대한 논의가 주를 이룬다.

고유어 이름에 대한 연구로는 안병희(1997), 송정자(1992), 리민덕(1999),
조오현 외(2002), 문금현(2003) 등을 들 수 있다.

안병희(1997)은 한글 창제 직후에서 17세기에 걸친 문헌에 나타나는
한글로 표기된 사람 이름에 대한 연구이다. 고유어 이름은 주로 천인의
이름에 나타나지만 15세기에는 하급관료도 고유어 이름이 많았으며, 고
유어 이름에 애용되는 유형이 있어 많은 이인동명(異人同名)이 생기게 되
었다고 보았다.

송정자(1992)는 앞서 20여 년 동안에 사용되고 있는 고유어 이름들을

대상으로, 조어, 음운·의미 분석을 통해 고유어 이름 짓기의 원리와 방법을 고찰하였다. 또한 1940년을 전후한 시기에 민간에 불리던 고유어 이름과의 비교를 통하여 이름 짓는 방식의 변화상을 살펴보았다. 조어론적인 공통점으로는 명사나 수사를 그대로 이름으로 삼거나 어근에 접미사 '이'를 붙이는 것들이 있었으며 차이점으로는 남자와 여자 이름의 말음절의 변화를 들었다. 최근의 여자 이름에는 어근에 '님'을 붙이는 경우와 용언을 여러 가지 형태로 활용 또는 변형시켜 사용하는 경향이 있다고 보았다. 의미상으로는 건강, 장수, 복 등 좋은 기원과 바람을 나타내는 이름이 많다고 보았다. 최근에는 신에게 빌어서 낳은 아이임을 밝히는 이름은 거의 없으며 외모의 미추나 특징을 표현하는 이름도 적어지는 경향이 있다고 보았다. 또한 성과 이름을 결부시켜 의미를 부여하는 경향이 있으며 비천한 이름보다는 곱고 아름다운 이름을 지으려는 경향이 두드러진다고 보았다.

리민덕(1999)는 고유어로 된 이름뿐만 아니라 어느 한 사람의 이름이 고유어 혹은 한자어로 지어졌더라도 그것들이 뭉쳐서 가능한 한국어의 어휘를 이루면서 어휘적인 뜻풀이가 될 수 있는 것을 넓은 의미의 우리말 이름으로 보았다. 사람 이름을 형태적 기준으로 분류하여 '3음절로 된 단어조성', '2음절로 된 단어조성', '단어조성의 특수 유형'으로 나누었다. 각 유형을 예와 함께 제시하면 다음 <표 1.7>과 같다.

〈표 1.7〉 인명의 형태적 분석(리민덕, 1999)

1. 3음절로 된 단어 조성	1) 성씨가 수식 수단으로 되는 경우	한아름, 한마을, 한하늘, 한여름, 한송이, 강여울, 고소원, 남태풍, 이풀잎 …
	2) 성씨가 어근 혹은 어근의 한 부분으로 된 경우	현미경, 송진이, 오백만, 강대형, 이사철, 박아지, 김치국 …
	3) 어근에 문법 형태를 붙여 구절형식으로 된 경우	우수한, 배우리, 고와라, 김매라, 정다운, 소중한, 나한일 …
2. 2음절로 된 단어조성		정관상, 강부자, 강상식, 강효성, 서유리, 김한창, 김성년, 김광채 …
3. 단어 조성의 특수유형	1) 수효나 수량을 나타내는 이름	정하나, 김두나, 오백만 …
	2) 이름자가 3음절 이상 되는 이름	김한빛나리, 초롱초롱 새빛나리 …
	3) 단어조성법이 발달한 성씨들	단어 조성률이 가장 높음 성씨 ① 한 : 수사 '하나'의 의미도 될 수 있고(한송이), 접미사 '큰'의 의미도 될 수 있음(한여름). 또한 동사 '하다'의 규정형으로도 될 수 있음(한보람). ② 이 : 대명사 '이'가 될 수 있고(이강산), 수사 '둘'의 의미도 되며(이연승), '직접 어근 형태부로도 될 수 있음(이상형).

조오현 외(2002)는 전국의 초중고등학교 학생을 대상으로 설문지 조사 방법으로 고유어 이름의 실태를 조사하여 고유어 이름의 형태·의미적 특성 및 그 사용 실태를 분석하였다. 총 설문 응답자 수는 3,182명으로 주로 80년대 90년대 출생자들이다. 조사 결과 서로 다른 이름의 수가 총 508개였다. 고유어 이름의 음운적 특성으로 남녀에 따른 이름의 음절수, 자모의 음운 빈도를 계량하였다. 형태적 특성에 따라 이름을 크게 '낱말형'과 '구문형'으로 구분하고 '낱말형'은 다시 내적 구조에 따라 '합성, 파생형', 활용형, 생략형으로 나누었다. 이외에 이름 짓는 방식으로 성과 어울려 짓기, 형제 이름 어울려 짓기를 구분하였다. 이름별 빈

도를 제시하는 등 고유어 이름에 대한 본격적인 계량 연구라는 점에서 의의를 갖는다.

문금현(2003)은 1970년대, 80년대, 90년대 출생한 각 1,500명의 사람 이름을 수집하고 이 가운데 222명의 고유어 이름의 역사, 고유어 이름 짓기의 현황과 방법 및 문제점과 전망을 논의하였다. 먼저 고유어 이름의 유형을 언어적 요인, 사회적 요인, 생성 동기에 따라 20여 가지로 분류하였다. 고유어 이름을 짓는 유형으로는 여러 좋은 뜻을 복합적으로 갖추어 짓는 방법, 발음하기 쉽고 어감이 좋게 짓는 방법, 성씨와 잘 어울리게 짓는 방법, 형제나 자매의 이름을 이어 짓는 방법, 특이하게 짓는 방법으로 구분하였다. 고유어로 이름을 지을 때 발생하는 문제점으로 연음법칙에 의해 발음하는 과정에서 성씨가 바뀌는 경우와 소리 나는 대로 적을 경우 뜻을 알 수 없는 이름이 되거나 외국말 흉내 내기가 되기도 하며 맞춤법에 어긋나는 경우가 있다고 보았다.

영어 이름 짓기에 대한 연구로는 채서영(2004)이 있다. 채서영(2004)는 젊은이들 사이에 영어 이름을 갖는 것에 주목하여 설문조사를 통해 젊은이들의 영어 이름 사용 실태를 조사하여 분석하였다. 또한 홍콩 중국인들의 영어 이름 사용 실태를 우리나라와 비교하여 제시하였다. 홍콩인들의 경우 현재 30~50대의 경우 대부분이 중등학교 시절에 영어 이름을 사용하기 시작하였고, 이들의 자녀들은 태어나면서 중국 이름과 동시에 영어 이름을 갖거나 유치원에서 영어 이름을 짓는다. 홍콩이 중국으로 반환된 이후 영어 사용의 감소를 예측하기도 하였지만 국제어로서 영어의 중요성이 감소되지 않고 있음을 알 수 있다. 우리의 경우도 영어 사용의 공식화 문제가 계속된다면 홍콩의 경우와 같이 이름을 포함하여 여러 방면에서 영어가 사용될 가능성이 있다고 보았다. 한국 사회에 새롭게 등장한 영어 이름을 다루었다는 점에서 의의가 있으나 표

본의 크기가 제한적이며 영어 이름의 정의가 다소 명확하지 않다.[5]

2.3. 이름 표기 연구

주제별 사람 이름 연구사에 가장 많은 연구가 이루어진 주제는 이름 표기와 관련한 연구이다. 특히 한자 차용과 관련한 이름 표기에 관한 논의가 주를 이루는데 유창균(1975), 최범훈(1980), 김종훈(1983), 장세경(1986, 1987, 1988, 1990, 1991), 김창호(1983ㄱ, 1983ㄴ, 1993), 정성윤(2002) 등을 들 수 있다.[6]

유창균(1975)은 고구려 인명의 표기 용자(用字)에 대한 논의로 고유어 표기에 어떤 법칙이 존재했으며 일반적으로 가장 많이 사용된 용자는 어떤 것이었고 삼국이 이들을 사용하는 데 어떤 차이가 있는지, 그리고 어떤 음운상의 체계가 반영되었는지를 연구하고 이를 통해 용자법의 일반적 경향을 귀납하고자 하였다.

최범훈(1980)은 고유어 이름을 표기하는 데 차용되었던 한자의 차용 표기체계를 재구하려는 것이 목적이다. 고유어 이름의 차용 방식은 훈민정음이 창제된 이후에도 완전히 없어지지 않고 고유어식 작명이 쇠퇴하였던 1920~1930년대까지 쓰였으며 이에 대한 정밀한 연구를 통해 상대(上代) 차용 표기 체계의 정밀화를 기대할 수 있을 것으로 보았다.

김종훈(1983)은 사람의 이름에 사용된 고유한자(固有漢字)는 중국에 없는 우리 고유의 이름이기 때문에 고유한자로 표기된 사람 이름은 고유

---

5) 어종별 연구에서 한자어 이름에 대한 논의를 따로 하는 경우는 거의 없다. 어종별로 볼 때 현대 한국인의 한자어 이름은 특별한 것이 아닌 무표적인 것으로 인식하기 때문이다.

6) 고대 인명의 차자표기에 대한 연구는 양주동(1942)의 ≪조선고가연구≫로 거슬러 올라가지만 인명에 한정한 연구가 아니므로 본 연구사에서는 다루지 않았다.

어로 이루어져 있는 것이 특징이며 이 가운데 '乭(돌)'과 '釗(쇠)'가 쌍벽을 이루는데 '乭'은 신라계 인명으로 '釗'는 고구려계 인명으로 보았다. 장세경(1986, 1987, 1988, 1990, 1991)의 일련의 연구는 '삼국사기', '삼국유사', '일본서기' 등에 나타난 동일인명의 이표기에 대한 연구이다. 이 가운데 장세경(1990)은 박사학위논문으로 이들 연구를 대표한다고 할 수 있다. 본 연구는 '삼국사기'와 '삼국유사'에 실린 동일한 사람 이름의 이표기를 찾아내어 음운론적으로 대응이 가능한 것을 대상으로 통용 가능성 여부와 원인을 찾아 고대국어 음운 체계의 특성을 살피고 이를 바탕으로 사람 이름을 해독하고자 하였다.

김창호(1983ㄱ, ㄴ, 1993)의 일련의 연구는 인명 표기를 중심으로 고구려, 백제, 신라의 금석문을 비교한 것이다. 김창호(1993)에서는 삼국의 금석문에 나오는 인명 표기의 기재 방식을 살핀 후 백제와 신라 금석문 등의 비교를 통해 백제 지방민의 인명 표기 문제를 검토하였다.

정성윤(2002)은 신라 인명의 차자 표기에 대한 연구로 신라 인명, 왕호 및 왕명과 기타 인명을 중심으로 체계적인 한자음 연구를 통해 고대 인명을 재구하려고 하였다.

고대국어 인명의 차자 표기에 대한 연구는 인명 연구라는 목적 외에 고대국어 연구 자료의 한계를 극복하기 위한 방안으로 연구되어, 차자 표기 방식 자체에 대한 관심이 더 높았다.[7]

고대국어를 대상으로 한 인명의 차자 표기가 고유어를 한자로 적는 방식에 대한 연구라면 시대적으로 현재는 실용적인 측면에서 이름을 로마자로 표기하는 방식에 대한 관심이 높다. 이러한 논의로는 서정수(1991), 김혜숙(2001), 양병선(2000, 2000, 2003, 2005, 2006, 2008)이 있다.

---

7) 이 외에 이름의 차자 표기에 대한 연구로 박성종(2008), 최연화(2010) 등이 있다.

서정수(1991)는 한국 인명의 로마자 표기 실태를 살펴 문제점과 개선점을 찾아보고자 한 것이다. 실태 조사 결과 성씨의 표기에서 절반 정도가 현행 표기법에 어긋나고 있다고 보고 특수 문자를 적는 방식과 표음주의에 문제점이 있다고 보았다.[8] 대안으로 제시한 표기법의 대원칙은 1) 우리말 음운 체계를 크게 벗어나지 않는 범위 안에서 2) 외국인이 우리말을 쉽사리 읽을 수 있도록 하는 데 주안점을 두어야 하며, 특수 기호의 사용을 지양하고 관례와 본인의 개성 등을 허용하는 융통성이 인정되어야 할 것으로 보았다.

김혜숙(2001)은 영어 전공자의 로마자 인명 표기의 통일성과 일관성을 성과 이름의 표기 순서와 표기 양상, 철자로 나누어 살펴보았다. 연구 결과 영어 전공자들은 '이름−성' 순서와 이름자를 붙여 쓰는 표기 양상을 선호하였다. 96명의 영어 전공자 가운데 42명은 지난 10년 동안 인명 표기를 바꾼 경험이 있어 인명 표기에 일관성이 낮음을 알 수 있다. 인명의 로마자 표기를 통일하는 문제는 단시일에 성과를 낼 수 있는 것이 아니므로 한동안 복수 표기를 허용하는 등 점진적인 통일을 꾀하는 것이 바람직하다고 보았다.

양병선(2003)은 양병선(2002)에서 제안한 영어 철자와 발음을 기준으로 한 성씨 로마자 표기를 기본으로 하여 성씨와 이름에 두루 적용할 수 있는 음절 단위 우리말 한자어 이름의 로마자 표기를 제안하는 것을 목적으로 하였다. 현행 로마자 표기(문화관광부, 2000)는 지명 및 문화재명 등에 사용토록 하고 일반인용 인명 표기에 관한 로마자 표기법을 따로 두는 이원적 체계를 주장하는 것이 특징이다. 양병선(2006)에서는 국가대표선수 2,122명의 인명 로마표 표기 실태와 영어 1음절어 15,297개의 단

---

8) 서정수(1991)은 현행 '국어의 로마자 표기법(문화관광부 고시 제2000-8호, 2000년 7월 7일)' 이전에 발표된 논문이다.

어를 분석하여 한글 이름 영자 표기의 원칙과 한글 이름에 사용되는 547자의 로마자 표기법을 제안하였다.[9]

2.4. 이름의 대조 연구

한국과 다른 문화적 배경을 갖는 언어권의 이름과 대조 분석한 연구는 아직 많지 않지만, 최근 중국 유학생의 증가로 앞으로 이에 대한 논의가 좀 더 활발해질 것을 기대할 수 있다. 현재 이에 대한 연구 성과로 주림림(2009), 마영미(2011) 등을 들 수 있다.

주림림(2009)는 한자 문화권에 있는 한국과 중국의 이름을 비교 분석한 연구이다. 이름의 순서와 구성상에서 한국과 중국 이름은 차이가 없지만 유형상에서 차이가 나타나는데 이러한 차이는 국가와 문화가 다르기 때문인 것으로 보았다. 실례로 중국 이름의 경우 '방방(芳芳)', '원원(媛媛)'처럼 음절이 중첩된 이름이 많은데 한국 이름에서는 보기 어려운 형태이다.[10] 돌림자의 경우는 한국이 더 많이 사용한다. 한국과 중국에서는 이름을 지을 때 부모의 기대와 아이가 태어날 때의 경제, 문화, 생활 배경 그리고 사람들의 심리 현상들이 포함되어 있다. 또한 한국이 중국보다 한글 이름, 영어 이름 등 다양한 이름 형태를 가지고 있는데 이는 한국의 역동적인 사회상을 보여주는 것이라 분석하였다.

마영미(2011)은 한국과 중국 조선족 자녀의 이름에 대한 비교를 통해 한국과 중국 조선족 자녀들이 이름을 지을 때 어떠한 영향을 받고 있는지 사회문화적으로 고찰하였다. 한국과 중국은 예전에 조부모가 이름을

---

9) 추상적인 로마자 대신 영자를 기준으로 표기법을 개정할 것을 주장하였다.
10) 중국에서 중첩형 이름은 귀여움과 부모의 사랑함을 표시하기 위한 것으로 근대 이후 여성의 이름에 많이 사용한다고 한다(주림림, 2009).

지어주던 관습에서 부모가 이름을 지어주거나 작명소 혹은 기타 사람들
이 이름을 지어주는 경향이 나타나는데 이를 핵가족화의 영향으로 보았다.
한국 자녀들의 이름은 부모가 자녀에게 바라는 마음을 담는 경우가 많
으며 특히 물질적으로 풍요한 삶에 대한 선호도가 높은 것으로 보았다.
사회가 발전하면서 중국 조선족 자녀들의 이름도 이러한 영향을 많이
받아, 경제 욕구에 대한 염원이 이름에 반영되는 경향이 최근 몇십 년
동안 유지되고 있다고 보았다. 이름을 지을 때는 한국이나 중국 모두 고
유어보다 한자어가 많으며, 한국의 경우 자녀의 이름을 지을 때 '부드러
움'을 추구하는 경향이 있는 데 반해 중국의 경우 '강인함'을 더 중시한
다고 보았다.[11]

2.5. 사회언어학적 태도 연구

이름의 내용 연구에 대한 중요한 갈래는 사회언어학적으로 접근한 연
구로 이름에 대한 심리적 태도나 사회적 의미를 고찰한 논의들이다.

이름의 사회언어학적 연구는 2000년 이후에 집중적으로 발표되었는
데[12] 다음의 일련의 학위 논문은 같은 지도교수 아래 수행된 연구로 특
정한 목표 의식을 갖고 수행된 것으로 보인다.[13]

> (1) 김석미(2001), <내담자 이름의 매력도에 따른 상담자의 내담자 평
> 가>, 이화여자대학교 석사학위논문.

---

11) 이 밖에 한중 이름 비교 연구로는 장휘(2005), 정성현(2008), 방향옥·이상우(2011) 등
   이 있다.
12) 이름의 사회언어학적 연구로 80년대 이광숙(1981)의 연구가 있으나 일반언어학적인
   논의로 한국 이름을 대상으로 하고 있지는 않다.
13) 이들은 모두 심리학 전공자의 논문이다.

김하정(2003), <청소년들의 초기 친구 관계 형성과 이름의 매력
도>, 이화여자대학교 석사학위논문.

유영희(2003), <학생 이름 매력도가 교사의 학생 평가에 미치는 영
향>, 이화여자대학교 석사학위논문.

이보영(2003), <이름 고정관념이 교사의 학생 평가에 미치는 영
향>, 이화여자대학교 석사학위논문.

위의 연구는 이름의 매력도가 타인에 대한 평가에 영향을 미치는 요
인이 될 수 있다는 가설을 바탕에 둔다. 즉 대부분의 경우 이름은 타인
에 대해 알게 되는 최초의 정보로, 이름에 대한 고정 관념이 심리 상태
에 영향을 끼쳐 타인을 평가하는 데 관여한다는 것이다. 김석미(2001)은
'내담자'를 대상으로 한 연구로 상담자의 내담자에 대한 호소 문제의 심
각성, 회복 가능성, 호감도, 긍정성에 대한 평가 등에서 이름의 매력도에
따라 유의미한 차이가 나타나지 않는 것으로 보았다. 김하정(2003)의 연
구에서는 이름의 매력도와 청소년들의 또래 평정에 있어 유의미한 관계
가 있는 것으로 나타났다. 유영희(2003)은 학생 이름 매력도는 교사의 학
생 평가 요인으로 작용하지 못하는 것으로 나타났으며 같은 주제의 이
보영(2003)에서도 이름의 매력도에 따른 교사의 학생에 대한 긍정성 평
가를 살펴본 결과 교사 집단의 경우 학생들을 평가하는데 이름 매력도
와 연합된 고정 관념의 영향을 받지 않는 것으로 조사되었다.

문금현(2003)은 고유어 인명에 나타난 사회언어학 특징을 살피기 위하
여 시대별로 유행한 고유어 이름, 작명자의 특징, 남녀 이름의 성 차이,
고유어 이름에 나타난 한국인의 의식 구조, 부모의 가치관 등을 종합적
으로 분석하였다. 현재 고유어 이름은 전체 이름의 10%도 되지 않는데
일반인들의 의식이 서서히 바뀌고 있으며 고유어 이름 짓기의 다양한
방법이 강구되고 있어 점차 고유어 이름을 선호하게 될 것이라고 전망

하였다.

나은미(2003)은 40년대생 62명, 60년대생 76명, 80년대생 70명, 90년대생 68명 등 총 279명을 대상으로 이름에 나타난 세대별, 성별 양상을 살펴 그 기저에 깔려 있는 당대 사회의 가치 규범을 살펴보고자 했다.

김슬옹(2004)는 김슬옹 외(2002)에서 제안했던 '한자어를 포함한 음절글자 단위의 한글 이름 짓기' 방식을 체계화하고 그런 이름의 사회적 의미를 규명하기 위한 연구이다. 이 연구에서는 한글 이름의 과도한 민족주의적 태도를 지양하고 역동적인 삶의 흐름 속에서 좀더 주체적인 이름 짓기를 주장하였다.

차재은 · 권내현(2011)은 단성 호적 전산자료에 나타난 평민명과 노비명을 대상으로 한 사회언어학적 분석으로, 성별 특징과 역사적 관점에서 평민 남여 대 노비 남성 인명의 특징을 계층적으로 고찰하였다.

양명희(2012)와 강희숙 외(2012)는 2011년 한국연구재단의 기초연구지원 사업의 지원을 받아 수행한 연구로 기존의 이름 연구가 특정 지역에 한정되거나 조사 대상의 표본이 제한적이거나 특정 어종에 한정되었던 한계를 극복한 본격적인 사회언어학적 연구라는 데 큰 의미를 갖는다.[14]

양명희(2012)는 서울, 광주, 목포 소재 고등학생 544명을 대상으로 설문 조사 방법으로 이름의 특징과 이름에 대한 의식 및 태도를 연구하였다. 주요 연구 결과를 보면 고등학생의 경우 여학생보다 남학생의 한자어 이름 비율이 높았는데, 이는 남자 이름의 경우 전통적 가치관에 따라 항렬을 따르는 경우가 많기 때문인 것으로 보았다. 작명자로서 조부모의 역할이 줄고 어머니의 영향이 높아지는 경향이 있으며, 작명소에서 작명하는 비율이 높아질 것으로 예측하였다. 이름의 태도에 대한 조사

---

14) 이하의 연구 성과는 이 책에 수정 · 보완하여 수록되어 있다.

를 통해 '놀림 받지 않는 이름'과 '발음하기 어렵지 않은 이름'을 짓는 것이 중요하며, 설문 조사 결과 앞으로 태명이 유행할 것으로 예측하였다.

강희숙 외(2012)는 1950년대부터 2000년대까지 50년간에 걸쳐 출생한 한국인 가운데 서울 지역과 광주·대전·대구 등 지방 대도시 지역, 전라도·충청도·경상도 군 지역 총 182,400명의 이름을 표본으로 한 연구로, 각 연대별 이름의 특성과 변천 양상을 어종별 분포, 중복 빈도, 음소, 음절 유형 등에 초점을 맞추어 분석하였다. 연구 결과 어종별로는 한자어 이름이 98.23%로 압도적으로 높았으며 고유어 이름이나 외래어 이름은 남성보다 여성이 더 높은 비중을 차지하는 것을 확인하였다. 최고 빈도 이름의 변천 양상을 보면 남성은 '영수>성수, 정호>정훈>지훈>지훈>민준' 순이고 여성은 '영숙>미숙>은영>지혜>민지>유진' 순이다. 음절수의 경우 2음절로 이루어진 이름이 남녀 모두 98% 이상의 높은 비중을 차지하고 있음을 밝혔다. 강희숙 외(2012)는 지금까지 국어학 분야에서 수행한 이름 연구로는 최대 표본을 대상으로 하고 있다.

강희숙(2013)은 드라마 인물의 성격 창조가 이름 짓기에 의해 이루어질 수 있다는 입장에서 KBS, MBC, SBS 등 우리나라의 대표적인 지상파 방송사에서 2010~2012년에 방영한 드라마의 인물명을 대상으로 명명 방식과 인물명의 사회언어학적 특성은 고찰하였다. 작가들은 일정한 시대나 인물의 신분, 곧 사회적 지위 등을 토대로 한 캐릭터의 성격을 드러낼 수 있는 가장 전형적인 이름은 무엇인가에 고찰하여 이름을 짓는 것을 확인하였다.

양명희 외(2013)은 앞선 이름 연구에서 연구의 지역적, 연령적 조사 한계를 극복하고, 언중들의 인명에 대한 언어 태도 입장을 좀 더 명확하게 분석하는 것을 목적으로 하였다. 이에 인명에 대한 전국적 조사를 통해

10대 후반과 4,50대의 인명에 대한 언어 태도의 차이를 밝히고 그 이유를 제시하였다.

3. 요약 및 결론

이 연구는 한국의 사람 이름 연구에 대한 앞선 연구 목록을 작성하고 국어학 또는 사회언어학적 측면에서 이름에 대한 연구가 어떻게 이루어졌는지를 연구사적 관점에서 살펴보는 것이 목적이었다.

사람 이름에 대한 연구는 국어학의 주된 관심 분야는 아니었다. 70년대 이전까지는 연구가 미미하였으나 80년대 한글 이름에 대한 사회적 관심이 높아지면서 이름에 대한 연구도 점차 활기를 띠기 시작하였다.

주제별 연구로 이름에 대한 사적 연구는 이름의 정착과 변천 과정에 대한 논의로 고대국가 시대의 이름에서부터 일제 강점기까지의 이름에 대한 논의들이 이에 속한다. 주로 고유어 이름에서 한자식 이름으로 정착되는 과정에 대해 논하고 있다.

어종별 연구로는 고유어 연구가 중심이 되었다. 현재 한자어 이름이 주를 이루는 현실에서 한자어 이름은 당연한 것으로 인식되기 때문에 한자 이름을 특화해서 연구할 필요성을 크게 느끼지 못했기 때문인 것 같다.

주제별 사람 이름 연구사에 가장 많은 연구가 이루어진 것은 이름 표기와 관련한 연구이다. 대부분 인명의 차자표기와 관련한 연구였는데, 이는 이름 자체에 대한 관심보다 고대 국어 연구 자료의 한계를 극복하기 위한 대안적 성격이 컸다. 현대적 관점에서는 실용적인 측면에서 한국인 이름의 로마자 표기에 대한 논의가 주를 이루었다.

이름의 대조 연구는 아직 큰 성과를 얻고 있지는 못하지만 최근 중국 유학생의 급증으로 앞으로 한중 이름 연구나 기타 동남아권 이름과의 비교 연구가 기대된다. 2000년대 들어서는 이름에 대한 사회언어학적 연구가 주목 받고 있다.

80년대 이후 꾸준히 이름에 대한 관심이 증가하고 있지만 아직 국어학의 여타 분야에 비해 연구 성과가 미흡한 것이 사실이다. 지금까지 이름 연구가 주로 기존 이름의 분석에 치중하였다면 앞으로는 생산적인 측면에 주목할 필요가 있을 것 같다. 특히 최근 브랜드 네이밍에 대한 관심이 높아지는 것과 같은 맥락에서 무한 경쟁 시대에 이름이 어떻게 개인의 브랜드 가치를 높이는 데 기여할 수 있을지 고찰할 필요가 있다. 무엇보다 이름에 대한 순수 국어학적 연구가 선행되어야 한다. 이름에 대한 사적 연구, 어종별 연구, 표기 연구, 사회언어학적 연구 등이 가치 있는 것이나 응용 연구는 순수 연구를 기반으로 해야 더욱 발전 가능성이 있다고 믿는다. 즉 이름을 하나의 어휘 범주로 보고 이에 대한 음운, 형태, 통사, 의미 전반에 걸친 순수 국어학적 연구가 선행되어야 좀 더 발전된 응용 연구를 기대할 수 있을 것이다.

제2부

해방 후 한국인 이름 짓기의 실태 및 변천 양상

••• 해방 후 한국인 이름 짓기의 실태 및 변천 양상

　해방 이후 시기부터 오늘날에 이르기까지 한국인들은 어떠한 방식으로
이름을 지어 왔으며, 그 변천 양상은 어떠할까? 새로이 등장한 이름의 유
형은 무엇이며, 전통적인 작명 방식의 계승은 또 어떻게 이루어지고 있을
까? 제2부에서는 바로 이와 같은 문제들을 세 개의 장으로 구분하여 기술
하였다.

　제1장에서는 해방 이후 시기인 1950년대부터 2000년대까지 50년간에
걸쳐 출생한 한국인 가운데 서울 지역 60,000명, 광주·대전·대구 등 지
방 대도시 지역 61,200명, 전라도·충청도·경상도 군 지역 61,200명 등
총 182,400명의 이름을 표본으로 각 연대별 이름의 특성 및 그 변천 양상
을 분석하였다. 여기에서 다룬 핵심 연구 주제를 구체적으로 제시하면 다
음과 같다.

　첫째, 해방 이후 시기의 한국인 이름의 어종별 분포 및 변천 양상은 어
떠한가?

　둘째, 이름의 중복 빈도 및 변천 양상은 어떠한가?

　셋째, 이름의 첫 글자 혹은 끝 글자의 유형 및 변천 양상은 어떠한가?

　넷째, 이름의 음절수의 분포 및 그 변천 양상은 어떠한가?

　다섯째, 이름의 음절말음의 분포 및 그 변천 양상은 어떠한가?

제2장에서는 2000년대 이후 한국인 이름 짓기의 새로운 풍속도로 등장한 배냇이름, 곧 태명의 작명 실태 및 확산 양상에 대한 사회언어학적 분석 결과를 제시하였다. 대도시 지역인 광주광역시와 농촌 지역인 담양 지역 초등학교 1학년 아동 248명과 어린이집 유아 175명 등 모두 423명의 학부모를 대상으로 한 설문 조사 결과, 초등학교 1학년 아동은 43.5%, 어린이집 유아는 76.9%의 비율로 태명을 가지고 있는바, 최근 몇 년 사이에 태명을 짓는 풍습이 매우 빠른 속도로 확산되고 있으며, 그러한 확산이 도시와 농촌을 불문하고 급속도로 이루어지고 있음을 제시하였다.

제3장에서는 호의 작명 및 사용 실태 등에 대한 조사 결과를 제시하였다. 이는 복명속(復名俗) 혹은 경명 의식(敬名意識)의 발로로서 대부분의 사대부 계층들이 보유하고 있었던 여러 가지 이름들 가운데 대부분의 이름이 오늘날에 이르러서는 거의 사용되지 않는 반면, 호(號)는 현재까지 계속해서 유지되고 있다는 사실에 착안한 것이다. 전통적인 호의 명명 방식 및 특징에 대한 이해를 토대로 전통 예술 분야, 즉 한국화나 서예, 도예, 판소리 분야의 예술가나 전통차를 공부하거나 즐기는 다도인(茶道人) 또는 몇몇 전문직 종사자들을 포함하는 일반인들이 보유하고 있는 호의 작명 및 사용 실태 등에 대한 조사 결과가 제시될 것이다.

제1장 해방 후 한국인 이름의 특성 및 변천 양상

한 개인의 이름에는 부모나 조부모 등 작명자의 염원이 담겨 있다는 점에서 의미론적 유연성(有緣性, motivation)을 지닌다고 할 수 있다. 그러한 의미론적 유연성은 이름의 형태론적 또는 음운론적 구조를 결정하는 기능을 하는바, 한 개인의 이름에서 우리는 의미론적 유연성과 함께 이름의 형태·음운론적 구조의 특성을 파악할 수 있게 된다.

중요한 것은 개인의 출생과 함께 이루어지는 작명 행위는 지극히 사적인 범주에 속하는 행위인 것처럼 보이지만, 정작은 그 행위가 특정 시대의 사유 체계 안에서 이루어지는 것이 일반적이라는 것이다. 따라서 개인의 이름에 나타나는 의미론적 유연성 및 형태·음운론적 구조는 일정한 시대를 지배하는 가치관은 물론 한 시대가 표방하는 문화적 특성까지를 파악할 수 있게 해 주는 창(窓)의 역할을 하게 된다. 본 연구에서는 이러한 가정을 전제로 해방 이후 시기인 1950년대부터 2000년대까지 출생한 한국인 이름의 특성을 사회언어학의 연구 방법론 가운데 하나인 계량적 분석을 통해 살펴보는 데 그 목적이 있다.

지금까지 이루어진 한국인의 인명에 대한 연구는 크게 다섯 가지로 구분할 수 있다. 그 첫 번째는 김종택(1991), 김문창(1991), 남풍현(1991),

박헌순(1991), 이수건(1991), 서정수(1993), 신도희(2007) 등 고대로부터 조선 시대 또는 해방 이전 시기까지 한국인의 성씨와 이름의 정착 과정, 이름 의 종류 및 변천 양상, 각 시대별 이름의 특징 등을 통시적으로 다룬 것 이고, 두 번째 부류는 김백만(1991), 이우람(1991), 박승목(2005), 채소영 (2011) 등 한국인 이름의 작명 원리와 관련되는 전통적인 성명학 이론을 다룬 연구들이다. 세 번째 부류는 박병찬(1982), 김광언(1985), 송정자 (1992), 김문창(1993), 한연주(1994), 리민덕(1999), 나은미(2003), 문금현(2003), 채서영(2004) 등 해방 이후 시기의 한국인 이름의 어종별 특성 및 그 변 천 양상에 대해 다룬 것들이고, 네 번째 부류는 주림림(2009), 마영미 (2011), 방향옥·이상우(2011) 등처럼 중국인의 이름 등 다른 언어·문화 적 배경을 지닌 이름과 비교 또는 대조 분석을 하고 있는 연구들이다. 마지막 다섯 번째 부류는 강희숙·양명희·박동근(2010), 양명희(2012)에 서 이루어진 것으로, 고등학생과 대학생 등 청소년의 이름과 작명 실태 및 이름에 대한 언어 태도를 사회언어학적으로 분석한 연구들이다. 이 들 연구는 이름에 대한 언어 태도를 다룬 최초의 본격적인 연구 성과라 는 점에서 의미가 있다고 할 것이다.

이러한 연구 성과들 가운데 본 연구와 직접적인 연관이 있는 것으로 는 한연주(1994), 나은미(2003), 문금현(2003) 등을 들 수 있다. 한연주(1994) 는 인천시 일원의 초·중·고 졸업생 명부와 지역 8개의 동사무소에 있 는 출생신고서에서 1930년대생 1,080명, 1960년대생 1,103명, 1990년대 생 979명 등 3개 세대 총 3,162명의 이름을 수집하여 남녀 이름의 특징 을 세대별로 분석하였다. 또한 나은미(2003)에서는 40년대생 62명, 60년 대생 76명, 80년대생 70명, 90년대생 68명 등 총 276명의 이름의 특징을 세대와 성별로 분석하였다. 문금현(2003)은 1970년대, 80년대, 90년대에 출생한 각 1,500명의 이름을 수집하여 이중 222명의 고유어 이름을 추출하여 고유어 이름의 유형을 언어적 요인, 사회적 요인, 생성 동기에 따라 20여 가지로 분류하였다. 이러한 연구 성과들 가운데 한연주(1994)나 나은미(2003)은 조사 지점이 특정 지역에 한정되어 있거나 조사 대상 표본의 크기가 너무 제한적이어서 한국인 이름의 특성에 대한 대표성 내지는 전형성을 담보하기가 어렵다고 할 수 있다는 점에서, 문금현 (2003)은 고유어 이름에만 한정하여 이루어진 연구라는 점에서 본 연구 와 같은 종합적 성격의 연구가 필요하다고 하겠다.

본 연구는 바로 이러한 문제점에 대한 대안으로서 해방 이후 시기인 1950년대부터 2000년대까지 50년간에 걸쳐 출생한 한국인 가운데 서울 지역 60,000명, 광주·대전·대구 등 지방 대도시 지역 61,200명, 전라 도·충청도·경상도 군 지역 61,200명 등 총 182,400명의 이름을 표본 으로 각 연대별 이름의 특성 및 그 변천 양상을 분석하였다.

본 연구에서 다루려는 핵심적인 연구 주제를 간추리면 다음과 같다.

첫째, 해방 이후 시기의 한국인 이름의 어종별 분포 및 변천 양상은 어 떠한가?
둘째, 이름의 중복 빈도 및 변천 양상은 어떠한가?
셋째, 이름의 첫 글자 혹은 끝 글자의 유형 및 변천 양상은 어떠한가?
넷째, 이름의 음절수의 분포 및 그 변천 양상은 어떠한가?
다섯째, 이름의 음절말음의 분포 및 그 변천 양상은 어떠한가?

1. 연구 방법

본 연구는 해방 이후에 태어난 한국인 이름의 특성 및 그 변천 양상 을 파악하려는 목적으로 이루어진 것인바, 1950년대부터 2000년대까지

출생한 한국인 182,400명의 이름을 계량적으로 분석하는 방식으로 이루
어졌다.[1] 먼저 연구에 필요한 표본 추출(sampling) 방법을 제시하면 다음
과 같다.

〈표 2.1〉 표본 추출 방법

구분	조사지점	표본 크기	표본 구성
A. 서울특별시	송파구	60,000	• 연령 : 1950년대, 1960년대, 1970년대, 1980년대, 1990년대, 2000년대 등 출생 연대별로 10,000명씩 • 성별 : 각 연대별로 남성 5,000명, 여성 5,000명씩
B. 지방 대도시 (광역시)	광주시 북구	61,200	• 연령 : 1950년대, 1960년대, 1970년대, 1980년대, 1990년대, 2000년대 등 출생 연대별로 10,200명씩 • 성별 : 각 연대별로 남성 5,100명, 여성 5,100명씩
	대구시 달서구		
	대전시 서구		
C. 군 지역	경남 의령군	61,200	상동
	전남 해남군		
	충남 당진군		
총계		182,400	

위와 같은 방식으로 표본을 추출하면서 조사지점을 세 곳으로 구분한
것은 서울특별시와 지방 대도시, 군 지역 등 해당 언어공동체의 규모 또

---

1) 이와 같은 대규모 자료의 수집에는 상당한 어려움이 따랐다. 그 이유는 2010. 2. 4일 자
로 개정된 〈공공기관의 개인정보 보호에 관한 법률〉에 따라, 대통령령이 정하고 있는
공공기관은 성명·주민등록번호 및 화상 등의 사항에 의하여 당해 개인을 식별할 수
있는 정보를 보호해야 할 의무가 있어, 인명 자료의 접근이 허용되지 않았기 때문이다.
그러나 본 연구의 특성상 인명 자료가 반드시 필요한 관계로 성을 제외한 이름과 출생
연도, 성별만을 파악할 수 있는 최소한의 자료를 법원 행정처의 행정 지원에 의해 얻을
수 있게 되었다. 자료를 제공해 준 법원 행정처 관계자분들께 이 자리를 빌려 깊이 감
사드린다.

는 사회·문화적 특성이 하나의 독립 변수(independent variable)로 작용할
가능성은 없는지를 살펴보기 위한 것이다. 결과적으로 본 연구는 한국
인 이름의 특성을 파악하기 위하여 조사 지점, 연령, 성별 등 세 가지 요
인을 독립 변수로 고려한 계량적 분석에 해당한다고 할 수 있다.

한편, 계량적 분석을 위한 표본의 크기를 비교적 폭넓게 잡은 것은 표
본의 대표성을 확보하기 위해서이다. 즉, 2010년에 이루어진 인구 총 조
사의 결과에 따르면 우리나라 인구가 5천만 명에 이르고 있는바, 이와
같은 모집단의 크기에 비례하는 표본의 대표성을 확보하려면, 표본의
제약을 어느 정도는 벗어나야 한다고 보아, 조사지점당 6만여 명씩의 표
본을 확보한 것이다. 지금까지 이루어진 어떤 연구 성과도 이와 같이 대
규모의 표본을 토대로 하고 있지 못하다는 점에서, 본 연구는 한국인 이
름의 특성을 밝히는 데 상당한 도움을 줄 수 있을 것으로 기대한다.

2. 한국인 이름의 특성 및 변천 양상

2.1. 어종별 분포 및 변천 양상

주지하는 바와 같이, 한국어의 어종은 한자어, 고유어, 외래어 등 크
게 세 가지로 구분할 수 있다. 이와 같은 경향은 이름의 경우에도 그대
로 적용되어 한국인의 이름은 한자어 이름, 고유어 이름,[2] 외래어 이름
등으로 구분이 가능하다.

---

[2] 고유어 이름을 일컬어 흔히 한글 이름이라고 부르는 경우도 적지 않지만, '한글'이란 표
기 체계에 다름 아니고 보면, '고유어 이름'이라고 부르는 것이 좀 더 적절한 표현이라
고 할 수 있다.

오늘날 한국인의 이름은 한자어가 주종을 이루지만, 역사적으로 거슬러 올라가 보면, 고유어 이름이 본래의 언어적 전통을 이루고 있었다. 즉, 김문창(1991), 남풍현(1991), 서정수(1993) 등에서 확인되는 것처럼, 일부 왕족이나 귀족 같은 상류층의 경우를 제외한다면, 평민들의 경우는 개화기 무렵까지 고유어 이름이 절대적으로 우세하게 쓰이다가 1910년대에 이르러서야 한자어 이름으로 일원화되었던 것이다.[3] 그렇다면, 해방 이후 현재에 이르기까지 한국인 이름의 어종은 어떠한 변천 양상을 보이고 있을까? 다음은 본 연구 결과 확인된 전체 이름의 어종별 분포를 각 연대별로 제시한 것이다.

〈표 2.2〉 전체 이름의 어종별 분포

연대 \ 어종	한자어		고유어		외래어	
	남성	여성	남성	여성	남성	여성
1950	15,194명 (99.96%)	15168명 (99.79%)	6명 (0.04%)	25명 (0.16%)	0명 (0%)	7명 (0.05%)
1960	15187명 (99.91%)	15135명 (99.57%)	10명 (0.07%)	48명 (0.32%)	3명 (0.02%)	17명 (0.11%)
1970	15164명 (99.76%)	15066명 (99.12%)	29명 (0.19%)	109 (0.72%)	7명 (0.05%)	25명 (0.16%)
1980	15057명 (99.06%)	14453명 (95.09%)	123명 (0.81%)	681명 (4.48%)	20명 (0.13%)	66명 (0.43%)
1990	14998명 (98.67%)	14257명 (93.80%)	177명 (1.16%)	922명 (6.07%)	25명 (0.16%)	21명 (0.14%)
2000	14938명 (98.28%)	14547명 (95.70%)	216명 (1.42%)	606명 (3.99%)	46명 (0.30%)	47명 (0.31%)
총계 (평균)	90,538명 (99.27%)	88,626명 (97.18%)	561명 (0.62%)	2,391명 (2.62%)	101명 (0.11%)	183명 (0.20%)
	179,164명(98.23%)		2,952명(1.62%)		284명(0.16%)	

---

3) 이는 한일합방이 이루어진 시기인 1910년에 일본이 민적부를 만들어 모든 이름을 한자로 바꾸게 되면서 나타난 현상이다.

위의 표를 통해 알 수 있는 바와 같이, 해방 이후에 출생한 한국인의 이름을 어종별로 구분하면, 한자어 이름은 179,164명(98.23%), 고유어 이름은 2,952명(1.62%), 외래어 이름은 284명(0.16%)으로서 한자어 이름이 차지하는 비중이 압도적으로 높다. 따라서 해방 이후 한국인 이름의 전형을 이루는 어종은 한자어라고 할 수 있을 것이다.

이름의 어종별 분포를 성별로 살펴보면, 남성의 경우 여성에 비해 한자어가 차지하는 비중이 훨씬 높으며, 따라서 상대적으로 고유어나 외래어 이름은 남성보다 여성의 경우에 더 높은 비중을 차지하고 있음을 알 수 있다. 특히 고유어 이름은 남성이 561명(0.62%)인 데 비해, 여성은 2,391명(2.62%)이나 되어 거의 네 배 정도를 차지한다. 따라서 고유어 이름은 남성보다 여성 이름의 전형적 특성에 속한다고 할 것이다.

고유어 이름의 분포를 연대별로 살펴보면 흥미로운 사실 한 가지를 발견하게 된다. 남성과 여성의 경우 둘 다 계속해서 증가하는 모습을 보이다가, 2000년대에 들어 여성에 한해서만 감소하는 모습을 보인다는 것이다. 여성의 고유어 이름의 연대별 변천 양상을 살펴보면, 또 한 가지 흥미로운 언어적 사실이 확인되는데, 1980년대에 이르러 이전 시기에 비해 폭발적인 증가를 보이며, 이러한 증가율이 1990년대에도 계속 유지되어 6.07%의 가장 높은 비중을 차지한다는 것이다. 이와 같은 사실에 비추어 볼 때, 해방 이후 고유어 이름 짓기 운동이 가장 활발하게 이루어진 시기는 1990년대라 할 수 있다. 이러한 언어적 사실을 좀 더 쉽게 이해하기 위해 여성 고유어 이름의 빈도를 도표로 제시하면 [그림 2.1]과 같다.

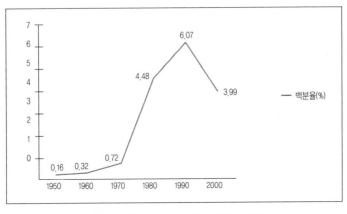

[그림 2.1] 여성 고유어 이름의 연대별 분포

[그림 2.1]에서 보듯이, 여성의 고유어 이름은 1970년대까지는 비교적 완만하게 증가하는 모습을 보이다가, 1980년대에 이르러 폭발적인 증가를 보이기 시작하며, 1990년대에 정점을 이룬 후4) 2000년대에 와서는 그러한 경향이 줄어들어 1980년대보다 더 낮은 빈도를 보인다. 이와 같은 여성 고유어 이름의 빈도 변화가 의미하는 것은 무엇일까?

문금현(2003)에 따르면 해방 이후 고유어 이름이 널리 확산된 계기는 서울대학교 국어운동 학생회에서 1967년에 시작한 <고운 이름 자랑하기> 대회와 1976년에 발족한 <고운 이름 후원회>의 활동에 의해서이다. 또한 1990년도부터는 <한글 물결>에서 연세대학교 학생들을 대상으로 <한글 이름 온누리에>대회를 개최하기 시작하였다. 이와 같은 일련의 활동들이 일반인들로 하여금 고유어로 이름을 짓는 데 긍정적인 영향을 미쳤다고 한다면, 결과적으로 1970년대 후반 이후인 1980년대나 1990년대 이르러 고유어 이름 짓기 운동이 가장 활발하게 전개되었다고

---

4) 한연주(1994)에서도 1960년대생은 0.7%에 불과했던 고유어 이름이 1990년대에 이르러서는 무려 11.1%의 높은 증가를 보인다는 지적을 하고 있다.

할 수 있는데, [그림 2.1]은 바로 이러한 언어적 사실을 실증적으로 보여주고 있다고 할 것이다.

문제는 1990년대에 이르러 가장 높은 분포를 보이는 고유어 이름이 2000년대에 이르러 다소 주춤해졌다는 것이다. 그렇다면 이러한 경향이 의미하는 것은 무엇일까?

2001년 10월 8일자 문화일보 보도에 따르면, 당시 결혼정보 전문회사인 ㈜피어리가 2,30대 미혼 남녀 400명을 상대로 실시한 전화 설문조사 결과, "자녀에게 순 우리 한글 이름을 지어 줄 의향이 있는가?"라는 질문에 대해 응답자의 47.8%가 "지어주지 않겠다."고 답하였으며, 그 이유로는 '너무 튀기 때문에'(33%) '한자 병용 불가능'(28%), '촌스럽다'(17%) 등이 제시되었다. 이와 같은 설문 결과에 따르면, 고유어 이름에 대한 사회적 평가가 반드시 긍정적인 것만은 아니라는 것을 알 수 있다.[5]

한편, <표 2.2>에 나타난 이름의 어종별 분포 가운데 외래어 이름은 세 가지 어종 가운데 가장 낮은 비중을 차지하긴 하지만, 고유어와 마찬가지로 남성들보다는 여성들의 외래어 이름 비중이 더 높다는 점이 특징적이다. 또한 외래어 이름의 분포를 지역별로 살펴보면, <표 2.3>에서 보듯이, 서울 지역을 제외한 광주·대전·대구 등의 대도시 지역보다 군 지역 여성들의 이름에서 외래어가 차지하는 비중이 더 높게 나타나고 있다.

---

5) 또한, 강희숙·양명희·박동근(2011)에서 20대 남녀 대학생 136명을 대상으로 한 설문조사 결과에 따르면, 응답자의 67.6%가 고유어 이름에 대해 '좋은 이름이라고 본다'는 긍정적 태도를 가지고 있긴 하지만, '나이가 들어서는 적절치 않다'(22.8%)거나 '가벼워 보인다'(4.4%) 등의 이유로 부정적 언어태도를 지니고 있음을 보여준다. 따라서 이와 같은 언어태도들이 고유어 이름의 계속적 증대를 저지하는 요인으로 작용하고 있다고 할 수 있다.

〈표 2.3〉 외래어 이름의 조사 지점별 분포

연대 \ 성별 조사지점		서울특별시	지방 대도시	군 지역	총계
1950	남성	0명(0.00%)	0명(0.00%)	0명(0.00%)	0명(0.00%)
	여성	2명(0.04%)	1명(0.02%)	4명(0.08%)	7명(0.05%)
1960	남성	1명(0.02%)	2명(0.04%)	0명(0.00%)	3명(0.02%)
	여성	8명(0.16%)	2명(0.04%)	7명(0.14%)	17명(0.11%)
1970	남성	6명(0.12%)	1명(0.02%)	0명(0.00%)	7명(0.05%)
	여성	9명(0.18%)	4명(0.08%)	12명(0.24%)	25명(0.16%)
1980	남성	12명(0.24%)	5명(0.10%)	3명(0.06%)	20명(0.13%)
	여성	23명(0.46%)	13명(0.25%)	30명(0.59%)	66명(0.43%)
1990	남성	16명(0.32%)	5명(0.10%)	4명(0.08%)	25명(0.16%)
	여성	15명(0.30%)	2명(0.04%)	4명(0.08%)	21명(0.14%)
2000	남성	18명(0.36%)	12명(0.24%)	16명(0.31%)	46명(0.30%)
	여성	22명(0.44%)	13명(0.25%)	12명(0.24%)	47명(0.31%)
총계	남성	53명(0.18%)	25명(0.08%)	23명(0.08%)	101명(0.11%)
	여성	79명(0.26%)	35명(0.11%)	69명(0.23%)	183명(0.20%)

위의 표에 따르면, 세 조사 지점 모두 남성보다는 여성의 외래어 이름의 빈도가 높으며, 군 지역의 경우 69명(0.23%)으로서 서울을 제외한 대도시 지역 35명(0.11%)에 비해 2배 이상의 높은 분포를 보인다. 이와 같이, 도시 지역보다 농촌 지역인 군 지역의 여성 이름에 외래어가 많이 나타나게 된 이유는 무엇일까? 이는 아무래도 국제결혼을 통해 들어온 여성결혼이민자의 정착이 도시 지역보다 농촌 지역에서 더 활발하게 이루어지고 있는 데 그 원인이 있다고 할 것이다.6)

---

6) 출입국 외국인 정책본부에서 집계한 등록 외국인 지역별 현황을 보면, 2011년 12월말 기준, 결혼 이주 여성의 현황은 다음과 같다.

2.2. 이름의 중복 빈도

서론에서 언급한 바와 같이, 개인의 작명 행위는 특정 시대의 사유 체계 안에서 이루어지는 것이 일반적이라고 할 수 있다. 따라서 일정한 시대를 지배하는 사고의 틀 또는 문화적 특성에 따라 특정 이름이 중복되어 나타날 가능성이 높다.

그렇다면, 일정한 시대를 대표하는 가장 전형적인 이름은 어떠한 방식으로 찾을 수 있을까? 이러한 문제는 특정 인명이 중복되어 나타나는 빈도를 조사함으로써 해결할 수 있다고 본다. 다음은 본 연구에서 확인된 남성 이름의 중복 빈도 1~10위를 연대별로 제시한 것이다.[7]

〈표 2.4〉 남성 이름의 중복 빈도

순위 \ 연대		1950	1960	1970	1980	1990	2000
1	이름	영수	성수/ 정호	정훈	지훈	지훈	민준
1	빈도	58	44	80	80	109	126
2	이름	영식	영수	성호	정훈	현우	현우
2	빈도	56	41	61	71	101	123

지역	인구 수(명)	지역	인구 수(명)
서울특별시	990	경기도	1,183
광주광역시	96	전라남도	181
대구광역시	121	경상남도	285
대전광역시	101	충청남도	198

7) Crystal(1997 : 113)에서는 미, 영, 웨일스의 이름을 조사하여 10위까지 리스트를 소개하고 있는데 흥미로운 점은 남자아이의 이름이 지속적이라는 것이다. 예를 들어, 미국의 1970년생 여자 이름 1위 Michelle은 1925~1993년 사이에 10위 안에 한 번도 없고, 영국, 웨일스의 Trac(e)y, Sharon은 1965년에만 10위 안에 들었다. 반면, Robert는 미국에서 1925~1982년까지 10위 안, David은 영국과 웨일스에서 1950~1981년까지 10위 안에 들었다고 한다. 여자 이름에 비해 남자 이름이 보수성을 띤다고 할 수 있다. Garrett (2010 : 3~5) 참고.

순위 \ 연대		1950	1960	1970	1980	1990	2000
3	이름	영철	영호	성훈	성훈	동현	지훈
	빈도	54	38	54	62	91	116
4	이름	영호	병철	영민	진우	진우, 민수	준혁
	빈도	48	36	51	61	83	104
5	이름	성수	성호	영호	성호	성민	준서, 성민
	빈도	42	35	49	58	79	97
6	이름	종수	정수, 상호, 영식	상훈	성민, 준호	준영	민재, 동현
	빈도	40	34	47	57	72	95
7	이름	정호	경호	성진	재현	준호	민성
	빈도	37	33	46	52	71	93
8	이름	광수	종철,	정호	성진	성현	건우
	빈도	35	32	45	51	65	91
9	이름	영길	종호, 영석, 영진, 재영, 승호	준호	영민, 준영	재현	승민
	빈도	34	30	44	48	63	87
10	이름	상철	성환, 영철	현수	정민	준혁	현준, 민규
	빈도	33	29	43	47	62	86

남성 이름의 중복 빈도 1~10위를 제시한 위의 표를 보면, 각 연대별로 다음과 같은 몇 가지 특징적인 면이 발견된다.

첫째, <표 2.5>에 제시한 대로 연대별로 선호하는 이름의 첫 글자에 일정한 전형성이 드러나고 있으며, 그러한 전형성은 해당 시기의 구성원들이 가지고 있는 사회적 가치관 내지는 작명 대상자에 대한 작명자의 기대를 보여주는 것이라고 할 수 있다.

〈표 2.5〉 연대별로 선호하는 남성 이름 첫 글자 및 가치관의 변천 양상

선호글자 연대	글자	용례	가치관
1950	영	영수, 영식, 영철, 영호, 영길	장수(永), 영화로움(榮), 수려함(英)
1960	영/성/정	영수, 영호, 영식, 영석, 영진, 영철/성호, 성수, 성환/정호, 정수	이루어냄(成), 성스러움(聖)/공정함(廷), 올바름(正)/
1970	성/정	성호, 성훈, 성진/정호, 정훈	〃
1980	성	성훈, 성호, 성민, 성진	채움(盛), 이루어냄(成)
1990	준	준영, 준호, 준혁	뛰어남(俊), 높이 솟음(埈)
2000	민/준	민준, 민재, 민성 / 준혁, 준서	화락함(旼), 하늘(旻)/불태움(焌), 높이 솟음(埈)

둘째, 중복 빈도 1위의 이름 및 그 빈도를 살펴보면 다음 (1)에 제시한 것처럼 후대로 올수록 중복도가 높아지고 있다. 그 결과 최근일수록 동명이인이 많아질 가능성이 높다고 할 수 있다.

(1) ㄱ. 1950년대 : 영수(58)
　　ㄴ. 1960년대 : 성수, 정호(44)
　　ㄷ. 1970년대 : 정훈(80)
　　ㄹ. 1980년대 : 지훈(80)
　　ㅁ. 1990년대 : 지훈(109)
　　ㅂ. 2000년대 : 민준(126)

여기에서 보면, 1950년대생 '영수'는 58명이 있는 반면, 2000년대생 '민준'은 126명이나 된다. 또한, 1980년대와 1990년대의 경우, 1위를 차지한 이름이 '지훈'으로서 이 시기에 가장 선호하는 이름이 무엇이었는가를 잘 보여주고 있다.

셋째, 1970년대 이후 남성 이름의 유형이 이전 시대와는 다른 경향성

을 보인다. 즉, 이전 시기에 높은 빈도로 나타났던 '호'나 '수'로 끝나는 이름 이외에 '정훈, 성훈, 상훈, 지훈' 등 '훈'으로 끝나는 이름의 비중이 높아짐으로써 이 시기에 새롭게 부상하는 이름의 유형이 무엇이었는지를 알 수 있게 해 주는 것이다. 이와 같은 경향성과 관련하여, 이름의 끝 글자가 무엇인가는 이름의 유형에 대한 논의에서 놓치지 않아야 할 사항이라고 할 수 있다. 다음은 남성 이름의 끝 글자 순위 1~10위를 연대별로 정리한 것이다.

〈표 2.6〉 남성 이름 끝 글자의 연대별 빈도(1~10위)

순위	연대	1950	1960	1970	1980	1990	2000
1	글자	수	수	호	호	현	준
	빈도	895	814	819	795	998	1050
2	글자	호	호	수	훈	호	우
	빈도	703	763	750	723	773	1032
3	글자	식	석	훈	현	우	민
	빈도	612	539	582	721	735	946
4	글자	철	식	석	민	민	현
	빈도	436	502	559	604	709	940
5	글자	석	철	철	수	훈	호
	빈도	425	497	496	527	687	625
6	글자	환	환	현	진	준	훈
	빈도	373	414	490	508	611	552
7	글자	규	현	진	석	수	성
	빈도	364	402	479	494	491	525
8	글자	현	영	영	우	진	혁
	빈도	362	359	384	488	487	510
9	글자	기	규	우	환	영	원
	빈도	360	357	383	446	470	492
10	글자	영	기	환	영	석	영
	빈도	318	328	367	441	456	470

위의 표를 통해 알 수 있는 바와 같이, 1970년대까지 남성 이름은 '수'
나 '호'로 끝나는 것이 일반적이었다. 그러다가 '훈'이 새롭게 남성 이름의
끝 글자로 부상하여 1970년대에는 582명(3.83%), 1980년대에는 723명
(4.76%)이나 되는 방식으로 급격한 상승률을 보이기 시작한 것으로 보인다.
그렇다면 여성 이름의 중복 빈도는 어떠할까? 다음은 중복 빈도
1~10위를 보이는 여성 이름을 제시한 것이다.

〈표 2.7〉 여성 이름의 중복 빈도

순위	연대	1950	1960	1970	1980	1990	2000
1	이름	영숙	미숙	은영	지혜	민지	유진
	빈도	278	257	169	227	217	206
2	이름	정숙	미경	현주	지영	유진	서연
	빈도	253	227	163	163	199	192
3	이름	순자	경숙	은주	지은, 혜진	은지	수빈
	빈도	204	178	161	148	169	179
4	이름	영희	영숙, 현숙	미경	수진	지은	지원
	빈도	186	174	160	142	166	172
5	이름	영순	정숙	경희	은정	지혜	민서
	빈도	176	159	152	140	161	169
6	이름	영자	경희	은정	지연	지현	민지
	빈도	175	157	150	131	150	168
7	이름	명숙	명숙	지영	은영	지영	서현
	빈도	163	151	144	123	144	166
8	이름	경숙	영희	미정	정은	지수	지민
	빈도	161	150	143	121	142	162
9	이름	정자	영미	현정	현정	지원	예진
	빈도	143	133	136	119	138	150
10	이름	정순	정희	미영	소영	수빈	하은
	빈도	142	131	132	111	126	138

위의 표는 여성 이름의 중복 순위 1위부터 10위까지를 연대별로 제시
한 것이다. 이와 같은 여성 이름의 중복 순위를 남성의 중복 순위와 비
교해 보면, 남성의 경우 1990년대와 2000년대를 제외하면 중복 빈도가
그다지 높지 않게 나타나는 반면, 여성의 경우는 그렇지 않아 그 빈도가
꽤 높게 나타난다는 점을 지적할 수 있다. 이를 좀 더 쉽게 이해할 수
있도록 연대별로 1위의 중복 순위를 보이는 이름 및 빈도를 남성과 여
성으로 나누어 제시하면 다음과 같다.

〈표 2.8〉 남성과 여성의 연대별 중복 순위 1위 이름의 빈도 대조

성별 연대	남성		여성	
	이름	빈도	이름	빈도
1950	영수	58	영숙	278
1960	성수, 정호	44	미숙	257
1970	정훈	80	은영	169
1980	지훈	80	지혜	227
1990	지훈	109	민지	217
2000	민준	126	유진	206

위의 대조표에 따르면, 남성의 경우는 1990년대의 '지훈'과 2000년대
의 '민준'의 경우를 제외하고는 빈도 100 이하의 비교적 낮은 빈도를 보
이는 반면, 여성의 경우는 1960년대 '은영'의 경우를 제외하고는 전 시
대에 걸쳐 빈도 200 이상의 높은 빈도를 보인다는 사실을 확인할 수 있
다. 이러한 빈도의 차이는 결과적으로 남성들보다 여성들이 동명이인이
될 가능성이 높다는 것을 말하여 준다. 이와 같은 차이가 의미하는 것은
무엇일까? 이는 아마도 여성들의 이름을 짓는 경우에 일정한 시대의 전
형적 성격을 지니는 이름에 대한 선호도가 더 높게 나타나기 때문이 아

닐까 한다.

한편, <표 2.7>을 보면, 남성 이름의 경우와 마찬가지로 여성 이름의
경우도 연대별로 이름의 첫 글자에 대한 선호도가 달라지는 모습을 보
이되, 인접하는 시기에 그러한 선호도가 겹치는 모습을 보인다. 이러한
사실을 감안하여 연대별로 선호하는 여성 이름의 첫 글자는 무엇이며,
그러한 선호도가 보여주는 해당 시대의 가치관이 무엇인가를 하나의 표
로 제시하면 다음과 같다.

〈표 2.9〉 여성 이름 글자 및 가치관의 시대별 변천 양상

연대 \ 선호 글자	글자	용례	가치관
1950	영, 정	영숙, 영희, 영순, 영자/ 정숙, 정자, 정순	영화로움(榮), 잘 헤쳐나감(泳)/ 올바름(正), 곧음(貞)
1960	영, 미	영숙, 영희, 영미/ 미숙, 미경	잘 헤쳐나감(泳), 수려함(英)/아 름다움(美)
1970	미, 은	미경, 미정, 미영/ 은영, 은정, 은주	아름다움(美)/은혜로움(恩)
1980	은, 지	은정, 은영/ 지혜, 지영, 지은, 지연	은혜로움(恩)/지혜로움(智), 뜻 을 둠(志)
1990	지, 민	지은, 지혜, 지현, 지영, 지수, 지원/민지	지혜로움(智), 뜻을 둠(志/아름 다움(玟), 아름다움(珉)
2000	민, 유	민서, 민지/유진	아름다움(玟)/넉넉함(裕) 아름다움(瑜)

<표 2.9>를 통해 알 수 있는 바와 같이, 여성 이름의 첫 글자 역시 시
대에 따라 계속적인 변모를 겪어왔으며, 그러한 변화는 당시의 가치관
내지는 여성관의 변화를 반영하는 것이라고 할 수 있을 것이다. 이러한
변화 가운데 특기할 할 만한 사항 몇 가지를 정리하면 다음과 같다.

첫째, 1960년대에 가장 높은 빈도를 차지한 '미숙', '미영' 등의 이름에 쓰인 '미(美)'는 여성의 외적인 아름다움에 높은 가치를 두기 시작한 당시의 시대상을 반영한 것이라고 할 수 있다. 주지하는 바와 같이, 미스코리아 선발대회가 처음으로 열린 것은 1957년 5월이었다. 한국 전쟁이 끝난 지 얼마 되지 않은 시점에서 피폐한 삶의 조건에 놓여 있는 국민들을 위로하는 한편, 국제미인대회에 출전하여 국위를 선양할 미의 사절을 뽑기 위한 목적으로 열린(이순옥 2007 : 193) 이 대회는 오랫동안 대중적 관심의 대상이 되어왔다. 이러한 성격의 미스코리아 선발대회가 끼친 사회적 영향은 적지 않았다고 할 수 있는데, 1960년대 여성의 이름에 '미숙', '미영'과 같은 이름이 가장 높은 빈도로 등장하게 된 것도 그러한 영향 가운데 하나라고 할 수 있을 것이다.

둘째, 1980년대 여성 이름 가운데 가장 높은 빈도를 차지한 이름은 '지혜'로서, 이러한 경향은 문자 그대로 여성의 지혜 내지는 지성을 높은 사회적 가치로 삼기 시작하였음을 보여주고 있다. '지혜' 외에도 '지영, 지은, 지연' 등 '지(智)'나 '지(志)'로 시작하는 이름이 대세이다가, 이러한 양상이 1990년대에도 계속되어 '지은, 지혜, 지현, 지영, 지수, 지원' 등 바야흐로 가장 전형적인 여성 이름의 유형이 되었다고 할 수 있다.

강남식(2004 : 118)에 따르면, 1980년대에 들어서 한국의 여성운동은 변혁적 이념에 기초하여 발전하기 시작하는데, 이러한 발전은 여성운동을 이끌어 갈 진보적 지식인 여성운동가의 형성을 통해 가능하였다.[8] 이와 같은 여성운동의 전개가 끼친 사회·문화적 영향은 적지 않다고 할 수

---

8) 이들 진보적 지식인 여성들은 1983년 후반, 여성 운동의 이념에 따라 <여성평우회>나 <또하나의문화> 또는 <민청련여성부> 등의 발족을 통하여 조직적인 틀을 갖추게 된다(강남식 2004).

있는데, 그 가운데 하나로 1980년대~1990년대에 이르기까지 여성 이름에 '智' 또는 '志'가 높은 빈도를 차지하게 된 것이 아닐까 한다. 한편, 여성 이름의 연대별 특징은 이름의 끝 글자의 특징 및 그 변천 양상을 통해서도 확인이 가능하다고 할 수 있다. 다음은 각 연대별 여성 이름 끝 글자의 빈도를 1~10위까지 제시한 것이다.

〈표 2.10〉 여성 이름 끝 글자의 연대별 빈도(1~10위)

순위	연대	1950	1960	1970	1980	1990	2000
1	글자	자	숙	희	영	영	은
	빈도	2228	2359	1633	1428	1238	1217
2	글자	숙	희	영	희	진	연
	빈도	2155	1564	1281	1212	968	1150
3	글자	순	자	숙	정	지	영
	빈도	2071	1267	1243	1092	884	900
4	글자	희	순	정	미	희	현
	빈도	1281	1172	1205	875	867	885
5	글자	옥	옥	경	진	정	진
	빈도	786	754	912	871	837	880
6	글자	례	경	미	경	은	원
	빈도	443	733	880	688	796	758
7	글자	임	미	진	연	연	민
	빈도	437	611	602	659	781	667
8	글자	애	영	주	은	현	빈
	빈도	399	503	595	573	690	634
9	글자	선	선	화	선	경	서
	빈도	343	415	522	526	534	608
10	글자	화	화	선	주	주	희
	빈도	279	399	500	525	491	573

<표 2.10>을 통하여 우리는 여성 이름의 끝 글자가 연대별로 일정한 전형성을 확보하고 있었으며, 그러한 전형성이 계속해서 변모를 거듭해 왔음을 알 수 있다. 이러한 언어적 사실을 좀 더 구체적으로 들여다보 면, 맨 처음 지적할 수 있는 사실은 1950년대와 1960년대에는 '자, 숙, 순, 희, 옥' 등의 글자가 여성 이름의 끝음절을 구성하는 주된 구성요소 였다는 점이다. 주지하는 바와 같이, '자(子)'는 일제에 의해 강요되었던 창씨개명9) 시 여성의 이름으로 대거 등장하기 시작하였던 일본식 한자 인데, 이 '자(子)'가 1950년대에는 2,228(14.66%), 1960년대에는 1,267(8.34%) 의 빈도를 보임으로써 각각 빈도 1위와 3위를 차지하다가, 1970년대 이 후에는 거의 사용되지 않게 되었다.

'숙'의 경우 역시 여성 이름의 끝음절을 구성하는 글자로서 비교적 오 랫동안 상당히 높은 빈도로 사용된 글자이다. 1950년대에는 2,155(14.18%), 1960년대에는 2,358(15.52%), 1970년대에는 1,243(8.18%)의 빈도를 보이다 가 점차로 사용 빈도가 낮아지는 모습을 보이고 있다.

한편, '희'의 경우는 그 빈도에 있어 상당한 차이가 있긴 하지만, 모든 시대에 공통으로 출현함으로써, 가장 오랫동안 여성 이름을 구성하는 요소로 자리 잡고 있다. '희'의 출현 빈도의 변모 양상을 도표로 나타내 면 다음과 같다.

---

9) 일제는 이른바 한국인의 '황민화(皇民化)'를 촉진하기 위해 1939년 11월 제령 제19호로 '조선민사령(朝鮮民事令)'을 개정하여 한민족 고유의 성명제를 폐지하고 일본식 씨명제 (氏名制)를 설정하여 1940년 2월부터 동년 8월 10일까지 '씨(氏)'를 결정해서 제출할 것 을 명령하였다. 이에 따라 여성들의 이름에서도 일본식 이름이 사용되기 시작하였다.

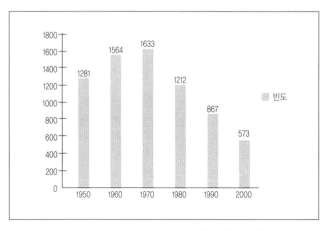

[그림 2.4] 여성 이름 끝 글자 '희'의 빈도 변화

위 그림을 보면, '희'로 끝나는 여성의 이름은 1950년대 이후 빈도가
계속 증가하여 1970년대에 정점을 이룬다. 그 이후로는 점차로 감소하
는 모습을 보이긴 하지만, 2000년대생의 경우에도 573명의 이름에 '희'
가 사용됨으로써 가장 오랫동안 여성 이름 끝 글자로서의 생명력을 유
지하고 있다고 할 것이다.

여성 이름 끝 글자의 사용 양상과 관련하여 또 한 가지 언급을 해야
하는 것은 1970년대에 이르러 이전 시기에 쓰였던 '자, 숙, 순, 옥' 등은
점차로 쓰이지 않는 대신 '미'나 '화', '주', '서' 같은 개음절 글자나 '영,
정, 경' 등 음절말음이 'ㅇ'인 글자 또는 '선, 진, 은, 연, 현, 원, 민, 빈'
등처럼 음절말음이 'ㄴ'인 글자들이 새롭게 나타났다가 점진적으로 사
라지기도 하는 식으로 변화를 겪게 된다는 것이다.[10] 이를 하나의 표로

---

10) Barry & Harper(1995)는 1960년과 1990년 펜실배니아에서 태어난 아기의 25위까지의
이름을 분석하였는데 음절 수, 강세 패턴, 모음 등 음성적 특징에 따라 남자아이와 여
자아이의 이름에 차이가 있음을 밝혀냈다. 또 Duffy & Ridinger는 여자의 이름은 좀 더
매력적이고 남자의 이름은 좀 더 강한 것으로 나타나는데 이 역시 음성적 자질에 의

제시하면 다음과 같다.

〈표 2.11〉 여성 이름 끝 글자의 사용 시기

글자 \ 연대	1950	1960	1970	1980	1990	2000
미		■	■	■		
화		■	■			
주			■	■	■	
서			■	■	■	■
영		■	■	■	■	■
경		■	■	■	■	
정		■	■	■	■	■
선		■	■	■	■	
진				■	■	■
은				■	■	■
연				■	■	■
현				■	■	■
원						■
민						■
빈						■

한 것이라고 한 바 있다. Smith(1998)는 더 나아가 선거권자들이 후보자들의 이름의 음성적 특질의 영향을 받아 투표를 한다고 보았다(예측 결과가 83%나 맞았다고 주장한다.). 이러한 생각은 Harari & McDavid(1973)에도 비슷하게 나타나는데 교사가 매력도 있는 이름을 가진 학생을 평가할 때 좀 더 우호적으로 평가한다고 하는 것이다. 이를 소리미학적 접근이라고 하는데, 음운이 사회적 고정 관념과 관련되어 있는 것과 관계가 있다. 매력적이지 않은 이름에 대해 부정적으로 반응한다는 것이다. 인명에 대한 태도가 음성적 특질과 관련이 있다는 점은 앞으로 한국어 인명 연구를 통해 밝혀내야 한다. Garrett(2010 : 3~5) 참고.

2.3. 음절수 빈도

한국인의 인명은 성과 이름을 합하여 3음절로 이루어지는 것이 일반
적이다. 그러나 이름을 독특하게 지으려는 시도 때문에 무한정 길어지
는 경우도 있을 수 있다. 이러한 점 때문에 현행 호적 예규 제651호
<이름의 기재문자와 관련된 호적사무처리지침>[11]에서는 한국인의 인
명은 성과 이름을 합하여 6자 이내로 짓도록 규정하고 있다. 따라서 성
(姓)이 1음절인 경우, 이름은 다섯 자까지 지을 수 있으며, '독고, 남궁,
선우, 황보'와 같은 2음절의 성은 넉 자까지 지을 수 있다.[12]

다음은 본 연구 결과 확인된 이름의 음절수의 빈도를 성별로 제시한
것이다.

---

11) 이 지침은 1993. 2. 25.부터 시행되기 시작하였는데, 이러한 지침의 적용 배경은 '윤하
늘빛 따사로움 온누리에', '박차고 나온 노미 새미나', '조물주가 낳은 최대의 걸작품'
등의 길면서도 독특한 이름들을 신고해 오는 사례가 적지 않았기 때문이다.
12) 단, 다음과 같은 경우에는 예외적으로 이름자가 5자를 초과할 수 있다(「이름의 기재문
자와 관련된 가족관계등록사무」 제4조 나목).

> 1. 외국인 부와 한국인 모 사이에 출생한 자가 부의 성을 따라 외국식 이름으로 부의 나
>   라의 신분등록부에 기재된 외국식 이름을 기재해서 출생신고를 하는 경우
> 2. 이미 가족관계등록부에 기록되어 있는 이름인 경우
> 3. 외국인이 귀화, 국적취득 또는 국적회복으로 가족관계등록신고를 할 때 외국에서 종
>   전에 사용하던 이름을 그대로 사용하려는 경우

〈표 2.12〉 한국인 이름 음절수의 성별 빈도(%)

음절수 연대	1음절		2음절		3음절		4음절 이상	
	남성	여성	남성	여성	남성	여성	남성	여성
1950	106명 (0.70%)	63명 (0.41%)	15092명 (99.29%)	15102명 (99.36%)	2명 (0.01%)	30 (0.20%)	0명 (0.00%)	5명 (0.03%)
1960	205명 (1.35%)	87명 (0.57%)	14992명 (98.63%)	15076명 (99.18%)	2명 (0.01%)	30명 (0.20%)	1명 (0.01%)	7명 (0.05%)
1970	312명 (2.05%)	146명 (0.96%)	14882명 (97.91%)	15014명 (98.78%)	4명 (0.03%)	32명 (0.21%)	2명 (0.01%)	8명 (0.05%)
1980	288명 (1.89%)	168명 (1.11%)	14895명 (97.99%)	14964명 (98.45%)	16명 (0.11%)	53명 (0.35%)	1명 (0.01%)	15명 (0.10%)
1990	257명 (1.69%)	132명 (0.87%)	14922명 (98.17%)	15007명 (98.73%)	14명 (0.09%)	51명 (0.34%)	7명 (0.05%)	10명 (0.07%)
2000	267명 (1.76%)	153명 (1.01%)	14895명 (97.99%)	14981명 (98.56%)	27명 (0.18%)	43명 (0.28%)	11명 (0.07%)	23명 (0.15%)
총계 (%)	1435명 (1.57%)	749명 (0.82%)	89,678명 (98.33%)	90,144명 (98.84%)	65명 (0.07%)	239명 (0.26%)	22명 (0.03%)	68명 (0.08%)

위의 표를 통해 알 수 있는 바와 같이, 한국인의 이름은 두 글자, 즉 2음절로 이루어진 경우가 남성 89,678명(98.33%), 여성 90,144명(98.84%)으로 98% 이상의 높은 비중을 차지한다. 따라서 한국인 이름의 전형적 특성 가운데 하나로 특별한 경우를 제외하고는 2음절로 이루어진 경우가 대부분이라고 할 수 있을 것이다.

이름의 음절수가 2음절이 아닌 1음절 또는 3음절이나 4음절 이상의 다음절인 경우는 남녀의 성별로 일정한 경향성을 보인다. 즉, 1음절 이름의 경우는 남성이, 3음절, 4음절 이상의 다음절인 경우는 여성이 훨씬 더 높은 비중을 차지하는바, 1음절 이름이 남성적 성격을 지니는 것이라고 한다면, 3음절 이상의 이름은 여성적 성격을 지닌다고 할 수 있는 것이다.

2.4. 이름의 끝 음절 말음의 유형

이름의 마지막 음절이 모음으로 끝나는지 자음으로 끝나는지, 만일 자음으로 끝난다면, 어떤 자음으로 끝나는지 또한 이름의 특징을 결정하는 중요한 면이라고 할 수 있다. 다음은 이름의 끝 음절 말음의 유형 및 빈도를 성별로 제시한 것이다.

〈표 2.13〉 이름의 끝 음절 말음의 유형 및 빈도(성별)

성별 순위	남성		여성	
	유형	빈도	유형	빈도
1	ㄴ	32,488명(35.62%)	모음	33,599명(36.84%)
2	모음	26,193명(28.72%)	ㄴ	30,894명(33.88%)
3	ㅇ	1,2186명(13.36%)	ㅇ	12,455명(13.66%)
4	ㄱ	1,1269명(12.36%)	ㄱ	9,350명(10.25%)
5	ㄹ	5,763명(6.32%)	ㅁ	3,256명(3.57%)
6	ㅁ	1,783명(1.96%)	ㄹ	1,463명(1.60%)
7	ㅂ	1,500명(1.64%)	ㅂ	151명(0.17%)
8	ㅅ	8명(0.01%)	ㅊ	13명(0.01%)
9	ㅊ	7명(0.01%)	ㅅ	8명(0.01%)
10	ㄻ	2명(0.00%)	ㅍ	5명(0.01%)
11	ㅌ	1명(0.00%)	ㄻ	3명(0.00%)
12			ㄺ	2명(0.00%)
13			ㅌ	1명(0.00%)

위의 표를 보면 이름의 끝 음절 말음으로 선택되는 음 가운데 가장 높은 비중을 차지하는 것은 'ㄴ'이나 '모음'인데, 남성은 모음보다는 자음 'ㄴ'이, 여성은 'ㄴ'보다 모음으로 끝나는 비중이 더 높게 나타난다는 것이 특징이다. 이와 같은 사실을 토대로 할 때 여성의 이름은 자음

이 없는 개음절로 끝나는 비중이 남성에 비해 훨씬 높다는 점이 특징이라고 할 수 있다.

또한, 이름의 끝 음절 말음으로 'ㄹ'이나 'ㅁ' 또는 'ㅂ'이 선택되는 경우, 성별로 상당한 빈도의 차이를 보인다. 남성은 'ㄹ'과 'ㅂ'이 각각 5,763명(6.32%), 1500명(1.64%)의 비교적 높은 빈도를 보이는 반면, 여성은 1,463명(1.60%), 151명(0.17%)의 낮은 빈도를 보임으로써 'ㄹ'과 'ㅂ'이 남성 이름의 전형적 특징을 이루는 음절 말음이라고 할 수 있다는 것이다. 이와는 달리 'ㅁ'은 여성이 3,256명(3.57%)인 반면, 남성은 1783명(1.96%)의 낮은 빈도를 보임으로써 'ㅁ'은 여성 이름의 특징을 이루는 요소라고 할 수 있다.

3. 요약 및 결론

본 연구에서는 해방 이후 시기인 1950년대부터 2000년대까지 50년간에 걸쳐 출생한 한국인 가운데 서울 지역 60,000명, 광주·대전·대구 등 지방 대도시 지역 61,200명, 전라도·충청도·경상도 군 지역 61,200명 등 총 182,400명의 이름을 표본으로 각 연대별 이름의 특성 및 그 변천 양상을 이름의 어종별 분포, 중복 빈도, 이름의 첫 글자와 끝 글자의 유형, 음절수, 음절말음의 유형 등에 초점을 맞춰 살펴보았다. 연구 결과를 요약하면 다음과 같다.

첫째, 이름의 어종별 분포를 분석한 결과 한자어 이름은 179,164명(98.23%), 고유어 이름은 2,952명(1.62%), 외래어 이름은 284명(0.16%)으로서 한자어 이름이 차지하는 비중이 압도적으로 높게 나타나되, 한자어 이름은 여성보다 남성이, 고유어나 외래어 이름은 남성보다 여성이 더 높은 비중을 차지하고 있음이 확인되었다. 또한, 외래어 이름을 조사지점별로 살펴본 결과 군 지역 여성들의 이름에서 외래어가 차지하는 비중이 높게 나타난다는 사실이 특징적인데, 이는 국제결혼을 통해 들어온 여성결혼이민자의 정착이 도시 지역보다 농촌 지역에서 더 활발하게 이루어지고 있는 데 그 원인이 있다고 보았다.

둘째, 이름의 중복 빈도 및 변천 양상을 성별로 분석한 결과, 남성은 '영수>성수, 정호>정훈>지훈>지훈>민준'이, 여성은 '영숙>미숙>은영>지혜>민지>유진'이 각 연대별로 중복 빈도가 가장 높은 전형적인 이름으로 밝혀졌다. 이름 끝 글자의 경우, 남성은 1970년대까지 '수'나 '호'로 끝나는 것이 일반적이다가 1980년대는 '훈'이 새롭게 남성 이름의 끝 글자로 구성하는 요소로 부상하는 모습을 보였다. 1990년대에는 '현'이, 2000년대에는 '준'이 가장 빈도가 높은 끝 글자로 쓰인 반면, 여성은 1950년대와 1960년대에는 '자, 숙, 순, 희, 옥' 등이, 1980년대 이후에는 '영'이나 '은' 같은 글자가 구성요소로 나타나는 가운데, '희'의 경우 모든 시대에 공통적으로 출현함으로써 가장 오랫동안 여성 이름을 구성하는 요소로 자리 잡고 있음이 확인되었다.

셋째, 이름의 음절수를 분석한 결과, 2음절로 이루어진 경우가 남성 89,678명(98.33%), 여성 90,144명(98.84%)으로 98% 이상의 높은 비중을 차지하고 있음이 확인되었다. 또한 1음절 이름의 경우는 남성이, 3음절, 4음절 이상의 다음절인 경우는 여성이 훨씬 더 높은 비중을 차지하는바, 1음절 이름이 남성적 성격을 지니는 것이라고 한다면, 3음절 이상의 이름은 여성적 성격을 지닌다고 할 수 있는 것이다.

넷째, 이름의 음절말음의 분포를 확인한 결과, 이름의 끝 음절 말음으로 선택되는 음 가운데 가장 높은 비중을 차지하는 것은 'ㄴ'이나 '모음'

이며, 남성은 모음보다는 자음 'ㄴ'이, 여성은 'ㄴ'보다 모음으로 끝나는
비중이 더 높게 나타난다는 것이 확인되었다.

　이상의 연구 결과를 통하여 우리는 해방 이후 시기의 한국인 이름의
전형적 특성은 무엇이며, 그러한 특성은 각 연대별로 어떠한 변화를 겪
고 있는가를 확인할 수 있게 되었다. 이러한 연구 결과는 한국인 이름의
사회언어학적 특성을 통해 한국인이 살아오면서 구축하고 있는 언어문
화의 일면을 파악할 수 있게 되었다는 데 큰 의미가 있다고 할 것이다.

제2장 태명 짓기의 원리 및 확산 양상

일부 사회계층에만 해당하는 것이긴 하지만, 우리의 전통적인 언어문화에서는 한 개인의 생애 주기와 관련하여 상당히 다양한 유형의 이름이 주어지는 것이 관례였다. 박헌순(1991)에 따르면, 전통사회에서는 본명 외에도 태어난 후 어느 정도 나이가 들기까지 사용되었던 아명(兒名)에서부터 관례를 치르고 난 뒤에 주어지는 자(字), 본명이나 자 이외의 호(號), 죽은 뒤에 공덕을 칭송하여 붙여지는 시호(諡號)나 묘호(廟號)[1] 등의 이름이 있었다.

<표 2.14>를 통해 알 수 있는 것처럼, 전통 사회에서는 한 개인에게 주어지는 이름이 여러 가지였으며, 작명 시기며 작명자, 작명 원리 또한 상당히 다양하였다. 그러나 근래 들어서는 문학이나 서예와 같은 예술계에 종사하는 사람이나 일부 연예인의 경우를 제외하면, 대부분의 사람들이 하나의 이름, 곧 본명만을 가지고 있어 이름에 관한 한 전통적인 언어문화가 계승되지 못하고 있음이 일반적인 경향이라고 할 수 있다.

---

1) 임금이 죽은 뒤에 생전의 공덕을 기리어 붙인 이름.

〈표 2.14〉 한국인 이름의 유형

이름	작명 시기	작명자	작명 원리	비고
아명 (兒名)	유년기	부형	태몽과 관련하여 짓거나 액땜을 바라는 의미로 천하게 지음.	
본명 (本名)	성장 후	〃	자녀에 대한 부형의 소망을 담아 지음.	
자(字)	관례(冠禮) 후 (15~20세)	친구, 스승	본명의 뜻을 부연 설명하거나 보완, 또는 같은 뜻을 지닌 글자를 씀.	본명과 함께 짓기도 함.
호(號)	중년 이후	본인	거처하는 서재(書齋)의 이름이나 지명, 좌우명 등을 반영하여 지음.	
시호 (諡號)	사후	나라	시법(諡法)에 따라 일생의 행적을 반영하여 지음.	조정 대신들이 주도.
묘호 (廟號)	사후	나라	〃	임금 사후, 조정 대신들의 주도

그런데 최근 들어 아기가 아직 산모의 배 속에 있을 때에 부모나 주변 사람들의 기대를 반영하여 짓는 배냇이름, 곧 태명(胎名)이 젊은 부부들 사이에 상당히 광범위하게 확산되고 있어, 한국인 이름 짓기의 새로운 풍속도로 등장하고 있다. 새로운 이름 유형에 속하는 태명이 언제부터 지어지기 시작하였는지, 정확한 근거는 찾기 어렵다. 그러나 최근 인터넷 블로그나 웹문서에 수도 없이 등장하는 태명에 대한 기록들을 토대로 미루어 보면, 태명이 약 10여 년 전부터 유행하기 시작하였던 것으로 보인다.2) 또한, 언제부터인가 대중적 인지도가 높은 인기 연예인들이

---

2) 예컨대, <RAINBOW, 공예야 나랑 놀까>라는 이름의 네이버 블로그의 내용 가운데 2007년 4월 2일자 기록에 따르면, 당시 6살이던 아들이 태어나던 시기에는 태명이 없었지만, 몇 년 사이에 태명을 지어서 부르는 것이 유행이라는 내용이 들어있다. 이러한 기록을 토대로 미루어 보면, 태명이 2001년~2007년 사이에 새로운 유행으로 자리 잡기 시작했음을 알 수 있다.
(http://blog.naver.com/youjin9804?Redirect=Log&logNo=80036446648 참조.)

나 스타급 운동선수들이 아기를 가졌을 때 태명에 대한 언론의 보도가 빠지지 않고 등장하는 것을 보면, 태명 짓기가 그러한 사회 계층을 중심으로 생겨난 것이 아니었을까 하는 추정이 가능한데, 다음은 그러한 사실을 입증해 주는 태명의 예이다.

(1) ㄱ. 김희선(배우) : 잭팟[3]
　　ㄴ. 권상우, 손태영(배우) : 루키[4]
　　ㄷ. 송준근(개그맨) : 힘찬이
　　ㄹ. 권지관, 김경아(개그맨) : 멋쟁이
　　ㅁ. 이수근(개그맨) : 일박이
　　ㅂ. 유중일(프로야구감독) : (유)격수
　　ㅅ. 변정민(탤런트) : JJ

위의 예에서 보듯이, 인기 연예인이나 운동선수 신분을 지닌 이들이 너도나도 태명을 짓고 있으며, 이러한 태명은 호적에 등재하는 본명과는 상당히 다른 방식으로 작명이 이루어지고 있다. 즉, '힘찬이, 멋쟁이' 등 아이에 대한 부모의 소박한 염원을 담은 고유어가 쓰이거나, '잭팟'이나 '루키' 등의 외래어를 통해 아이를 갖게 된 기쁨을 표현하는 한편, '일박이',[5] '유격수' 등 부모가 하는 일 또는 직업과 관련되거나 'JJ'처럼 부모 이름의 이니셜을 따는 방식으로 태명을 짓고 있는 것이다.

이와 같은 언어적 사실을 토대로 본 연구에서는 오늘날 태명 짓기가 어떠한 방식으로 이루어지고 있으며, 또한 태명이 어느 정도나 확산되

---

3) 우리 인생의 대박이라는 의미를 지닌 태명이라고 한다.
4) 권상우, 손태영 부부는 태명 '루키'와 발음이 유사한 이름 '룩희'를 태어난 아이의 본명으로 삼기도 하였다.
5) '일박이'는 개그맨 이수근 씨가 자신이 출연하고 있는 프로그램 <1박 2일> 촬영 중 아내가 아이를 갖게 되어 지은 태명이다.

고 있는가를 초등학교 1학년에 재학 중인 아동과 유치원 어린이집에 다니는 1~3세 유아의 부모를 대상으로 한 설문조사를 통해 확인하고 자 한다. 지금까지 태명에 대한 본격적인 학술적 접근이 전무하다는 사실을 감안한다면, 이 연구는 태명에 대한 최초의 연구라는 학술적 성과 외에 지극히 사적인 차원에서 이루어지고 있는 것처럼 볼 수도 있는 태명 짓기가 사실은 한국 사회에 새롭게 등장한 하나의 언어문화로서 사회언어학적 접근과 조명이 필요한 대상임을 보여줄 수 있을 것으로 기대한다.

1. 자료 수집 방법

본 연구의 수행을 위한 자료 수집은 2012년 5월과 8월 약 두 달간에 걸쳐 이루어졌다. 5월에는 먼저 초등학교 1학년 아동의 태명 보유 실태를 조사한 후 이에 대한 통계 분석을 거쳤으며, 그러한 분석을 토대로 한 비교 분석을 위해 8월 한 달 동안 유치원 어린이집에 다니는 1~3세 유아의 태명에 대한 조사와 함께 자료에 대한 통계 분석을 하였다.

본 연구의 조사지점은 광주광역시와 담양 담양군 담양읍 두 지역이다. 조사지점을 두 지역으로 선정한 것은 태명 짓기와 같은 일종의 언어 개신이 대도시에 해당하는 광주광역시에서와 농촌 지역인 담양 지역에서 어떠한 차이를 보이는가를 살펴보기 위한 것이었다.

본고의 전제가 되는 언어적 가설 가운데 하나는 태명이 서울을 비롯한 대도시 지역에서부터 나타나기 시작한 새로운 언어 개신에 해당한다는 것이다. 따라서 본 연구에서는 대도시 지역에서와 읍면 지역에서 어떠한 차이를 보이는가를 살펴봄으로써 그러한 가설이 실제 언어적 사실에 의해 뒷받침될 수 있는가를 확인하고자 한다.

자료 수집을 위한 설문조사는 초등학교 1학년 아동과 유치원 어린이 집에 다니는 1~3세 유아의 부모를 대상으로 이루어졌다. 이와 같이 자료 수집을 두 집단으로 구분하여 실시한 것은 7~8세 정도의 나이에 해당하는 초등학교 1학년 아동과 4~7년 정도의 차이를 보이는 유아의 태명 짓기가 어느 정도나 차이를 보이는가를 통해 태명 짓기라는 언어 개신이 최근 들어 얼마나 확산되고 있는가를 파악하려는 의도에서였다. 표본의 유형 및 크기를 조사 지점과 성별로 구분하여 제시하면 다음과 같다.

〈표 2.15〉 표본의 유형 및 크기

구분	광주						담양					
	남성		여성		계		남성		여성		계	
	N	%	N	%	N	%	N	%	N	%	N	%
초등학교 (7-8세)	85	49.4	87	50.6	172	100.0	36	47.4	40	52.6	76	100.0
어린이집 (1-3세)	53	48.6	56	51.4	109	100.0	28	42.4	38	57.6	66	100.0
계	138	49.1	143	50.9	281	100.0	64	45.1	78	54.9	142	100.0

위의 표를 통해 알 수 있는 바와 같이, 본 연구의 수행을 위한 표본은 광주 지역 281명, 담양 지역 142명을 합하여 모두 423명이다. 학교 급별로는 초등학교 1학년 248명, 어린이집 175명이며, 성별로는 남성 202명, 여성 221명이다. 결과적으로 본 연구는 지역과 연령, 성별 등을 독립 변수로 하여, 설문조사 결과에 대한 전산코드화 과정을 거쳐 SPSS 17.0을 이용한 통계 분석을 하였다. 사용한 분석 기법은 빈도 분석, 교차 분석, 피어슨의 상관관계 분석 등 세 가지이다. 상관관계 분석은 조사 항목 가

운데 부모의 연령과 직업을 변수로 상관 계수(r)와 유의도(p)를 산출하는 것으로 하였다.

설문조사 문항은 모두 14개이며, 이를 조사 범주와 내용에 따라 구분하여 제시하면 다음과 같다.

〈표 2.16〉 설문조사 범주 및 내용

조사 범주	조사 내용	문항	비고
이름의 유형 및 작명 원리	이름의 유형	1	부모의 연령과 직업과의 상관관계 분석
	이름의 어종	2	
	이름의 의미	3	
	작명 시기	4	
	작명자	5	
	작명 동기	6	
태명의 유형 및 작명 원리	태명 유무	7	
	태명의 유형 및 의미	8	
	작명 시기	9	
	작명자	10	
	작명 동기	11	
	본명과의 관련 여부	12	
태명에 대한 인식 및 태도	태명의 이점	13	
	태명의 필요성	14	

<표 2.16>을 통해 알 수 있는 바와 같이, 본 연구를 위해 이루어진 설문조사 범주는 이름(본명)의 유형 및 작명 원리, 태명의 유형 및 작명 원리, 태명에 대한 인식 및 태도 등 크게 세 가지이다. 본 연구의 초점은 태명의 유형과 작명 원리, 이에 대한 부모의 언어태도 등에 놓여 있지만, 본명의 유형 및 작명 원리에 대해서도 조사하게 된 것은 본명과 태

명을 대조함으로써 두 가지 이름의 유형과 작명 원리가 어떠한 차이를 보이는지를 살펴보려는 의도에서였다.

2. 태명의 유형 및 작명 원리

2.1. 이름(본명)의 유형 및 작명 원리

본 연구의 주된 관심사인 태명의 유형 및 작명 원리를 살펴보기 위해서는 먼저 조사 대상 이름(본명)의 유형 및 작명 원리를 파악할 필요가 있다. <문항 1, 2>는 조사 대상 이름의 어종을 파악하기 위한 설문이었는바, 표본 423명의 이름의 유형을 어종별로 분석한 결과는 다음과 같다.

〈표 2.17〉 이름의 어종별 분포

구분	초등학교(7-8세)		어린이집(1-3세)		계	
	N	%	N	%	N	%
고유어	5	2.0	8	4.6	13	3.1
한자어	241	97.2	152	86.9	393	92.9
혼종어	1	0.4	7	4.0	8	1.9
외래어	1	0.4	8	4.6	9	2.1
계	248	100.0	175	100.0	423	100.0

위의 표를 보면, 조사 대상 이름의 어종은 한자어가 92.9%로 가장 높고, 그 다음으로는 고유어(3.1%)>외래어(2.1%)>혼종어(1.9%)[6]의 순서를

---

6) 혼종어라 함은 이름의 구성 방식이 '고유어 + 한자어', '고유어 + 외래어' 등 서로 다른 어종의 결합에 의해 이루어진 이름을 말한다.

차지함을 알 수 있다. 이와 같이, 이름의 어종 가운데 한자어가 차지하는 비중이 압도적으로 높은 반면, 상대적으로 고유어를 비롯한 나머지 어종이 차지하는 비중이 상당히 미미한 것은 아직도 한자어 이름이 주종을 이루고 있음을 보여주는 것이라고 할 수 있다. 다만, 이름의 어종별 빈도를 학교 급별로 살펴보게 되면, 초등학교 1학년 아동들에 비해 어린이집 유아의 이름의 경우 한자어가 차지하는 비중이 낮아지고 나머지 어종의 이름들이 차지하는 비중이 상대적으로 높은 모습을 보이고 있어, 최근에 태어난 유아의 이름의 어종이 좀 더 다양해지고 있는 것이 아닌가 하는 추정이 가능하다고 할 수 있다.[7]

이름의 어종별 분포를 지역별로 보면, <표 2.19>에서 보듯이 담양 지역의 고유어 이름이 약간 높긴 하지만, 두 지역의 한자어 이름이 각각 93.6%, 91.5%로서 한자어 이름이 대세임을 보여준다. 이와 같은 현상은 1970년대 후반에서부터 1990년대에 이르기까지 상당히 활발하게 전개되었던 고유어 이름 짓기 운동이 2000년대 들어 주춤해지면서 한자어 이름이 증가하기 시작한 것과 무관하지 않은 듯하다.[8]

---

7) 그런데 본 연구의 표본이 그다지 크지 않은데다, 자료 수집이 초등학교를 제외하고는 교회에서 이루어진 경우가 많다 보니 외래어나 혼종어 이름의 비중이 높게 나타나고 있다는 점을 감안할 필요가 있다. 외래어 이름으로는 '요섭 요셉, 마리아, 실라'와 같은 성경의 인물명이거나 '호산, 노엘' 등의 성경 관련 이름이 많았으며, 혼종어 또한 '여은(여호와의 은혜), 예람(예수님의 사람), 예찬(예수님 찬양), 하준(하나님이 준비한 사람) 등 기독교와 관련된 이름이 대부분이다.

8) 강희숙 · 양명희 · 박동근(2012 : 38~42)에 따르면, 해방 이후부터 2000년대까지 출생한 한국인 182,400명 이름의 어종을 각 연대별로 조사한 결과, 2000년대에 이르러 고유어 이름이 감소하는 양상을 보이는바, 2000년대 이후 출생자인 본 연구의 조사 대상 이름과 동일한 경향을 보인다고 할 수 있다.

〈표 2.18〉 이름의 어종별 분포

구분	광주						담양					
	초등학교 (7-8세)		어린이집 (1-3세)		소계		초등학교 (7-8세)		어린이집 (1-3세)		소계	
	N	%	N	%	N	%	N	%	N	%	N	%
고유어	3	1.7	4	3.7	7	2.5	2	2.6	4	6.1	6	4.2
한자어	167	97.1	96	88.1	263	93.6	74	97.4	56	84.8	130	91.5
혼종어	1	0.6	5	4.6	6	2.1			2	3.0	2	1.4
외래어	1	0.6	4	3.7	5	1.8			4	6.1	4	2.8
계	172	100.0	109	100.0	281	100.0	76	100.0	66	100.0	142	100.0

한편, 이름의 작명 시기를 묻는 〈문항 4〉에 대한 응답 결과를 제시하면 다음과 같다.

〈표 2.19〉 작명 시기(학교 급별)

구분	초등학교(7-8세)		어린이집(1-3세)		계	
	N	%	N	%	N	%
임신 전	11	4.4	8	4.6	19	4.5
임신 중	31	12.5	32	18.3	63	14.9
출산 후	203	81.9	133	76.0	336	79.4
기타	3	1.2	2	1.1	5	1.2
계	248	100.0	175	100.0	423	100.0

위의 표를 보면 자녀의 이름을 짓는 시기는 '출산 후' 79.4%, '임신 중' 14.9%, '임신 전' 4.5%, '기타' 1.2%9)의 순서임을 알 수 있다. 여기에서 보듯이, 자녀의 본 이름은 세상에 태어난 후에 짓는 것이 일반적이지만, 임신 중에 이름을 짓는 경우도 적지 않으며, 경우에 따라서는 아

---

9) 여기에서 말하는 '기타'의 시기는 개명을 한 경우를 가리키는 것이다.

이를 갖기 전에 미리 이름부터 지어 놓는 경우도 없지 않다. 이와 같은 작명 시기의 순서는 지역이나 학교 급별로 큰 차이를 보이지 않는 것이 특징이다.

그러나 작명 시기를 성별로 살펴보면 의미 있는 차이가 한 가지 발견된다. 다음 <표 2.20>에서 보듯이, 임신 중의 시기에 작명이 이루어지는 비율이 남자 아이들의 경우 여자 아이들에 비해 훨씬 높은 비율로 나타난다는 것이 그것이다.

〈표 2.20〉 작명 시기(성별)

구분	남성		여성		계	
	N	%	N	%	N	%
임신 전	8	4.0	11	5.0	19	4.5
임신 중	37	18.3	26	11.8	63	14.9
출산후	156	77.2	180	81.4	336	79.4
기타	1	0.5	4	1.8	5	1.2
계	202	100.0	221	100.0	423	100.0

위의 표에서 보듯이, 임신 중인 상태에서 작명이 이루어지는 비율은 남자 아이가 18.3%, 여자 아이가 11.8%로 남자 아이들의 경우에 훨씬 높은 비중을 차지한다. 이와 같은 언어적 사실은 아마도 태아가 남자아이라는 확신이 서게 되면 이름부터 지어 놓는 경향이 있음을 반영하는 것이라고 할 것이다.

한편, 이름의 작명자가 누구인지를 묻는 <문항 5>에 대한 응답 결과, '부모(38.1%)>작명가(35.5%)>조부모(15.4%)'의 순서를 보임으로써, 부모에 의한 작명이 가장 높은 비중을 차지하는 것으로 나타났다. 그러나 이러한 작명자의 순위는 학교 급별로 차이를 보인다. 즉, 초등학교 1학년 아

동의 경우, 부모나 조부모보다 작명가에 의해 작명이 이루어지는 비중
이 가장 높은 반면, 어린이집 유아의 경우에는 작명가보다 부모가 이름
을 짓는 비중이 더 높게 나타나는 것이다. 다음은 작명자가 누구인가에
대한 학교 급별 통계 결과이다.

〈표 2.21〉 작명자의 유형 및 분포

구분	초등학교(7-8세)		어린이집(1-3세)		계	
	N	%	N	%	N	%
부모	84	33.9	77	44.0	161	38.1
조부모	40	16.1	25	14.3	65	15.4
친척	11	4.4	10	5.7	21	5.0
작명가	99	39.9	51	29.1	150	35.5
종교인	6	2.4	5	2.9	11	2.6
기타	8	3.2	7	4.0	15	3.5
계	248	100.0	175	100.0	423	100.0

위의 표를 통해 알 수 있는 바와 같이, 초등학교 1학년 아동의 경우,
'작명가(39.9%)>부모(33.9%)>조부모(16.1%)>친척(4.4.%)' 등의 순위를 보임
으로써 전문적인 작명가에 의해 작명되는 비율이 가장 높은 반면, 어린
이집 유아의 경우에는 '부모(44.0%)>작명가(29.1%)>조부모(14.3%)>친척
(5.7%)' 등의 순위로 작명가보다 부모가 작명하는 비율이 높아짐으로써
최근 들어 작명의 주체가 작명가에서 부모로 바뀌는 경향이 있음을 보
여주고 있다.[10]

그렇다면, <문항 2-22>를 통해 확인한 작명 주체의 변화가 작명 동

---

10) 이와 같이, 최근 들어 자녀의 이름 짓기가 전문적인 작명가보다 부모에 의해 이루어지
는 경향이 높아지고 있는 원인을 정확히 꼬집어 말하기는 어려운 일이지만, 30대 신세
대 부모의 특성이라고 볼 수 있지 않을까 한다.

기를 묻는 <문항 6>의 응답 결과와는 어떠한 관련성이 있을까? 다음은
작명 동기에 대한 통계 결과이다.

<표 2.22> 작명 동기(학교 급별)

구분	초등학교(7-8세)		어린이집(1-3세)		계	
	N	%	N	%	N	%
사주에 맞춰	116	46.8	52	29.7	168	39.7
형제 서열에 따라	21	8.5	14	8.0	35	8.3
종교적 이유	15	6.0	17	9.7	32	7.6
뜻이 좋아서	64	25.8	63	36.0	127	30.0
부르기 좋은 소리	19	7.7	20	11.4	39	9.2
기타	13	5.2	9	5.1	22	5.2
계	248	100.0	175	100.0	423	100.0

위의 표를 보면 이름의 작명 동기가 학교 급별로 상당히 의미 있는
차이가 있음을 알 수 있다. 즉, 초등학생의 경우 '사주에 맞춰' 이름을
짓는 비율이 46.8%로, '이름에 담긴 뜻이 좋아서' 짓게 된 비율 25.8%
보다 월등히 높아 절반 가까이가 사주를 고려하여 이름을 지었다고 할
수 있는 반면, 어린이집 유아의 경우에는 '사주'(29.7%)보다는 '이름에 담
긴 뜻이 좋아서' 작명을 하는 비율이 36%로 나타나고 있어, 작명 동기
또한 최근 들어 그 경향성을 달리하고 있음을 보여주고 있는 것이다.
  일반적으로 작명 동기는 작명 주체가 누구인가와 밀접한 상관관계가
있다고 할 수 있다. 말하자면, 전문적인 작명가의 경우, 사주, 곧 개인이
출생한 연월일시의 간지에 맞춰 이름을 지음으로써 후천적인 운을 좋게
하려는 성명학적 인식을 바탕으로 작명을 하는 것이 일반적이라고 한다
면, 작명자가 부모인 경우는 그러한 성명학적 원리보다는 이름에 담긴

뜻이나 소리와 같은 요인들을 더 중요시하게 된 것이라고 할 것이다.

이름의 작명 동기를 지역과 성별을 고려하여 살펴보면, 남자아이의 작명 동기는 지역별로 큰 차이가 나지 않는 데 반해, 여자 아이의 작명 동기는 상당히 의미 있는 차이가 있음이 확인되고 있다. 우선, <표 2.23>을 보기로 하자.

〈표 2.23〉 작명 동기(지역별, 성별)

구분	광주						담양					
	남성		여성		계		남성		여성		계	
	N	%	N	%	N	%	N	%	N	%	N	%
사주에 맞춰	54	39.1	69	48.3	123	43.8	24	37.5	21	26.9	45	31.7
형제서열	11	8.0	9	6.3	20	7.1	5	7.8	10	12.8	15	10.6
종교적 이유	11	8.0	10	7.0	21	7.5	6	9.4	5	6.4	11	7.7
뜻이좋아서	45	32.6	40	28.0	85	30.2	19	29.7	23	29.5	42	29.6
부르기좋은소리	11	8.0	9	6.3	20	7.1	3	4.7	16	20.5	19	13.4
기타	6	4.3	6	4.2	12	4.3	7	10.9	3	3.8	10	7.0
계	138	100.0	143	100.0	281	100.0	64	100.0	78	100.0	142	100.0

여기에서 보듯이, 광주 지역 여자 아이의 경우 사주를 고려하여 이름을 짓는 비율이 48.3%로 다른 동기에 비해 압도적으로 높은 반면, 담양 지역의 경우에는 뜻을 고려하여 이름을 짓는 비율이 29.5%로 가장 높게 나타나며, 소리를 고려하여 작명을 하는 비율도 광주 지역에 비해 상당히 높게 나타나고 있다. 이와 같은 차이는 도시 지역에서는 여자 아이의 경우라도 작명가에 의해 이름을 짓는 경향이 높은 데 반해, 농촌 지역의 경우에는 그렇지 않을 수 있음을 보여주는 것이라고 할 것이다.

이상을 통해 우리는 조사 대상 이름의 어종별 분포 및 작명 원리 등을 몇 가지로 살펴보았다. 그 결과 어종으로는 한자어 이름이 주로 나타

나며, 출산 후에 부모를 비롯하여 전문적인 작명가들이 사주나 이름의
의미를 주로 고려하여 작명이 이루어지고 있다는 사실이 대체적으로 확
인된 셈이다. 이와 같은 언어적 사실을 토대로 다음 절에서는 본고의 주
된 관심 대상인 태명의 유형 및 작명 원리는 어떠한지에 대해 살펴보기
로 한다.

2.2. 태명의 유형 및 작명 원리

태명의 유형 및 작명 원리와 관련해서는 태명 보유 유무를 비롯하여
태명의 유형 및 의미, 작명 시기, 작명자, 작명 동기, 본명과의 관련 여
부 등에 대한 조사 분석이 이루어졌다. 우선 <문항 7>을 통해 확인한
태명 보유 현황을 제시하면 다음과 같다.

〈표 2.24〉 태명 보유 현황[11]

구분	초등학교(7-8세)		어린이집(1-3세)		계	
	N	%	N	%	N	%
있음	108	43.5	133	76.9	241	57.2
없음	140	56.5	40	23.1	180	42.8
계	248	100.0	173	100.0	421	100.0

위의 표를 통하여 우리는 전체 조사대상자 421명 가운데 241명, 곧
57.2%의 조사대상자가 태명을 가지고 있음을 알 수 있다. 이러한 태명
보유 현황을 학교 급별로 살펴보면, 초등학교 아동은 43.5%, 어린이집
유아는 76.9%의 비율로 태명을 가지고 있어, 나이가 어릴수록 태명을

---

11) 조사대상자 423명 가운데 2명이 태명 보유 유무에 답을 하지 않은 결과, 2명을 제외한
    421명의 응답 결과를 통계 처리하였음.

보유하고 있는 비율이 높아지고 있음을 알 수 있다. 즉, 초등학교 1학년 아동이 출생한 2005년을 전후한 시기에는 절반이 안 되는 43.5%만이 태명을 가지고 있었는데 반하여, 2010년 이후에 출생한 유아들은 76.9% 가 태명을 가지고 있어, 최근 몇 년 사이에 태명을 짓는 풍습이 매우 빠른 속도로 확산되는 양상을 보이고 있는 것이다.

그렇다면 <표 2.24>에서 제시한 태명 보유 현황을 조사 지점별로 살펴보면 어떠할까? 다음은 태명 보유 현황을 조사지점별로 분석한 결과이다.

〈표 2.25〉 조사지점별 태명 보유 현황

구분	광주						담양					
	초등학교 (7-8세)		어린이집 (1-3세)		소계		초등학교 (7-8세)		어린이집 (1-3세)		소계	
	N	%	N	%	N	%	N	%	N	%	N	%
유	77	44.8	81	75.0	158	56.4	31	40.8	52	80.0	83	58.9
무	95	55.2	27	25.0	122	43.6	45	59.2	13	20.0	58	41.1
계	172	100.0	108	100.0	280	100.0	76	100.0	65	100.0	141	100.0

위의 표를 보면, 광주 지역은 초등학교 44.8%, 어린이집 75.0%, 담양 지역은 초등학교 40.8%, 어린이집 80.0%가 태명을 가지고 있다는 응답을 하고 있음을 알 수 있다. 이와 같은 결과는 본고가 전제한 가설, 곧 태명이 대도시에서부터 시작되어 인근의 소도시나 읍면 지역으로 점진적으로 확산되어 나가리라는 예측이 틀릴 수도 있다는 것을 보여준다는 점에서 상당히 의미 있는 결과라고 할 수 있다. 물론 초등학생의 경우 각각 44.8%와 40.8%로서 광주 지역의 태명 보유율이 좀 더 높은 모습을 보여주기도 하지만, 어린이집 유아만을 놓고 보면, 75.0%, 80.0%로

대도시가 아닌 읍면 지역에서 태명을 보유한 비율이 더 높게 나타남으로써, 오늘날 태명이 도시와 농촌을 불문하고, 거의 모든 지역에서 보편화되고 있음을 보여준다고 할 것이다.

한편, Pearson의 상관관계 분석을 통해 태명 보유 여부가 보호자의 연령 및 직업과 어떠한 상관관계를 갖는지를 분석한 결과는 다음과 같다.

〈표 2.26〉 태명 보유 상관관계

구분	부 연령	모 연령	부 직업	모 직업
r	0.310	0.288	−0.035	−0.024
p	0.000	0.000	0.473	0.619

위의 표에 제시된 상관 계수(r)과 유의도(p)에 따르면, 부모의 연령에 따른 유의도가 0.000으로서 'p<0.05'를 충족하므로 부모의 연령이 높을수록 태명이 없을 가능성이 높은 반면, 부모의 직업은 그러한 관련이 없음을 알 수 있다.

그렇다면, 태명의 유형으로는 어떠한 것들이 있을까? 다음은 태명의 유형과 의미를 묻는 <문항 8>에 대한 응답 결과를 토대로 분류한 태명의 유형이다.

(2) ㄱ. 태어날 아기의 행복과 건강 등을 기원
   예) 복덩이/복동이/복둥이/복이/또복이/만복이/복순/복실이, 튼튼이/튼순이, 건강/건강이/강, 도담/도담이, 똘똘이/똘이, 총명, 야물이, 슬기, 사랑/사랑이, 행복/행복이, 긍정이, 동그리, 예은, 반짝이, 꿈이, 평강, 샤넬, 하늬 등.
   ㄴ. 좋아하는 자연물 또는 이미지
   예) 강, 가람, 바다, 별/별이, 태양/태양이, 산, 솔, 하늘, 해바라기, 호박이 등.

ㄷ. 소망하는 바와 반대되는 이름

　　예) 개똥이/똥강아지/귀똥이/똥이, 곱슬이 등.

ㄹ. 잉태의 기쁨

　　예) 광복이, 선물, 감사 등.

ㅁ. 태몽

　　예) 함박이, 별이

ㅂ. 태아의 모습이나 움직임

　　예) 콩/돌콩이/콩이/아리, 꼬맹이, 순둥이, 찐득이

ㅅ. 태아의 순조로운 성장 기원

　　예) 수월이, 무럭이 등.

ㅇ. 출생 시기

　　예) 가을이, 겨울이, 눈송이, 호야/랑/어홍이, 용용 등.

ㅈ. 첫째나 둘째의 이름이나 형제간의 서열

　　예) 은지, 두리, 막둥이 등.

ㅊ. 좋아하는 인물상 및 인물

　　예) 장군/장군이, 공주, 다윗, 단군, 무진, 묘힐, 사무엘, 영웅, 정
　　　　지영 등.

ㅋ. 부모 이름의 이니셜

　　예) 유곤, 우동 등.

　위의 예들을 통해서 알 수 있듯이, 태명의 유형은 상당히 다양한 편이
다. (2ㄱ)은 아기의 행복과 건강을 기원하는 태명으로, 아기로 하여금 복
많이 받고, 건강하고 똑똑하며, 사랑을 많이 받고, 행복한 사람이 되길
바라는 마음 등을 담은 것들이라고 할 수 있다. 이 가운데 '별/별이, 태
양/태양이'는 별처럼, 태양처럼 빛나는 사람이 되라는 의미를 담은 것이
며, '반짝이'는 반짝반짝 빛나는 사람이 되라는 뜻을, '꿈이'는 꿈 많은
사람이, '샤넬'은 이러한 브랜드와 같은 가치를 지닌 사람이 되라는 뜻
을 담고 있다.

태명의 둘째 유형은 좋아하는 자연물 또는 이미지를 담은 (2ㄴ)의 예들인데, 이러한 예들은 모두 아기에 대한 부모의 기대를 담은 것이라는 점에서 (2ㄱ)과 비슷한 성격의 것이다. 다만, 이러한 태명들은 모두 부모가 선호하는 자연물의 특징 또는 이미지를 담은 것들로서 '강/가람, 바다, 하늘, 산, 솔, 별/별이, 태양/태양이'처럼 강이나 바다, 산, 소나무, 별, 태양 등과 같은 자연물의 속성 또는 상징적 이미지를 닮거나, '해바라기, 호박이'처럼 높은 곳만 바라보는 해바라기나 둥글둥글 호박처럼 원만한 성격의 사람이 되기를 바라는 뜻에서 만든 것들이다.

한편, (2ㄷ)의 '개똥이/똥강아지/귀똥이/똥이'와 '곱슬이'는 태명을 천하게 짓거나 바라는 바와 정반대되는 방향으로 짓게 되면 원하는 대로 이루어진다는 부모의 생각을 반영하는 것으로, '개똥이/똥강아지/귀똥이/똥이'는 천한 이름을 태명으로 택함으로써 귀한 사람이 되어 달라는 염원을 담은 것이고, '곱슬이'는 친가가 모두 곱슬머리라서 곱슬머리가 되지 말라는 뜻에서 지은 태명이다. 이와 같은 유형의 태명은 액땜을 바라는 의미에서 일부러 천한 이름을 지었던 <표 2.16>의 '아명'과 작명 원리가 비슷하다는 점에서 태명이 전통적인 이름 가운데 하나인 '아명'의 특성을 어느 정도 계승하고 있는 것으로 볼 수 있다.

(2ㄹ)은 잉태를 하게 된 기쁨을 반영한 것으로서, '광복이'는 임신을 하게 된 것이 8.15 해방을 맞이하게 된 것만큼이나 큰 기쁨이었음을 반영한 태명이고, 아이를 갖게 된 것이 부부에게 정말로 큰 선물이어서, 또 정말 감사한 일이어서 '선물'과 '감사'라는 태명이 만들어지기도 했다.

태명 가운데는 부모나 주변 사람이 꾼 태몽(胎夢)과 관련한 것도 있고, 초음파 사진을 통해 본 태아의 모습이나 태동의 모습을 반영한 것도 있다. (2ㅁ)의 '함박이, 별이'는 함박눈이 내리는 꿈을, 하늘의 별이 떨어지는 꿈을 각각 태몽으로 꾼 결과 지어진 태명이고, (2ㅂ)의 '콩/돌콩이/콩이/아리'[12]와 '꼬맹이'는 태아의 모습이 콩알처럼 또는 꼬맹이처럼 작다는 뜻에서 지은 태명이다. 또한 '순둥이'는 태아가 지나친 태동도 없이 아주 순하다는 뜻에서 만든 것이고, '찐득이'는 엄마 배 속에 착 달라붙어 있다는 뜻에서 지어진 것이다.

다음으로, (2ㅅ)은 태아의 순조로운 성장을 기원하는 뜻에서 지은 것으로, '수월이'는 태아가 큰 어려움 없이 수월하게 자라기를, '무럭이'는 그저 무럭무럭 잘 커 주기를 바라는 의미에서 지은 것이고, (2ㅇ)의 예들은 출생 시기 등을 고려하여 지은 것이다. 출생 시기는 다시 계절과 출생연도의 간지(干支)를 고려한 것으로 나눌 수 있는데, (2ㅇ)의 사례를 이러한 기준에 따라 재분류하면 다음과 같다.

(3) ㄱ. 출생 예정 시기 : 가을이, 겨울이, 눈송이
　　ㄴ. 출생 예정 연도 간지 : 호야/랑/어흥이, 용용

이러한 예들 가운데 (2ㄱ)의 '가을이'는 가을에, '겨울이, 눈송이'는 겨울에 태어난 아기의 태명이고, (2ㄴ)의 '호야/랑/어흥이'는 호랑이해에, '용용'은 용의 해에 태어난 아기의 태명이다.

태명 가운데는 위 형제의 이름이나 형제간의 서열을 고려한 것도 있다. 즉, (1ㅈ)의 '은지'는 첫째아이가 '은'으로 시작하는 이름을 갖고 있어서 이를 반영하여 지은 태명이고, '두리, 막둥이'는 각각 둘째아이, 막내라는 의미로 지은 것이다.

(1ㅊ)의 예들은 좋아하는 인물상이나 인물이 태명이 되기도 한다는

---

12) '아리'는 '콩알'의 두 번째 음절 '알'에 접미사 '-이'를 결합하여 만들어진 '알이'를 소리 나는 대로 적은 형태이다.

사실을 보여주는 것으로, 장군이나 공주, 영웅과 같은 인물상을 고려하거나 '단군'과 같은 우리 민족의 시조, 성경 속의 인물인 '다윗'이나 '사무엘', 아이들이 좋아하는 만화 주인공인 '무진'이나 '묘힐' 또는 부모가 좋아하는 아나운서의 이름 '정지영'이 각각 태명으로 선택되기도 하였다.

마지막으로, (1ㅋ)의 '유곤, 우동'은 부모 이름의 이니셜을 따서 아기의 태명을 짓기도 한다는 것을 보여주는 것이다. 이는 엄마아빠의 이름 첫 글자를 각각 따서 지은 것이다.

이상에서 확인한 태명의 유형들 가운데 가장 높은 빈도를 보이는 것은 (1ㄱ)의 유형에 해당하는 '복덩이'이다. '복덩이' 외에도 '복동이/복둥이/복이/또복이/만복이/복순/복실이' 등 '복덩이'와 동일한 의미 범주에 속하는 태명이 여러 가지로 등장하는 것으로 보면, 아기로 하여금 복 있는 사람이 되기를 바라는 부모의 염원에 의해 작명된 태명이 가장 높은 빈도를 차지한다고 할 것이다.

또한 '복덩이' 다음으로는 '튼튼이', '똘똘이', '건강', '사랑', '행복' 등의 태명이 높은 빈도를 차지하는바, 건강하면서도 총명한, 그리고 사랑을 많이 받고 행복한 사람이 되라는 부모의 염원을 담은 태명이 가장 자주 출현하고 있다는 결론이 가능하다고 본다.[13] 다음은 본 연구 결과 확인된 태명 가운데 3회 이상의 빈도를 지닌 태명을 빈도순으로 제시한 것이다.

---

13) 한 육아 포털사이트가 지난 2007년 공개한 바에 따르면, 당시에 조사된 1700여 개의 태명 가운데 1위는 '사랑이', 2위는 '튼튼이', 3위는 '복덩이', 4위는 '똘똘이'인 것으로 조사된 바 있다. 1위를 차지한 '사랑이'를 제외한다면, '튼튼이, 복덩이, 똘똘이'가 본 연구의 결과와 거의 유사한 면을 보인다는 점에서 이러한 태명들이 가장 보편적인 태명의 유형에 속한다는 결론이 가능하다고 본다.

〈표 2.27〉 태명의 출현 빈도

순위	태명	빈도
1	복덩이	11
2	튼튼이	9
3	똘똘이	7
3	건강	7
3	사랑	7
6	행복	6
7	이쁜이	4
7	별	4
7	별이	4
7	소망	4
7	장군	4
12	강	3
12	누리	3
12	바다	3
12	태양	3
12	희망	3
12	총명	3
12	똘이	3
12	복둥이	3

위의 표를 토대로 확인할 수 있는 바와 같이, 본 연구의 조사 결과, 3회 이상의 빈도를 보이는 태명은 모두 19개로 한정되어 있다. 이러한 통계 결과는 2회 이하, 또는 1회만 출현한 태명의 수가 적지 않다는 것을 의미하는바, 신세대 부모의 독특한 개성을 보여주는 태명이 나타날 가능성이 많을 수 있음을 보여주는 것이라고 할 것이다. 다음은 (2)에서 제시되지 않은, 비교적 독특한 성격을 지닌다고 할 수 있는 태명의 예이다.

(3) 쁜강(예쁜 강아지), 예랑(예쁘고 사랑스러움), 다부(多富), 지오(대지의 근원), 푸름이(푸른 색상의 긍정적 이미지), 시언(아름다운 아이), 겸둥이(동생) 등.

앞에서 제시한 바와 같이 본명, 곧 사람의 본 이름은 특별한 경우를 제외하면 대부분 출생 후에 지어지는 것이 일반적이지만, '배냇이름' 또는 '태명'이라는 용어 그 자체가 의미하듯, 태명은 주로 임신 초기나 중기에 지어지는 특징을 보이는데, 다음은 태명의 작명 시기를 묻는 <문항 8>에 대한 응답 결과이다.

〈표 2.28〉 태명 작명 시기(학교 급별)

구분	초등학교 (7-8세)		어린이집 (1-3세)		합계	
	N	%	N	%	N	%
임신 초기	62	57.6	82	59.9	144	58.8
임신 중기	44	41.2	50	39.1	94	40.1
임신 말기	2	1.2	1	0.9	3	1.1
계	108	100	133	99.9	241	100

위의 표를 통해 알 수 있듯이, 태명은 임신 초기에 작명되는 경우가 58.8%로 가장 높은 빈도를 보이며, 그 다음은 임신 중기로서 40.1%, 가장 낮은 경우가 임신 말기로 1.1%의 빈도를 보인다. 이와 같은 통계 결과에 비추어 볼 때, 태명은 대부분 임신 초기나 중기에 작명이 이루어지되, 임신 초기에 지어지는 경우가 더 많다고 할 수 있을 것이다. 이와 같은 경향은 학교 급별로도 큰 차이가 없어 임신 사실을 확인하는 순간부터 태명의 작명을 고려해 왔던 것으로 볼 수 있다.

다만, 태명의 작명 시기를 조사 지점별로 살펴보게 되면, 약간의 차이를 보인다. 즉 <표 2.28>을 통해 알 수 있는 바와 같이, 광주 지역의 경우 임신 초기에 작명을 하는 비율이 62.6%로, 36.2%의 비율을 보이는 임신 중기에 비해 훨씬 높은 비중을 차지하는 반면, 담양 지역은 각각 55.5%, 44.1%로 그다지 큰 차이를 보이지 않는바, 대도시 지역에서 임신 초기에 태명을 지으려는 움직임이 좀 더 빠르게 나타나는 경향을 보이고 있다고 할 것이다.

〈표 2.29〉 태명 작명 시기(조사 지점별)

구분	광주						담양					
	초등학교 (7–8세)		어린이집 (1–3세)		소계		초등학교 (7–8세)		어린이집 (1–3세)		소계	
	N	%	N	%	N	%	N	%	N	%	N	%
임신 초기	44	57.2	55	67.9	99	62.6	18	58.1	27	51.9	45	55.0
임신 중기	31	40.3	26	32.0	57	36.2	13	42.0	24	46.1	37	44.1
임신 말기	2	2.5	0	0.0	2	1.2	0	0.0	1	1.9	1	0.9
총계	77	100	81	100	158	100	31	100	52	100	83	100

한편, 본명의 경우는 작명 전문가가 짓거나 부모가 아닌 조부모가 작명을 하는 경우도 적지 않은 반면, 태명의 경우는 거의 대부분 부모에 의해 작명이 이루어지고 있음이 특징이다. 다음은 작명자가 누구인가를 묻는 <문항 10>에 대한 응답을 통계 처리한 결과이다.

〈표 2.30〉 태명 작명자의 유형 및 분포(학교 급별)

구분	초등학교 (7-8세)		어린이집 (1-3세)		계	
	N	%	N	%	N	%
엄마	43	42.2	52	41.9	95	42.0
아빠	19	18.6	34	27.4	53	23.5
엄마·아빠	29	28.4	31	25.0	60	26.5
형제	4	3.9			4	1.8
조부모	3	2.9			3	1.3
친척	1	0.9	3	2.4	4	1.8
지인	3	2.9	4	3.2	7	3.1
계	102	100.0	124	100.0	226	100.0

위의 표를 보면, 태명의 작명자는 아기 엄마 42.0%, 엄마·아빠가 함께 의논하여 정하는 경우 26.5%, 아기 아빠가 정하는 경우는 23.5%를 차지하는바, 결과적으로 부모에 의해 작명되는 비율이 92.0%로서 본이름과는 달리 태명은 부모에 의해 결정되는 것이 원칙이라고 할 수 있다. 이와 같은 경향은 학교 급별로도 큰 차이가 없어 태명의 작명이 그동안 다름 아닌 부모에 의해 이루어져 왔음을 확인하게 해 준다. 흥미로운 것은 어린이집 유아의 경우에는 형제나 조부모에 의해 태명이 지어지는 사례가 전혀 확인되지 않았다는 것이다. 이와 같은 현상이 나타나게 된 것은 바로 위의 형제가 나이가 어리거나 위로 형제가 없는 첫 아이인 경우가 많기 때문이거나 태명의 작명이 워낙에 부부 중심으로 이루어지고 있기 때문이 아닐까 한다. 또 한 가지 흥미로운 것은 조부모나 친척의 경우도 대부분 할머니나 외할머니, 이모 등 여성들이고, 지인의 경우도 엄마 친구인 경우가 많아서 태명이 대부분 여성들에 의해 이루어지는 이름에 속한다고 할 수 있다.

〈표 2.31〉 태명 작명자의 유형 및 분포(지역별)

구분	광주						담양					
	초등학교 (7-8세)		어린이집 (1-3세)		계		초등학교 (7-8세)		어린이집 (1-3세)		계	
	N	%	N	%	N	%	N	%	N	%	N	%
엄마	31	42.5	33	42.3	64	42.4	12	41.4	19	41.3	31	41.3
아빠	11	15.1	20	25.6	31	20.5	8	27.6	14	30.4	22	29.3
엄마·아빠	22	30.1	19	24.4	41	27.2	7	24.1	12	26.1	19	25.3
형제	3				3		1		1	2.2	3	4.0
조부모	2				2		1					
친척	1		2	2.6	3				1	2.2		
지인	3		4	5.1	7							
계	73	100	78	100	151	100	29	100	46	100	75	100

한편, <문항 11>은 태명을 짓게 된 동기가 무엇인가를 개방형으로 물은 것이다. 응답 결과 확인된 작명 동기를 빈도순으로 제시하면 다음과 같다.

(4) ㄱ. 단순히 아가라고 부르기보다는 다른 아기들과 구별해서 부를 수 있는 이름이 필요함.(58회)

ㄴ. 많은 육아서에서 배 속의 아기도 들을 수 있는 귀가 있다고들 해서 아기와 대화를 나누기 위해[14] 이름이 필요했음.(42회)

ㄷ. 주변에서들 태명이 뭐냐고 묻거나 지어야 한다는 권유를 하는 등 태명을 짓는 것이 유행이었음.(41회)

ㄹ. 태교를 위해 구체적인 이름이 필요하다고 생각하였음.(21회)

ㅁ. 이름을 불러주다 보면 바라는 대로 이루어진다고 생각함.(17회)

ㅂ. 태아도 생명체이고 인격체로 인정해야 하기 때문에 당연히 이

---

14) 조사대상자들 가운데 상당수가 '태담'이라는 새로운 용어를 배 속 아기들과 대화를 나눈다는 의미로 사용하는 것으로 보아 최근 들어 '태담'이라는 단어가 새로이 등장하여 자주 쓰이고 있다는 사실이 확인되었다.

름이 필요하다고 봄.(14회)

ㅅ. 아이와의 교감을 위해 이름이 필요하였음.(9회)

ㅇ. 이름을 불러주면 아기가 정서적으로 안정될 수 있다고 보았음.(4회)

ㅈ. 아기를 갖게 된 기쁨과 행복감을 아기에게 전하고 싶었음.(3회)

이상과 같은 태명의 작명 동기를 통하여 태명이 어떠한 의도하에서 지어지고 있는가와 함께 태명을 짓는 것을 너도나도 당연한 것으로 받아들일 만큼 유행하고 있다는 사실이 확인되었다. 특히 태명을 사용하는 부모의 의식 속에 태아도 인격을 갖춘 생명체라는 인식하에 매일매일 이름을 불러주고 대화를 나누려는 생각이 깃들어 있는 한편으로, 자주 이름을 불러주다 보면 그 이름이 의미하는 대로 바라는 바가 이루어질 수 있다는 의식 또한 개입되어 있음을 알 수 있다.

마지막으로, <문항 12>는 태명이 본명과 어느 정도 관련성이 있는가를 파악하기 위한 것이었다. 응답 결과를 제시하면 다음과 같다.

〈표 2.32〉 태명과 본명과의 관련 여부(학교 급별)

구분	초등학교(7-8세)		어린이집(1-3세)		계	
	N	%	N	%	N	%
있다	11	10.5	13	10.1	24	10.3
없다	94	89.5	116	89.9	210	89.7
계	105	100.0	129	100.0	234	100.0

위의 표를 통해 확인할 수 있는 바와 같이, 태명과 본명과의 관련성은 10.3% 정도이다. 이와 같은 사실은 본 연구의 조사 대상 이름 10개 가운데 하나는 본명과 어떤 식으로든 관련을 맺고 있음을 보여주는 것이

라고 할 수 있다. 따라서 태명은 단순히 배냇이름으로만 사용되는 것이
아니라 본이름에 끼치는 영향 또한 적지 않다고 할 것이다. 태명과 본명
의 이러한 관련성은 지역별로도 큰 차이가 없어 광주 지역과 담양 지역
이 거의 비슷한 양상을 보임이 특징이다.

〈표 2.33〉 태명과 본명과의 관련 여부(지역별)

구분	광주						담양					
	초등학교 (7-8세)		어린이집 (1-3세)		계		초등학교 (7-8세)		어린이집 (1-3세)		계	
	N	%	N	%	N	%	N	%	N	%	N	%
있다	7	9.5	8	10.0	15	9.7	4	12.9	5	10.2	9	11.3
없다	67	90.5	72	90.0	139	90.3	27	87.1	44	89.8	71	88.8
계	74	100.0	80	100.0	154	100.0	31	100.0	49	100.0	80	100.0

3. 태명에 대한 부모의 언어 태도

주지하는 바와 같이, 언어 태도란 화자들이 갖는 언어나 그 변이형,
또는 특정 언어를 사용하는 사람들에 대해 갖는 견해를 가리키는 말이
다. 이러한 언어 태도는 일정한 언어 행동에 영향을 미치게 되는바,[15]
본 연구에서는 태명의 필요성과 이점에 대한 부모의 언어 태도를 묻는
문항을 제시하였다. 먼저 태명의 필요성을 묻는 〈문항 13〉에 대한 응
답 결과를 보이면 다음과 같다.

---

15) 주지하는 바와 같이, Fasold(1984 : 148)에서는 언어 태도에 대한 연구를 언어 자체에
대한 태도, 특정 언어(또는) 방언을 구사하는 화자의 태도, 언어와 관련이 있는 행위(언
어 관리, 언어 계획)에 대한 태도 등으로 나누고, 사람들의 언어 태도를 통해 그것과
관련한 행동을 예측할 수 있다고 하였다.

〈표 2.34〉 태명의 필요성(학교 급별)

구분	초등학교(7-8세)		어린이집(1-3세)		계	
	N	%	N	%	N	%
꼭 필요	65	26.2	65	38.2	130	31.1
조금 필요	83	33.5	65	38.2	148	35.4
없어도 그만	69	27.8	33	19.4	102	24.4
불필요	6	2.4	2	1.2	8	1.9
잘 모르겠음	25	10.1	5	2.9	30	7.2
계	248	100.0	170	100.0	418	100.0

위의 표를 보면, 태명의 필요성을 묻는 질문에 대하여 '꼭 필요하다'
에 31.1.%가, '조금 필요하다'에 35.4%가 응답한 결과, 전체적으로 볼
때 66.5%의 조사대상자가 태명의 필요성을 긍정적으로 보고 있음을 알
수 있다. 이러한 태명의 필요성을 학교 급별로 살펴보면, 초등학교 1학
년 아동 부모의 경우는 59.7%만 태명이 필요하다고 보는 반면, 어린이
집 아동의 부모는 76.4%가 필요하다고 응답함으로써, 자녀의 나이가 어
릴수록 태명의 필요성을 긍정적으로 보고 있음을 알 수 있다.

한편, 태명의 필요성에 대한 태도는 지역 간에 그다지 큰 편차를 보이
지 않음으로써 도시와 농촌을 불문하고 태명의 보급이 보편화될 가능성
을 시사한다. 다음은 태명의 필요성에서 응답 결과를 지역별로 제시한
것이다.

〈표 2.35〉 태명의 필요성(지역별)

구분	광주						담양					
	초등학교 (7-8세)		어린이집 (1-3세)		계		초등학교 (7-8세)		어린이집 (1-3세)		계	
	N	%	N	%	N	%	N	%	N	%	N	%
꼭 필요	46	26.7	44	41.9	90	32.5	19	25.0	21	32.3	40	28.4
조금 필요	57	33.1	39	37.1	96	34.7	26	34.2	26	40.0	52	36.9
없어도 그만	48	27.9	18	17.1	66	23.8	21	27.6	15	23.1	36	25.5
불필요	5	2.9	2	1.9	7	2.5	1	1.3	0	0.0	1	0.7
잘 모르겠음	16	9.3	2	1.9	18	6.5	9	11.8	3	4.6	12	8.5
계	172	100	105	100	277	100	76	100	65	100	141	100

위의 표를 통해 알 수 있듯이, 광주 지역의 경우는 67.2%가, 담양 지역의 경우는 65.3%가 어떤 식으로든 태명이 필요하다는 인식을 하고 있다. 이와 같은 결과는 도시와 농촌 간의 인식 차이가 별반 크지 않음을 보여주는 것이다.

필자가 판단하건대, 태명의 필요성에 대한 인식이 비교적 높게 나타나는 것은 태명이 갖는 이점이 결코 적지 않기 때문이라고 할 수 있다. 다음은 태명의 이점은 무엇인가를 묻는 <문항 14>의 응답 결과를 빈도가 높은 순서로 제시한 것이다.

　첫째, 단순히 아가라고 하기보다는 고유한 이름을 가지고 아기를 부를 수 있어서 좋았다.(60회)
　둘째, 아기의 존재를 구체적으로 느낄 수 있었다.(29회)
　셋째, 항상 생각하면서 엄마아빠의 생각을 전함으로써 대화가 가능하였다.(26회)
　넷째, 아기에 대한 친밀감 또는 유대감이 깊어졌다.(25회)
　다섯째, 아기에 대한 엄마아빠의 기대를 전달하고 태교를 하는 데 도움

이 되었다.(19회)

여섯째, 아기와 교감(交感)을 느낄 수 있었다.(16회)

일곱째, 아기에 대한 애착과 애정이 깊어졌다.(14회)

여덟째, 불안감을 해소하고, 행복감을 갖도록 해 주었다.(7회)

아홉째, 태아를 인격을 갖춘 하나의 개체로, 또는 생명체로 인식할 수 있도록 하였다.(4회)

열 번째, 아기를 새 식구로, 또는 한 가족으로 받아들일 수 있는 마음의 준비를 할 수 있도록 하였다.(3회)

열한 번째, 아기에게 추억 만들기가 가능하다.(2회)

이상을 통하여 알 수 있는 바와 같이, 태명은 단순히 이름으로서의 기능 외에도 부모로 하여금 아기의 존재감을 느끼는 데 도움을 주는 한편, 생각을 주고받는 대화 수단이 되기도 하고, 친밀감과 유대감을 갖게 하는 기능을 하고 있다. 또한 새 생명에 대한 부모의 기대를 전달하는 역할과 함께 태교에도 도움을 주며, 아기와의 교감 및 애착과 애정을 깊게 해 주면서, 임신부로서의 불안감을 해소하고 행복감을 더해 주는 등의 역할을 하고 있다고 할 수 있다.

4. 요약 및 결론

본 연구에서는 대도시 지역인 광주광역시와 농촌 지역인 담양 지역 초등학교 1학년 아동 248명과 어린이집 유아 175명 등 모두 423명의 학부모를 대상으로 한 설문조사를 통하여 한국인 이름 짓기의 새로운 풍속도로 등장하고 있는 태명의 작명 실태 및 확산 양상에 대한 사회언어학적 분석을 시도하였다. 연구 결과를 요약하면 다음과 같다.

우선 태명의 유형 및 작명 원리를 파악하기 위하여 조사 대상 표본의 본명(본이름)의 유형 및 작명 원리에 대한 분석이 이루어졌는바, 본명은 한자어 이름의 비중이 압도적으로 높은 데 비해 태명의 경우는 '복덩이, 튼튼이, 똘똘이' 등 순순한 한자어가 아니거나 고유어가 대부분임이 확인되었다. 또한 본명은 대부분 세상에 태어난 후 부모를 비롯하여 전문적인 작명가들이 사주나 이름의 의미를 주로 고려하여 작명을 하게 되는 데 반해, 태명은 임신 초기나 중기에 전문적인 작명가가 아닌 부모에 의해 작명이 이루어지는 것이 특징이다.

오늘날 태명이 어느 정도나 확산되고 있는지를 파악하기 위하여 태명 보유 현황을 학교 급별로 살펴본 결과, 초등학교 1학년 아동은 43.5%, 어린이집 유아는 76.9%의 비율로 태명을 가지고 있었다. 이는 최근 몇 년 사이에 태명을 짓는 풍습이 매우 빠른 속도로 확산되고 있으며, 그러한 확산이 도시와 농촌을 불문하고 급속도로 이루어지고 있음을 시사하는 것이다.

태명의 작명 동기에 대한 분석을 통해서는 태명을 사용하는 부모의 의식 속에 태아도 인격을 갖춘 생명체라는 인식하에 매일매일 이름을 불러주고 대화를 나누려는 생각이 깃들어 있는 한편으로, 자주 이름을 불러주다 보면 그 이름이 의미하는 대로 바라는 바가 이루어질 수 있다는 인식이 개입되어 있다고 할 수 있다. 이러한 인식하에 태명이 필요하다는 응답이 66.5%로, 절반을 훨씬 상회하는 비교적 높은 응답률이 확인되었다.

또한, 태명은 단순히 이름으로서의 기능 외에도 부모로 하여금 아기의 존재감을 느끼는 데 도움을 주는 한편, 생각을 주고받는 대화 수단이 되기도 하고, 친밀감과 유대감을 갖게 하는 기능을 하고 있다. 또한 새 생명에 대한 부모의 기대를 전달하는 역할과 함께 태교에도 도움을 주며, 아기와의 교감 및 애착과 애정을 깊게 해 주면서, 임신부로서의 불안감을 해소하고 행복감을 더해 주는 등의 역할을 하고 있음이 확인되었다.

이상과 같은 연구를 통하여 전통사회에서 존재하였던 다양한 유형의 이름들과도 구별되는 새로운 한국인 이름의 유형으로 볼 수 있는 태명의 작명 실태 및 확산 양상이 어느 정도는 확인되었다고 할 것이다. 그러나 본 연구는 조사 대상 표본 및 조사 지점이 한정되어 있다는 제약이 없지 않는바, 앞으로 좀 더 폭넓은 자료 조사 및 조사 지점의 확대를 통한 보완이 필요하다고 본다.

제3장 현대 한국인의 작호(作號) 원리 및 사용 실태

주지하는 바와 같이, 우리의 선인들은 초명(初名) 또는 아명(兒名), 본이름에 해당하는 명(名), 자(字)와 호(號), 시호(諡號)에 이르기까지 생애의 모든 단계에서 일종의 통과의례와 관련된 이름들을 다양하게 가지고 있었다. 이와 같은 풍속은 2종 이상의 이름을 가지는 복명속(復名俗) 혹은 이름을 신성한 것으로 여겨 함부로 불러서는 안 된다는 경명 의식(敬名意識)[1]에서 비롯된 것이라고 할 수 있다.

복명속 혹은 경명 의식의 발로로서 대부분의 사대부 계층들이 가지고 있었던 여러 가지 이름들 가운데 특히 호(號)는 '본이름'인 명(名)과 자(字)를 대체하여 부르는 것으로서, '자신이 스스로 짓는 이름'[2]이라는 점에서 다른 이름들과 구별된다고 할 수 있다. 즉, 아명(兒名)이나 명(名), 자(字), 시호(諡號) 등의 이름이 모두 부형이나 스승, 벗에 의해 주어지거나

---

1) 이러한 경명 의식(敬名意識) 때문에 사람의 이름을 그 무엇보다도 소중히 여김으로써 때로는 자신의 이름을 욕되지 않고 자랑스럽게 보존하고자 목숨까지 거는 경우도 적지 않았으며, 자신의 이름뿐 아니라 타인의 이름도 함부로 부르지 않으려는 전통이 형성되었다. 사대부 계층의 사람들이 대부분 본명 대신 자(字)나 호(號)를 사용한 것도 바로 이러한 의식에 따른 것이라고 할 것이다.
2) 호(號)를 달리 '자호(字號)'라고 부른 이유가 바로 여기에 있다.

나라에서 내려주는 이름이었다고 한다면, 호만큼은 자신이 자신의 명(名)
과 자(字)를 대체하기 위하여 짓는 것이 일반적이었던 것이다.

중국의 경우, 호는 당대(唐代)부터 시작하여 송대(宋代)에 이르러 보편화
되었다.3) 우리나라에서도 중국과 비슷한 시기인 삼국시대부터 호가 사
용되기 시작하였다. 신라의 승려 원효(元曉)의 호는 '소성거사(小性居士)'이
고, 낭산(狼山) 아래 살던 음악가의 호는 '백결선생(百結先生)'이라 하였다
는 기록이 그 증거이다.4)

흥미로운 사실은 복명속(復名俗)의 전통과 관련이 있는 대부분의 이름
들이 오늘날에 이르러서는 거의 사용되지 않는 반면,5) 호는 현재까지도
계속해서 유지되는 모습을 보이고 있다는 것이다. 호의 일종으로서
시·문·서·화 등의 작가들이 자신의 품격이나 취향을 드러내는 데
쓰이는 아호(雅號)가 많으며, 일부 직업 또는 계층에 해당하는 것이긴 하
지만 일반인들 또한 호를 짓고 사용하는 경우도 적지 않은 것이다.

문제는 오늘날 사용되고 있는 호는 전통적인 작호 방식과 다른 점이
있으며, 그 유형도 전통적인 것들과는 차이를 보인다는 것이다. 이와 같
은 언어적 사실에 착안하여 본 연구에서는 광주광역시6)에 거주하는 성

---

3) 우리에게 잘 알려진 당송 시대 문인들의 경우만 하더라도 거의 대부분 호를 가지고 있
   었음이 특징이다. 예컨대 당나라를 대표하는 시인 이백(李白)은 '청련거사(青蓮居士)'이
   라는 호를, 두보(杜甫)는 '소릉(少陵)'이라는 호를 각각 가지고 있었다. 또한 송나라 시기
   의 대표적인 문인인 구양수(歐陽脩)는 취옹(醉翁), 육일거사(六一居士)를, 소식(蘇軾)의 경
   우는 '동파거사(東坡居士), 설당(雪堂), 단명(端明), 미산적선객(眉山謫仙客), 소염경(笑髯
   卿), 적벽선(赤壁仙)' 등 많은 호를 가지고 있었는바, 호 문화가 상당히 보편화되었음을
   방증하는 것이라고 할 것이다.
4) 한국학중앙연구원, ≪한국민족문화대백과≫사전(http://terms.naver.com/entry.nhn?docId=
   527994&cid=46635&categoryId=46635) 참조.
5) 최근 들어 일부 고등학교나 대학에서 학생들의 성년식을 치러주는 자리에서 자(字)를
   만들어 주는 경우도 있기는 하지만, 자(字)가 실제로 사용되고 있는지의 여부에 대해서
   는 보고된 바가 없다. 2015. 11. 2. 자 <동아일보> 기사 참조
   (http://news.donga.com/3/all/20151101/74537649/1)

인 화자들을 대상으로 호의 작호 방식과 그 유형 및 특징 등을 분석하는 것을 목적으로 한다. 이와 같은 분석은 전통적인 호의 유형 및 작호(作號) 원리와의 대조를 바탕으로 이루어져야 한다고 할 수 있는바, 2장에서는 먼저 이와 같은 문제를 집중적으로 살펴보는 데 관심을 두고자 한다.

1. 전통적인 호의 유형 및 작호 방식

우리의 전통사회에서 개인의 일생 또는 통과의례와 관련하여 주어진 다양한 이름들, 곧 아명(兒名), 명(名), 자(字)와 호(號), 시호(諡號) 등의 이름 은 작명 시기나 작명자, 작명 원리 등의 면에서 상당한 차이가 있음이 특징이다. 이를 알기 쉽게 정리한 것이 다음 표이다.

〈표 2.36〉 한국인 이름의 유형및 작명 원리(강희숙 2012 : 34)[7]

이름	작명 시기	작명자	작명 원리	비고
아명 (兒名)	유년기	부형	태몽과 관련하여 짓거나 액땜을 바라는 의미로 천하게 지음.	
본명 (本名)	성장 후	〃	자녀에 대한 부형의 소망을 담아 지음.	
자(字)	관례(冠禮) 후 (15~20세)	친구, 스승	본명의 뜻을 부연 설명하거나 보완, 또는 같은 뜻을 지닌 글자를 씀.	본명과 함께 짓기도 함.
호(號)	중년 이후	본인	거처하는 서재(書齋)의 이름이나 지명, 좌우명 등을 반영하여 지음.	

---

6) 조사 지점을 '광주광역시'로 택한 것은 두 가지 이유에서이다. 그 하나는 연구자가 거주하고 있는 곳이어서 접근이 용이하다는 것이고, 다른 하나는 이 지역이 '예향'으로 불리는 곳이니 다른 지역들보다는 문화예술인을 중심으로 한 호의 사용이 좀 더 활발할 수 있으리라는 예측이 가능했기 때문이다.

7) 이는 박헌순(1991)에 제시된 이름의 종류를 알기 쉽게 하나의 표로 정리한 것이다.

이름	작명 시기	작명자	작명 원리	비고
시호 (諡號)	사후	나라	시법(諡法)에 따라 일생의 행적을 반영하여 지음.	조정 대신들이 주도.
묘호 (廟號)	사후	나라	〃	임금 사후, 조정 대신들이 주도

위의 표를 통해 알 수 있는 바와 같이, 다른 유형의 이름들이 모두 본인이 아닌 부형이나 스승, 친구, 나라 등에 의해 작명되는 반면, 호는 자신이 직접 짓는 것이 일반적이었다.[8] 이러한 사실 때문에 한정주(2015 : 5)에서는 명(名)이나 자(字)[9]가 자신의 의지와는 무관한 생물학적 자아에 가깝다고 한다면, 호는 선비가 자신의 뜻을 어디에 두고 마음이 어느 곳에 가 있는지를 나타내는 이른바 사회적 자아를 표상하는 것으로 보고 있다.

사회적 자아를 표상하는 호는 두 가지 기능이 있다고 할 수 있다. 그하나는 자신의 본이름인 명(名)과 자(字)를 대체하는 기능이다. 전통적인 경명 의식 또는 경명 사상으로 인하여 명(名)과 자(字)를 함부로 부를 수

---

8) 호(號)는 자신이 직접 짓는 것이 일반적이지만, 때로는 부형이나 스승이 지어 주는 경우도 없지 않았다. 이정암(李廷馣)의 ≪사류재집(四留齋集)≫ '인재설(忍齋說)'에 실려 있는 다음 기록이 그 예인데, 이는 아버지가 아들의 재호(齋號)를 지어 주면서 쓴 글이다(박헌순 1991 : 53).

작은 일을 참지 못하면 큰일을 망치고, 참을성이 있어야 일을 이룰 수가 있다고 하였다. 내가 세상을 오래 살면서 많은 일을 겪고 나서 비로소 공자의 이 말씀이 참으로 옳은 말씀이라는 것을 알았다. 나는 참을 인(忍) 자 한 자로 평생을 살아 왔는데 그것이 그리 쉬운 일이 아니었다. 그래서 이제 너의 재호(齋號)를 인(忍) 자를 넣어서 짓는다.

9) 자(字)는 일종의 성인식이라고 할 수 있는 관례(冠禮)를 치르거나 성혼(成婚)을 한 뒤 명(名)을 대체하여 부르는 이름으로, 스승이나 벗들이 짓되, 주로 친구들 사이에 서로 지어서 불렸으며, 명(名)의 뜻을 부연 설명 또는 보완하거나 같은 뜻을 가진 글자를 쓰거나 함으로써 명(名)과 짝이 되도록 하는 것이 일반적이었다.

없게 됨에 따라 누구나 제약 없이 부를 수 있는 이름으로 호가 보편화
되었다고 할 수 있는 것이다. 결과적으로 호는 자신의 명(名)과 자(字)를
숨기는 기능을 할 수 있게 되었는바, 이를 호의 두 번째 기능이라고 할
수 있다.

그렇다면 호를 짓는 일, 곧 작호(作號)는 어떠한 방식에 의해 이루어졌
을까? 박헌순(1991 : 47)에서는 이규보(李奎報)의 ≪동국이상국집(東國李相國
集)≫ '백운거사어록(白雲居士語錄)', 이정(李楨)의 ≪구암집(龜巖集)≫ '신암
기(頤巖記)', 장현광(張顯光)의 ≪여헌집(旅軒集)≫ '여헌설(旅軒設)' 등의 기록
을 토대로 전통적인 작호 방식을 잘 정리하고 있다. 그 결과를 하나의
표로 제시하면 다음과 같다.

〈표 2.37〉 전통적인 작호 방식 1

문헌	대상	작호 방식
백운거사어록	호(號)	① 소거(所居, 거처하는 지명이나 장소) ② 소축(所蓄, 기르는 초목이나 소유하고 있는 사물 ③ 소득지실(所得之實, 깨달은 이치나 진리와 관계되는 개념어) ④ 소모(所慕, 지향하는 바의 목표)
신암기	당호(堂號), 재호(齋號), 헌호(軒號)	① 소사(所事, 일삼는 것) ② 소존(所存, 간직하고 있는 것) ③ 소면(所勉, 노력하며 추구해 나가는 것)
여헌설	헌호(軒號)	① 소거지실(所居之室, 지내고 있는 집이나 방) ② 소처지지(所處之地, 지내고 있는 지명) ③ 강호지택계산곡동 기심소락기신소우지물(江湖池澤溪山谷洞 其心所樂其身所遇之物, 좋아하거나 가서 사는 자연 경관

위의 표를 보면 '백운거사어록(白雲居士語錄)'에서는 작호 방식을, '신암
기(頤巖記)'와 '여헌설(旅軒設)'에서는 당(堂), 재(齋), 헌(軒) 등 당사자가 거처
하는 곳의 이름을 짓는 방식을 제시하고 있음을 알 수 있다. 이 가운데

당(堂), 재(齋), 헌(軒)의 이름인 당호(堂號), 재호(齋號), 헌호(軒號)는 그 주인
의 호로 사용되는 것이 일반적이었다. 이와 같은 언어적 사실을 잘 보여
주는 것이 이두희 외 3인 편(1988), 임종욱 편(2010) 등을 통해 정리된 '자
호사전(字號辭典)'의 자료들이다. 다음은 임종욱 편(2010)에 정리된 호 가
운데 10회 이상 출현한 호를 빈도순으로 제시한 것이다.

〈표 2.38〉 전통적인 호의 빈도

호		빈도	호		빈도
묵재	默齋	42	난곡	蘭谷	12
죽헌	竹軒	33	남강	南江	12
경재	敬齋	30	노포	老圃	12
매헌	梅軒	30	돈재	遯齋	12
송재	松齋	29	동리	東里	12
송파	松坡	27	만취당	晚翠堂	12
송암	松菴	26	묵암	默庵	12
죽계	竹溪	26	사촌	沙村	12
창주	滄洲	24	서강	西岡	12
남곡	南谷	22	성재	省齋	12
운곡	雲谷	22	송석	松石	12
만오	晚悟	21	인재	忍齋	12
송계	松溪	21	한천	寒泉	12
남파	南波	20	항재	恒齋	12
동고	東皐	20	호은	壺隱	12
동호	東湖	20	경암	敬庵	11
월봉	月峰	20	경암	敬菴	11
호은	湖隱	20	구봉	龜峰	11
성재	省齋	19	국포	菊圃	11
월담	月潭	19	국헌	菊軒	11
남계	南溪	18	극재	克齋	11
송와	松窩	18	남악	南岳	11

호		빈도	호		빈도
구암	龜巖	17	묵헌	默軒	11
눌재	訥齋	17	백암	白菴	11
복재	復齋	17	서호	西湖	11
서계	西溪	17	석계	石溪	11
송암	松巖	16	설봉	雪峰	11
겸재	謙齋	15	수은	睡隱	11
송은	松隱	15	수헌	睡軒	11
용계	龍溪	15	심재	心齋	11
죽창	竹窓	15	의재	毅齋	11
학산	鶴山	15	청계	淸溪	11
구봉	九峰	14	춘파	春坡	11
동강	東岡	14	취은	醉隱	11
만은	晚隱	14	가은	稼隱	10
송암	松庵	14	간재	艮齋	10
용암	龍巖	14	과재	果齋	10
운계	雲溪	14	국은	菊隱	10
정재	靜齋	14	남호	南湖	10
죽파	竹坡	14	농은	農隱	10
추담	秋潭	14	만포	晚圃	10
나재	懶齋	13	모암	慕庵	10
동계	東溪	13	반곡	盤谷	10
동곡	東谷	13	서암	西巖	10
동산	東山	13	송호	松湖	10
매곡	梅谷	13	쌍계	雙溪	10
석문	石門	13	옥산	玉山	10
성재	誠齋	13	우곡	愚谷	10
송곡	送谷	13	존재	存齋	10
송정	松亭	13	죽와	竹窩	10
시은	市隱	13	죽재	竹齋	10
어은	漁隱	13	죽촌	竹村	10
옥계	玉溪	13	죽하	竹下	10

호		빈도	호		빈도
율정	栗亭	13	지산	芝山	10
일재	一齋	13	창랑	滄浪	10
죽오	竹塢	13			
지족당	知足堂	13			
취옹	醉翁	13			
행정	杏亭	13			
회산	晦山	13			

위의 표를 통해 알 수 있는 바와 같이, 전통적인 호 가운데 가장 높은 빈도를 차지하는 것은 '묵재(默齋)'이며, '죽헌(竹軒), 경재(敬齋), 매헌(梅軒), 송재(松齋)' 등의 호가 그 다음을 차지한다. 이러한 고빈도 호들이 보여주는 공통적인 특징은 호의 마지막 음절이 '재(齋)'나 '헌(軒)'으로 끝난다는 것이다. 이와 같은 사실에 비추어 볼 때, 우리의 선인들이 사용하였던 전통적인 호들은 그 유형상 일정한 특징을 보유하고 있었다고 할 수 있는바, '신암기'나 '여헌설'에서 제시하고 있는 '재호(齋號)'나 '헌호(軒號)'가 매우 보편적인 형태였다고 할 것이다.

'재(齋)'나 '헌(軒)'을 구성요소로 하는 호 다음으로 높은 빈도를 보이는 것들 또한 일정한 특징을 공유하고 있다. 즉, '송파(松坡), 송암(松菴), 죽계(竹溪), 창주(滄洲), 남곡(南谷), 운곡(雲谷)' 등의 호를 통해 알 수 있는 바와 같이 '파(坡), 암(菴), 계(溪), 주(洲), 곡(谷)' 등 '재(齋)'나 '헌(軒)'과 마찬가지로 당사자가 생활하고 있거나 인연이 있는 처소를 기준으로 호를 짓는 경우가 많았던 것이다. 이러한 사실에 비추어 볼 때, '퇴계(退溪)'나 '율곡(栗谷)', '화담(花潭)' 등의 호를 비롯하여 조선시대 대표적인 여류 문인인 '사임당(師任堂)'이나 '난설헌(蘭雪軒)' 등의 호들은 일반적으로 자신이 생활하고 있거나 인연이 있는 처소를 기준으로 한 것이라는 보편적 특성

을 보유하고 있었다고 할 것이다. 따라서 우리의 전통사회에서의 호들
은 당사자가 거처하는 곳을 가리키는 것, 곧 당호(堂號)[10]가 일반적이었
다고 할 것이다.

그러나 전통적인 호들이 가지고 있는 특성 가운데 놓치지 말아야 할
것은 호가 단순히 생활하고 있거나 인연이 있는 처소를 기준으로 하는
데 그치지 않고, 자신의 삶의 방식이나 철학을 보여준다는 것이다. 이규
보(李奎報)의 호 '백운거사(白雲居士)'만 하더라도 구름의 속성을 본받으려
는 뜻에서 비롯된 것이었으며, '재(齋)'나 '헌(軒)'을 구성요소로 하는 호
(號)들 또한 선행 요소들이 그러한 삶의 방식이나 철학을 보여주는 것이
었다. 예컨대 '묵재(默齋)'는 '묵(默)'이 그러한 기능을 수행하는 것이었다
고 할 수 있는바, 번잡한 삶에서 벗어나 묵묵히 또는 고요한 삶을 살아
가겠다는 의지의 표명이라고 할 수 있다. 또한 '죽헌(竹軒)'의 경우, '죽
(竹)', 곧 대나무가 지니고 있는 이미지인 푸른 기상과 절개를 지키며 살
아가겠다는 의지의 표명이라고 할 수 있는 것이다.

한정주(2015)에서는 조선조의 개국 공신이었던 정도전에서부터 조선
최고의 명필 김정희까지 조선을 대표할 만한 선비들의 다채로운 삶과
철학을 호를 통해 추적하려 하면서 전통적 호의 유형을 모두 여덟 가지
로 나누어 구분하였다. 구체적인 유형과 작호 방식 및 그 사례를 제시하
면 다음과 같다.

---

10) 주지하는 바와 같이 호(號)의 유형을 '아호(雅號)'와 '당호(堂號)'로 구분하기도 한다.
'아호(雅號)'란 시·문·서·화의 작가들이 사용하는 우아한 호라는 뜻을 지닌다고 한
다면, '당호(堂號)'란 원래 '집의 호(號)'를 가리키는 것이었다가 그 집의 주인을 가리
키는 호(號)로도 쓰이게 된 것을 말한다.

〈표 2.39〉 전통적 작호(作號) 방식 2

구분	작호 방식	사례
소거 (所居)	자신과 인연이 있거나 거처하는 곳의 지명을 취함.	다산(茶山, 정약용), 율곡(栗谷, 이이), 송강(松江, 정철), 삼봉(三峰, 정도전), 화담(花潭, 서경덕), 고산(孤山, 윤선도) 등.
소축 (所蓄)	자신이 간직하고 있거나 좋아하는 사물을 빌림.	매월당(梅月堂, 김시습), 선귤당/매탕(蟬橘堂/楳宕, 이덕무), 승설도인/고다노인(勝雪道人/苦茶老人, 김정희) 등.
소득 (所得)	살아오면서 얻은 깨달음이나 자신이 지향하는 뜻과 의지를 반영함.	일두(一蠹, 정여창), 순암(順菴. 안정복), 초정(楚亭, 박제가), 목은(牧隱, 이색), 학역재(學易齋, 정인지), 용재(慵齋, 성현) 등.
소우 (所遇)	자신이 처한 상황이나 처지를 반영함.	사암(俟菴, 정약용), 취명거사(醉瞑居士, 장승업), 토정(土亭, 이지함), 해옹(海翁, 윤선도), 농암(聾巖, 이현보) 등.
소용 (所容)	자신의 용모나 신체적 특징을 빌림.	표암(豹菴, 강세황), 미수(眉叟, 허목), 소오자(小烏子, 권근), 삼미자(三眉子, 정약용) 등.
소인 (所人)	자신이 존경하거나 본받고자 하는 인물의 이름을 빌림.	단원(檀園, 김홍도), 오원(吾園, 장승업), 완당(阮堂, 김정희), 사임당(師任堂, 신사임당) 등.
소직 (所職)	자신이 하는 일이나 직업을 빗댐.	추사(秋史, 김정희), 주경(朱耕, 안견), 고산자(古山子, 김정호)
소전 (所典)	옛 서적이나 문헌 혹은 기록인 고전에서 취함.	여유당(與猶堂, 정약용), 면앙정(俛仰亭, 송순), 남명(南冥, 조식), 공재(恭齋, 윤두서)

이러한 호의 유형 가운데 첫째 유형인 '소거(所居)'에 의한 호는 가장 큰 비중을 차지하는 것으로, 자신과 인연이 있거나 사는 곳의 지명을 취한 것이다. 예컨대 '다산(茶山)'은 '정약용'이 유배당한 전남 강진군 도암면에 소재한 만덕산(萬德山)의 또 다른 이름이며, '율곡(栗谷)'은 '이이'의 직계 선조들이 삶의 터전으로 삼았던 경기도 파주 파평면의 '밤골 마을[栗谷]'을 가리킨다.[11]

---

11) 여기에서 제시하는 호(號)의 사례 및 작호 방식은 모두 한정주(2015)에서 가져온 것임

'소축(所蓄)', 곧 자신이 간직하고 있거나 좋아하는 사물을 빌려 호를 삼은 사례로는 '김시습'의 '매월당(梅月堂)'이나 '이덕무'의 '선귤당/매탕(蟬橘堂/槑宕)' 등이 있다. '매월당(梅月堂)'은 김시습이 가슴속의 울분을 풀기 위해 '매화'와 '달'을 특별히 사랑한 데서 연유한 것이고, '선귤당(蟬橘堂)'은 이덕무가 가난한 삶 속에서도 '매미(蟬)의 깨끗함'과 '귤(橘)의 향기로움'을 귀히 여겼던 것에서, '매화에 미친 바보'라는 뜻을 지닌 '매탕(槑宕)'은 이덕무가 '매화'를 특별히 아끼고 사랑한 데서 연유한 것이다.

'소득(所得)', 즉 살아오면서 얻은 깨달음이나 자신이 지향하는 뜻과 의지와 관련되어 있는 호의 사례로는 '정여창'의 '일두(一蠹)'나 '안정복'의 '순암(順菴)' 등을 들 수 있다. '일두(一蠹)'는 '한 마리의 좀벌레'라는 뜻[12]을, '순암(順菴)'은 '천하의 일은 오직 순리일 뿐'이라는 뜻을 지닌다. 또한 '자신이 처한 상황이나 처지'를 뜻하는 '소우(所遇)'와 관련되는 호의 사례로는 '정약용'의 '사암(俟菴)', '장승업'의 '취명거사(醉瞑居士)' 등이 해당한다. '사암(俟菴)'은 10여 개의 호[13]를 가지고 있었던 '정약용'의 호 가운데 하나로 '미래의 새로운 세대를 기다리다'라는 뜻을 지니고 있다면, '취명거사(醉瞑居士)'는 '장승업'의 호로, '술에 취해 살아가는 선비'라는 뜻을 가지고 있다.

자신의 용모나 신체적 특징을 빌려 호를 짓는 '소용(所容)'의 사례도 적지 않다. '강세황'의 '표암(豹菴)'이나 '허목'의 '미수(眉叟)' 등이 그 예이다. '표암(豹菴)'이란 표범처럼 등에 흰 얼룩무늬가 있었던 데서,[14] '미

을 밝혀 둔다.
12) 구체적으로는 다른 사람의 은택(恩澤)을 입고 살면서도 그럭저럭 세월을 보낼 뿐, 다른 사람들에게 은택을 주지 못한다면, 그 사람은 한 마리의 좀벌레[一蠹]에 불과하다는 뜻을 지니고 있다.
13) 정약용은 여유당(與猶堂), 다산(茶山)과 함께 삼미자(三眉子), 열수(洌水), 철마산초(鐵馬山樵), 탁옹(籜翁), 자하도인(紫霞道人), 태수(苔叟), 문암일인(門巖逸人), 사암(俟菴) 등 모두 10개의 호를 남겼다(한정주 2015 : 25).

수(眉叟)'란 눈썹이 길어서 눈을 덮었던 데서 비롯된 것이다.[15]

소인(所人), 곧 자신이 존경하거나 본받고자 하는 인물을 배경으로 작호를 한 사례로는 단원(檀園, 김홍도), 오원(吾園, 장승업), 완당(阮堂, 김정희), 사임당(師任堂, 신씨) 등을 들 수 있다. '단원(檀園)'은 원래 명나라 시기 사대부 화가로 이름을 날린 이유방(李流芳)의 호인데, 김홍도는 시(詩), 서(書), 화(畵)에 모두 뛰어났던 그를 본받으려는 뜻에서 자신의 호를 단원(檀園)으로 삼았다. 사임당(師任堂)은 유학자들이 이상 국가로 삼은 주나라 문왕(文王)의 어머니 태임(太任)을 스승으로 본받는다는 뜻을 지니고 있다.[16]

자신이 하는 일이나 직업을 빗대어 지은 호로는 추사(秋史, 김정희), 주경(朱耕, 안견), 고산자(古山子, 김정호) 등이 있다. '추사(秋史)'에는 금석학자 또는 금석역사가로서의 김정희의 직업이,[17] '옛 산을 좋아해 찾아다는 사람'이라는 뜻을 지닌 김정희의 '고산자(古山子)'에는 <대동여지도(大東輿地圖)>를 만든 지리학자라는 직업이 드러나 있다.

마지막으로, 옛 서적이나 문헌 혹은 기록인 고전에서 취한 호라는 뜻의 '소전(所典)'에 의한 호의 사례로는 여유당(與猶堂, 정약용), 면앙정(俛仰

---

14) <표옹자지(豹翁自誌)>라는 글에서 "스스로 표옹(豹翁)을 호로 삼았다. 나는 어려서부터 표범처럼 등에 흰 얼룩무늬가 있었다. 이러한 까닭에 표옹을 호로 삼았으니, 스스로 장남삼아 그렇게 한 것이다."라고 하였다(한정주 2015 : 654 참조).

15) 본인이 쓴 <자명비(自銘碑)>에서 "늙은이의 눈썹이 길어서 눈을 덮었다. 그래서 자호(自號)를 미수(眉叟)라고 하였다."라고 하고 있다(한정주 2015 : 645 참조).

16) 그 밖에 오원(吾園)은 조선을 대표하는 화가를 가리킬 때 흔히 언급하는 그룹 가운데 하나인 '삼원(三園)'과 관련이 있는 호로, 단원(檀園) 김홍도와 혜원(蕙園) 신윤복에 기대어 장승업이 자신도 원(園)이라는 뜻의 '오원(吾園)'을 자호로 삼은 데서 비롯되었다. 완당(阮堂)은 추사(秋史) 김정희가 스승으로 섬겼던 청나라의 대학자 완원(玩元)의 이름에서 따온 것으로 알려져 있다.

17) 김정희는 서화가로서의 명성을 얻기 훨씬 이전에 금석역사가로서의 재능과 역량을 한껏 과시하였던 것으로 알려져 있으며, 유홍준 교수 또한 "추사는 누구도 부정할 수 없는 금석학과 고증학의 대가"였다고 평가한 바 있다(한정주 2015 : 562~563) 참조.

亭, 송순) 등이 있다. '여유당(與猶堂)'은 "신중하라! 겨울에 시냇물을 건너 듯[與兮若冬涉川], 사방의 이웃을 두려워하듯[猶兮若四隣]"이라는 ≪노자(老子)≫의 구절에서 가져온 것이고, '면앙정(俛仰亭)'은 ≪맹자≫의 <진심장(盡心章)>에 나오는 군자의 세 가지 즐거움 가운데 두 번째 즐거움, 곧 "하늘을 우러러보아 부끄럽지 않고[仰不愧於天], 사람에게 굽어보아 부끄럽지 않다[俯不怍於人]"라는 구절에서 가져온 것이다.

한편, 명(名)이나 자(字)와 구별되는 호의 또 다른 특징 가운데 하나는 한 사람이 여러 가지 호를 쓰기도 했다는 점을 들 수 있다. 조선 중기의 문신인 '신흠(申欽)'의 경우만 하더라도, '현헌(玄軒), 상촌(象村), 현옹(玄翁), 방옹(放翁)' 등의 호를 가지고 있었으며, 조선 후기의 문신이자 서화가인 '김정희(金正喜)'의 경우, '추사'를 비롯하여 무려 500개가 넘는 호를 가지고 있었다. 변화무쌍한 서체만큼 호 또한 다양하여 그때그때 처한 상황이나 정서와 취향 등을 드러내는 기능을 담당하였다고 할 것이다.[18]

이상에서 살펴본 전통 사회의 작호 방식과 별개로 또 한 가지 언급을 해야 할 사항은 개화기 이후의 문인들이나 일제 치하에서의 국어국문학자들 또한 호(號)를 가지고 있었으며, 이 시기에 한자어가 아닌 고유어로 호(號)를 짓는 경우도 적지 않았다는 것이다. 몇몇 사례를 제시하면 다음과 같다.

> (1) ㄱ. 육당(六堂, 최남선), 춘원(春園, 이광수), 소월(素月, 김정식), 만해(萬海, 한용운), 미당(未堂, 서정주), 공초(空超, 오상순), 노작(露雀, 홍사용), 초정(草丁, 김상용), 횡보(橫步, 염상섭), 영랑(永郎, 김윤식), 청마(靑馬, 유치환), 목월(木月, 박영종), 다형(茶兄, 김현승)
> ㄴ. 가람(이병기), 늘봄(전영택), 한힌샘(주시경), 외솔(최현배)

---

18) 김정희(金正喜) 호(號)의 개수에 대해서는 여러 가지 이설이 있다. 즉, 오제봉(1984)에서는 461개, 최준호(2012)에서는 343개의 호가 있는 것으로 파악하고 있는 것이다.

(1ㄱ)은 개화기 이후의 문인들이 사용한 호 가운데 한자어로 된 사례들이다. 이 시기의 호는 이전 시기와는 달리 주로 필명(筆名)으로 사용되는 경우가 많았으며, 경우에 따라서는 필명이 본명보다 더 자주 사용됨으로써 '성 + 필명'이 본명을 대체하기도 하였다. '김소월, 김영랑, 박목월' 등이 그러한 예이다.

한편, (1ㄴ)은 한자어가 아닌 고유어로 이루어진 호의 사례이다. 이와 같은 고유어 유형의 호들은 20세기에 들어서 이루어진 민족적인 자각과 자주적인 의식을 추구하는 시대적인 기운에 힘입은 것이라고 할 수 있다.

이상의 논의를 통해 확인된 바에 따르면, 전통사회에서 우리의 선인들이 사용한 호들은 다음과 같은 몇 가지 특징적인 면을 지니고 있었다.

첫째, 전통적인 호들은 호의 주인이 직접 지은 자호(自號)가 일반적이었으며, 경명 의식에 따라 자신의 본이름인 명(名)과 자(字)를 대체하거나 결과적으로 명(名)과 자(字)를 숨기는 두 가지 기능을 가지고 있었다.

둘째, 전통적인 호의 작명 방식 및 유형으로는 자신이 거처하는 곳이나 장소를 토대로 이루어지는 당호(堂號)가 일반적이었다.

셋째, 호의 어종은 한자어가 주종을 이루고 있었다. 다만, 개화기 이후 우리의 근대 문학기에 이르러서는 거의 모든 문인들이 다투어 호를 짓는 가운데 일제 치하에서 일부 민족적 자각 의식을 지닌 국어국문학자들을 중심으로 고유어 호들이 또한 활발하게 사용되는 특징을 보이기도 하였다.

오늘날 사용되는 호들은 이와 같은 전통적 성격의 호의 특징을 그대로 계승하는 면들이 없지 않지만, 상당 부분은 차이를 보이는 것이 특징이다. 3장에서는 바로 이와 같은 문제에 초점을 맞춰 조사 지점인 광주광역시의 조사 대상자들이 사용하는 호 사용 양상을 분석하는 데 초점을 맞추기로 한다.

2. 현대 한국인의 작호(作號) 방식 및 사용 실태

2.1. 자료 수집

본 연구를 위한 자료의 수집은 2016년 5월부터 8월까지 약 4개월간 두 가지 방식에 의해 이루어졌다. 그 하나는 호를 실제로 사용하고 있는 분야의 기초 자료를 수집하는 방법이었고, 다른 하나는 수집된 기초 자료를 토대로 심층 면담을 수행하는 방식이었다.

기초 자료의 수집은 조사 지점에서 어떠한 호들이 사용되고 있는지를 파악하려는 목적에 따른 것으로, 연구자가 직접 관련 단체나 개인을 방문하여 호가 기입되어 있는 자료를 확보하는 방식을 통해 이루어졌다. 자료 수집이 이루어진 분야와 표본의 수는 다음과 같다.

〈표 2.40〉 자료 수집 분야 및 표본 수

분야	표본 수	비고
유림	197	
서예	198	
한시	81	전남 지역 및 타 지역 제외.
한국화	292	문인화 포함.
무형문화재	19	전체 22명.
다도	23	다호(茶號)라고 함.
일반인	70	
총계	880	

이와 같은 자료 수집 분야 가운데 '유림(儒林)'은 광주향교(光州鄕校)에 입회하여 활동하고 있는 사람들을 말한다. 몇몇 초심자의 경우를 제외한 모든 회원은 입회원서에 '아호(雅號)'를 기입하도록 되어 있어 600여

명 정도의 유림 회원들이 대부분 호를 보유하고 있는 것으로 확인되었다.[19]

'유림'들과 마찬가지로 호를 사용하는 것이 보편화되어 있는 분야가 '서예'나 '한시' 분야인데, 이 가운데 '서예' 분야는 비교적 많은 문하생을 확보하고 있는 서실(書室)을 중심으로 자료를 수집하였다.[20] '한시회(漢詩會)'는 고전 강독과 한시 창작 등을 목적으로 한 모임으로, '풍영계(風詠契), 서림음사(瑞林吟社), 무진음사(武珍吟社)' 등 세 곳에서 활동하고 있는 한시 작가들의 호를 수집하였다.[21] 한국화 또는 문인화 분야는 호남 화단의 양대 산맥 가운데 하나인 '연진회(鍊眞會)'[22]를 비롯하여 전남대학교와 조선대학교의 한국화 동문 모임인 '경묵회(耕墨會)'와 '선묵회(鮮墨會)' 회원, '한국화 실사회' 회원 등을 비롯하여 '동국서화학회', '송림회' 등을 대상으로 자료를 수집하였다.

'무형문화재'의 경우는 광주광역시에서 지정하고 있는 예능과 기능 분야 무형문화재 22명을 대상으로 자료를 수집하였으며, '다도(茶道)' 분야의 경우는 주로는 '동서비교차문화연구회원'[23]을 대상으로 하거나, 일종의 스노볼(snowball) 방식으로 차문화 회원들의 사회적 연계망(social network)을 이용하여 자료를 수집하였다.

---

19) 조사된 197개의 호는 유림 회원들 가운데 '사단법인 범국민 예의생활 실천운동 광주광역시 본부'의 시본부 임원들의 호임을 밝혀 둔다.

20) 구체적으로는 '금초 서예 문화 연구원', '중허 서예 연구원', '경허 서예 연구원' 등이다.

21) 우리의 근대 문학기에는 대부분의 작가들이 이름 대신 호를 사용하였던 것과는 달리, 오늘날에 이르러서는 본명을 사용하는 것이 대체적인 경향이다. 이러한 사실에 비추어 볼 때 한시 분야만 여전히 호를 거의 필수적으로 사용하고 있는 것인 특기할 만한 언어적 사실이라고 할 것이다.

22) 연진회(鍊眞會)는 1938년 광주에서 의재(毅齋) 허백련(許百鍊)이 중심이 되어 지역 서화가와 의재의 문하생들이 전통 남종화(南宗畵)의 부흥이라는 이념을 내세워 결성한 미술단체이다.

23) 이 분야의 자료 수집은 주로 조선이공대학교 최혜경 교수의 협조를 통해 이루어졌다. 이 자리를 빌려 감사의 말씀을 전한다.

끝으로, 일반인의 경우는 예술 문화 분야가 아닌 분야의 일반인으로
서 주로 한학에 조예가 깊어 작호가 가능한 지인들이 호를 지어 주거나
전문적인 작명가들에게서 호를 받아 사용하는 경우를 대상으로 하였다.
직업상으로는 대학교수나 의사, 변호사 등의 전문직 종사자나 사업가,
공직자 등이 대부분이지만, 직업이 없는 사람들도 호를 가지고 있는 경
우도 포함되었다.

한편, 심층 면담은 연구자가 고안한 설문지를 토대로 265명의 조사대
상자와의 직접 면담이나 전화 인터뷰를 통해 이루어졌다. 설문지 구성
내용을 제시하면 다음과 같다.[24]

〈표 2.41〉 설문지 구성 내용

1) 성명 :
2) 호(號) :
3) 성별 : 남성/여성
4) 연령 :   세
5) 작호(作號) 시기 :
6) 작호자 :
7) 호의 의미 :
8) 작호 원리 및 방식 :
9) 실제 사용 유무 :
10) 용도 :

---

24) 이러한 면담은 향교나 시청 같은 기관이나 서예원과 화실을 운영하는 원장님들의 적
   극적인 협조에 의해 이루어졌다. 이 자리를 빌려 감사의 말씀을 전한다.

2.2. 호의 유형 및 사용 양상

본 연구의 수행을 위한 자료 수집 결과, 일차적으로는 호의 유형을 사용하는 분야나 용도에 따라 몇 가지로 구분할 수 있으며, 그 기능 또한 전통적인 호와는 차이가 있음이 확인되었다. 우선, 사용 분야나 용도에 따른 호의 유형을 구분하면 다음과 같다.

> (2) ㄱ. 아호(雅號) : 서예나 한국화, 문인화 등 미술 분야나 한시 분야, 유림 등의 분야에서 사용하는 호.
> ㄴ. 당호(堂號) : 집의 이름에서 따온 그 주인의 호.
> ㄷ. 다호(茶號) : 차를 즐기고 연구하는 다인(茶人)들이 모임을 가질 때 사용하는 호.
> ㄹ. 별호(別號) : 일반인들이 본명이 아닌 별개의 이름으로 사용하는 호.

이와 같은 호의 유형화는 새로운 것이 아니라고 할 수도 있지만, 전통적인 호가 대부분 당호(堂號)의 성격을 지니고 있었던 것과는 달리, 오늘날 가장 보편적으로 사용되는 것은 아호(雅號)라는 점에서 새로운 변화가 이루어지고 있다고 할 수 있다.[25] 아호(雅號)라는 용어는 원래 호를 높여 부르는 말이라는 뜻[26]을 가지고 있지만, 오늘날엔 단어의 뜻 그대로 문화, 예술인들이 사용하는 우아한, 또는 품격이 있는 이름으로 이해되는 경향이 있다.

---

25) 2장에서 지적한 바와 같이, 전통적으로는 당호(堂號)가 가장 보편적인 호의 유형이라고 할 수 있었지만, 조사 지점에서는 당호가 그다지 활발하지 않은 것이 특징이다. 다만, 한 서예가가 '금초(金草)'라는 자신의 호와 별도로 "늘 자신을 바라보며 살피는 집"이라는 뜻의 '관오당(觀吾堂)'과 "스승 송곡(松谷) 선생을 늘 사모하는 집"이라는 뜻의 '모송재(慕松齋)'라는 호를 지어 사용하고 있는 것으로 미루어 당호의 전통이 완전히 사라졌다고 보기는 어렵다고 할 수 있다.
26) ≪표준국어대사전≫ 참조.

한편, (2ㄷ)의 '다호(茶號)'는 넓은 의미에서는 '아호'에 포함할 수 있는 것이긴 하지만, 차(茶)를 즐기는 동호인이나 문화적 또는 학문적 차원에서 차를 연구하는 사람들이 자신들의 호를 일컬어 '다호'라고 부르고 있다는 점에서 별도의 범주화가 가능하다고 할 수 있다. 물론 초심자나 40대 이하의 젊은 층에서는 '다호'의 사용을 꺼려하고 있긴 하지만, 차 인구가 늘고 있는 것만큼 '다호'도 보편화될 가능성이 적지 않다고 할 수 있다.

(2)와 같이 유형화할 수 있는 호는 단순히 자신의 명(名)이나 자(字)를 대신하는 역할에 머무르지 않고 다음과 같은 두 가지 기능을 하고 있는 것으로 보인다.

첫째, 호는 일종의 신분 혹은 자격 표지(status marker)로서의 기능을 한다. 호를 거의 필수적으로 요구하고 있는 향교의 유림(儒林)이나 서예, 한국화나 문인화 또는 한시 등의 분야에서는 호가 자신이 어떠한 사회적 신분을 갖고 있는지를 보여주는 일종의 신분 표지 기능을 한다고 할 수 있다. 향교 유림(儒林)의 경우, 몇몇 예외적인 경우를 제외하고는 입회원서에 반드시 호를 기입하도록 하고 있으며, 한시(漢詩)를 짓고 연구하는 모임의 경우 역시 회원들 거의 대부분이 호를 사용하고 있다. 예를 들어, 지난 1964년에 노사 기정진 선생의 학문과 덕업을 추모하려는 목적에서 결성된 <풍영계(風詠契)>의 경우만 하더라도 100여 명의 회원들이 필수적으로 호를 사용하고 있다. 서예 분야 역시 작품 전시회를 하는 경우나 출품을 하는 경우 거의 대부분 호를 사용하고 있음이 특징이다. 또한 사단법인 미술가협회 광주광역시 지부에 속하는 11개 분과 가운데 호를 사용하는 분과는 한국화와 서예, 문인화 등 세 분야에만 한정되어 있는바, 호를 사용한다는 것은 자신이 무엇을 하는 사람인지를 보여줄 수 있는 신분 표지라고 할 수도 있는 것이다.

둘째, 호는 위신 표지(prestige marker)로서의 기능을 하기도 한다. 호를
필수적으로 요구하는 단체나 분야가 아니라면 호를 갖는 것이 자신이
함부로 이름으로 불려서는 안 되는 어른 또는 인물이라는 표지일 수 있
는 것이다. 위신 표지로서의 호의 기능을 엿볼 수 있는 전형적인 분야는
바로 무형문화재 분야이다. 일부 무형문화재의 경우, 이전부터 호를 가
지고 있기도 했지만, 무형문화재로 지정을 받은 이후에 호를 짓고, '호
+ 선생(님)'으로 불리는 것이 바람직하다는 태도를 보이고 있음이 그 증
거이다.27)

한편, 일차적 자료 조사를 통해 확인된 호들은 몇 가지 특징적인 면
을 노정(露呈)하고 있다. 그 하나는 '송암(松岩)'이나 '금산(錦山)', '춘포(春
浦)', '우보(牛步)', '서산(瑞山)', '학송(鶴松)', '송은(松隱)' 등등 몇몇 사례를
제외하면 중복되는 경우가 거의 없다는 것이다. 이와 같은 특징은 동
시대를 살아가는 사람으로서, 특히 같은 지역에서 살아가는 사람으로
서 동일한 호가 사용되는 것은 바람직하지 못한 것으로 여기고 있기
때문이라고 할 수 있다. 특히 서예나 한국화 등 자신의 호를 가지고 낙
관(落款)을 하는 전통이 있는 분야에서는 동일한 호를 사용하는 것이 다
소 불편한 일일 수 있으므로, 가능한 한 같은 호의 사용을 지양하고 있
다고 할 것이다.

한편, 조사된 호에서 확인된 두 번째 특징은 호의 어종(語種)을 볼 때,
한자어 일색이 아니라 고유어 호들도 적지 않다는 것이다. 이러한 특징
은 특히 '서예'나 '한국화' 분야에서 발견되는데, 예컨대 <경묵회(景墨
會)>라는 이름의 서예 단체 회원들에게서 확인된 고유어 호의 사례 및

---

27) 나이가 80세인 <남도의례식장> 분야의 한 무형문화재는 호를 갖는 것이 자신의 신분
에 걸맞은 일이라고 판단하여 79세의 나이인 지난해에 이르러서야 전문적인 작명가에
게서 호를 받기도 하였다.

그 의미를 제시하면 다음과 같다.

〈표 2.42〉 고유어 호의 사례 및 의미

사례	의미
여울	강이나 바다의 바닥이 얕거나 폭이 좁아 물살이 세게 흐르는 곳.
진샘	'값진 샘'을 줄여 다듬음.
돌샘	돌 틈에서 솟아나는 샘.
단비	꼭 필요한 때 알맞게 내리는 비.
해밀	비 온 뒤 맑게 갠 하늘.
붓샘	복을 붓는 샘.
아란	아름답게 자란.

서예 분야에서 이와 같은 고유어 호들이 사용되게 된 것은 이른바 한글 서예에 그 연원을 두고 있다. 해방 이후 전통적인 한문 서예와는 다른 독자적인 영역으로 발전을 해 온 한글 서예 분야에서는 낙관을 하는 경우에도 한자어가 아닌 고유어 호를 사용하기 시작하였는바, 위의 사례는 바로 그와 같은 한글 서예의 전통을 계승하고 있다고 할 수 있다.[28]

한편, 전체 265명을 대상으로 이루어진 심층 면접 결과, 작호자나 작호 방식에서 전통적인 호와는 차이를 보이는 특징적인 면들이 확인되었다. 우선 작호의 주체가 누구인지와 관련하여 전통적인 호들은 대부분 자기 자신이 작호자라는 특징이 있는 것과는 달리, 조사된 호들은 작호자가 매우 다양하며, 작호자 또한 은사가 대부분이라는 특징을 보인다. 다음은 심층 면접 결과 확인된 작호자의 유형 및 분포이다.

---

28) 서예 분야가 아닌 한국화나 문인화 분야에서도 고유어 호가 종종 나타나고 있는바, '빛들', '사슴골', '새암', '샛터' 등의 사례가 그것이다.

〈표 2.43〉 작호자의 유형 및 분포

작호자	분포	백분율(%)	비고
자신	22	8.3	
부형	4	1.5	
은사	142	53.6	
집안어른	6	2.3	문중어른 포함.
스님	12	4.5	
한학자	11	4.2	
작명가	8	3.0	
친구	19	7.2	
지인	38	14.3	
남편	3	1.1	
총계	265	100.0	

위의 표를 보면, 오늘날 사용하고 있는 호의 작호자는 '은사(53.6%)＞ 지인(14.3%)＞자신(8.3%)＞친구(7.2%)＞스님(4.5%)' 등의 순서를 보임으로써 '은사'가 차지하는 비중이 '53.6%'로 절반 이상의 높은 비중을 차지하고 있음을 알 수 있다. 이와 같은 특징은 전통적인 작호 방식과는 매우 큰 차이를 보이는 것으로, 오늘날 호의 대부분이 개인적인 사사(師事)의 과정에서 은사에 의해 지어지고 있는 것과 관련이 있다고 할 것이다.[29]

그렇다면, 조사된 호들의 작호 방식은 어떠한 특징을 보일까? 다음은 〈표 2.39〉의 작호 방식을 따르되, 그러한 여덟 가지 방식으로 포괄할 수 없는 두 가지 방식을 포함하여 구분한 작호 방식별 사례 및 빈도이다.

---

[29] '은사' 다음으로 높은 비중을 차지하는 '지인(知人)'의 특성에 대해서는 약간의 보충 설명이 필요하다고 할 수 있다. 이러한 범주에 속하는 작명가는 전문적인 작명가일 수도 있고, 서예가나 한학자 등 작호가 가능한 부류일 수도 있으나, 적어도 사제지간이나 친구 간은 아닌 경우를 포괄한다고 보면 된다. 작명가가 남편 친구인 경우라든지, 사회생활을 하면서 알게 된 사이라고 할 수 있다.

⟨표 2.44⟩ 작호 방식별 용례 및 빈도

구분	사례	빈도(%)	비고
소거 (所居)	• 금초(金草) : 고향 함평 속금산(屬金山)의 한 포기 풀. • 덕포(德浦) : 물가에서 태어남. • 입헌(立軒) : 입(立)면 입석리 태생. • 송계(松溪) : 상송(上松) 마을 태생. • 여곡(麗谷) : 여수 출신.	38 (14.3%)	
소축 (所蓄)	• 탁현(濁賢) : 막걸리를 좋아함. • 송계(松溪) : 물가의 소나무를 좋아함. • 자운(紫雲) : 석양의 붉은 노을을 좋아함. • 낭가(浪歌) : 낭만과 음악을 좋아함. • 다로(茶爐) : 선비가 가까이 해야 할 것 가운데 하나가 찻 물을 끓이는 다로(茶爐)임.	21 (7.9%)	
소득 (所得)	• 중허(中虛) : 비워야 채울 수 있음. • 허중(虛中) : 비워야 채워질 수 있음. • 상허(尙虛) : 허심(虛心)의 철학을 숭상함. • 혜명(慧茗) : 지혜로운 다인이 되자. • 범소(汎素) : 물의 부드러움과 지혜를 닮자. • 일운(逸雲) : 구름처럼 얽매임이 없이 살자. • 근재(謹齋) : 늘 부지런하게 살자. • 미속(米粟) : 한 알의 좁쌀처럼 자신을 낮추자. • 무아(無我) : 나만의 사고방식에서 벗어나자.	117 (44.2%)	
소우 (所遇)	• 경헌(景軒) : 장남으로서 볕이 들듯 집안을 일으키라는 뜻. • 만우(晚牛) : 나이 들어 뒤늦게 입문함.	6 (2.3%)	
소용 (所容)	• 서봉(瑞鳳) : 한 마리 상서로운 봉황과 같음. • 취선(翠仙) : 깨끗하고 아름다운 선녀와 같음. • 연당(蓮堂) : 한 송이 연꽃과 같은 모습. • 유정(柳井) : 우물물에 비친 버드나무 같은 모습.	10 (3.8%)	
소인 (所人)	• 차임(次任) : 신사임당에 버금가는 사람이 되었으면 함. • 이산(二山) : 일산(一山, 김명환)의 수제자로서의 자격을 갖기에 충분함. • 초주(草洲) : 초의선사(草衣禪師)의 계보를 이음. • 월아(月娥) : 선친 월곡(月谷)의 계보를 이음. • 송하(松下) : 고조할아버지 송산(松山)의 계보를 이음.	7 (2.6%)	

구분	사례	빈도(%)	비고
소직 (所職)	• 하담(何淡) : 어찌 그리 맑은지! • 우전(牛田) : 우직하게 봉사함. • 소연(素然) : 청렴한 공직 생활을 하기 바람! • 운해(雲海) : 해운업 종사자 • 교천(橋川) : 강을 건너는 다리처럼 차원 높은 교육을 실 천하기 바람.(교육자) • 제당(濟堂) : 생명을 구하는 의사	29 (10.9%)	공무원 〃 〃
소전 (所典)	• 인강(印江) : 월인천강지곡 • 수여(水如) : 물과 같이, ≪노자≫ '도덕경 제56장.	7 (2.6%)	
소성 (所性)	• 목인(木仁) : 곧으며 어진 성격을 지님. • 우산(愚山) : 우직한 성격을 지님. • 우보(牛步) : 성격이 급하니 느릿느릿 여유롭게 살았으면 함. • 우현(牛峴) : 성격이 급하니 소가 언덕을 넘듯 차분하게 살기를 바람.	28 (10.6%)	개인의 품성을 따름.
소명 (所名)	• 삼목(三木) : 본명에 세 개의 木이 있음. • 영산(永山) : 자신의 어렸을 적 이름. • 덕선(德善) : 두 아들의 이름에서 한 자 씩을 취함.	2 (0.8%)	본인의 이름 이나 자녀의 이름을 따름.

위의 표를 보면 조사대상자들의 작호 방식은 모두 10가지로 구분할 수 있음을 알 수 있다. 이와 같은 작호 방식을 앞에서 제시한 <표 2.39>의 작호 방식과 대조해 보면, '소성(所性)'과 '소명(所名)' 두 가지가 추가되었음이 특징이다. '소성(所性)'은 당사자의 성격이나 품성에 따라 작호가 이루어지는 것을 말하고, '소명(所名)'은 본명의 특성을 반영하거나 어렸을 적 사용한 아명 또는 자녀의 이름 가운데 일부를 따서 호로 사용한 것을 보여준다.

작호 방식별 빈도를 살펴보면 '소득(所得)' 곧 "살아오면서 얻은 깨달음이나 자신이 지향하는 뜻과 의지"에 따라 호를 짓는 경우가 44.2%로 가장 높은 비중을 차지하며, '소거(所居)'에 따른 것이 14.3%, '소성(所性)'

에 따른 것이 10.6%로 그 다음을 차지함을 알 수 있다. 이와 같은 순서를 고려할 때, 오늘날 작호는 자신이 지향하려는 뜻과 의지를 반영하여 짓는 경우가 일반적이되, 대상자의 출신지나 품성 등을 고려하여 짓는 경우 또한 적지 않다는 것을 보여준다고 할 것이다.

　이와 같이 다양한 방식에 의해 지어진 개인의 호들은 오늘날, 개인의 이름을 대신하여 사용되는 것 이외에 자신이 일하고 있는 분야와 관련한 단체를 만들거나 행사 기획, 작품명, 연구소 등의 명칭을 정하는 데 활용하는 경우가 적지 않다. 개인의 호가 자신이 관리하는 작업실이나 전시실, 활동 등의 명칭으로 사용되는 경우는 한국화나 문인화, 서예, 다도 등의 분야에서 비교적 활발하다고 할 수 있는데, 다음이 그러한 사례이다.

(3) ㄱ. 한국화 : 월아(月娥) 장학회, 도남(圖南) 갤러리, 송산(松山) 화실 등.

ㄴ. 문인화 : 묵정(墨丁) 서예문인화연구원, 고묵헌(古墨軒) 화실, 토은(土垠) 서향 등.

ㄷ. 서예 : 학정(鶴庭) 서예원, 경헌(景軒) 서예연구원, 금초(金草) 서예원, 동우(東隅) 서예, 예송(藝松) 서예연구원, 청남(靑南)서예원, 중허(中虛) 서예연구원 등.

ㄹ. 다도 : 혜명(慧茗) 전통다례교육원, 명가은(茗可隱), 설아(雪芽) 차문화연구원 등.

ㅁ. 국악 : 별밭[星田] 가얏고 예술단, 서봉(瑞鳳) 청소년 국악대전, 만송(滿松) 농악 등.

3. 요약 및 결론

본 연구에서는 우리의 선인들은 생애의 모든 단계에서 일종의 통과의 례와 관련된 이름들을 다양하게 가지고 있었던 것과 달리, 오늘날엔 대부분의 사람들이 본명만을 가지고 있는 가운데 호(號)를 사용하는 사람들이 늘고 있다는 사실에 착안하여, 호(號) 사용 실태를 분석하는 데 관심을 두었다. 연구 결과를 몇 가지로 요약하여 제시하면 다음과 같다.

첫째, 조사 지점인 광주광역시에서는 향교의 유림, 서예, 한국화나 문인화, 한시, 다도 등의 분야에서 활동하는 문화 예술인들을 비롯하여 무형문화재, 대학교수, 의사, 변호사 등의 전문직이나 공직자 등을 비롯한 일반인들도 호를 사용하고 있는 사례가 적지 않다.

둘째, 전통사회에서는 대부분의 호가 자신이 직접 짓는 자호(自號)였던 것과 달리, 현재는 자호(自號)가 차지하는 비중이 8.3% 정도로 낮아지고, 절반 이상이 해당 분야의 스승이 짓고 있으며(53.6%), 지인(14.3%)이나 친구(7.2%), 스님(4.5%), 한학자(4.2%), 작명가(3.0%) 등 작호의 주체가 매우 다양해지고 있다. 이러한 호들은 경우에 따라 자격이나 신분의 표상으로서의 역할을 하기도 하지만, 자신이 이름만으로 함부로 불려서는 안 되는 위신을 갖고 있다는 표지로서의 역할을 하고 있다.

셋째, 전통적인 호들이 자신과 인연이 있거나 거처하는 곳의 지명을 취하는 당호(堂號)가 일반적이었던 것과는 달리, 조사된 호들은 살아오면서 얻은 깨달음이나 자신의 뜻과 의지를 반영하는 경우가 44.2%로 가장 높은 비중을 차지하는 가운데 '여울, 진샘, 돌샘, 단비, 해밀, 붓샘, 아란' 등 고유어 호도 적지 않다.

호(號)는 당사자가 자신의 뜻을 어디에 두고 마음이 어디에 가 있는지를 나타내는 이른바 사회적 자아를 표상하는 것으로 볼 수 있다고 할 수 있는바, 이 연구는 호를 보유하고 사용하고 있는 조사대상자들의 뜻과 지향점이 어디에 있는지를 엿볼 수 있다는 점에서 의미 있는 연구라고 할 수 있다. 또한 사라져가고 있는 이름 유형 가운데 하나라고 파악되었던 호가 오늘날 상당히 활발하게 사용됨으로써 전통적인 이름 문화의 계승 또는 재현이 가능할 수 있음을 예측하게 해 주었다는 점에서 그 의의를 찾아볼 수 있다고 할 것이다.

제3부

이름에 대한 한국인의 의식과 태도

••• 이름에 대한 한국인의 의식과 태도

1부에서는 한국인 이름의 역사와 한국인 이름에 대한 연구 성과들을 소개하였고, 2부에서는 해방 이후 한국인들의 이름이 어떠한 변천 양상을 보였는지 계량적 접근을 통해 살펴보았다. 3부에서는 이름에 대한 한국인의 의식과 태도가 어떠한지 알아보는 것이 목적이다.

인간은 의사소통의 목적을 위해 모든 사물에 이름을 지어 부른다. 사물의 이름은 비슷한 모양이나 용도를 지니면 각 사물의 이름이 다르지 않다. 밥을 떠서 담아 먹는 그릇은 '밥그릇' 또는 '공기'이고 국을 떠서 먹는 그릇은 '국그릇' 또는 '대접'일 뿐이지 밥그릇이 10개, 국그릇이 100개라도 각각의 이름이 있을 리 없다. 그러나 인간은 각 개체마다 이름이 붙는다. 물론 그래서 사람의 이름을 보통 명사가 아니라 고유 명사라고 하기는 하지만 사물이나 식물을 생각해 보면 이름이란 인간만이 갖는 특권이라고 할 수 있다.

그런데 인간은 자신의 이름을 직접 짓지 않는다. 태어난 후 부모님이나 친척, 또는 작명가가 이름을 지어 준다. 물론 자신이 직접 짓는 이름도 있다. 컴퓨터를 사용하며 생겨난 아이디, 별명(닉네임) 등은 자신이 직접 지을 수 있는 이름이다. 또 천주교의 세례명처럼 어느 정도 본인이 이름을 지을 때 권리를 행사할 수 있는 경우도 있다.(물론 이 경우도 성인들의 이름 중에 선택하는 것이고 대부나 대모의 의견을 참조해야 할 때도 있다.)

본인이 직접 짓지 않지만 그 이름으로 불리는 인간은 자신의 이름에 대해서 어떤 태도를 보일까? 그리고 이름을 지을 권리를 1차적으로 부여받는 부모는 자식의 이름을 지을 때 어떤 것들을 고려할까? 이런 주제에 관심을 갖고 조사하고 연구한 결과가 3부의 내용이다.

인명에 대한 언어 태도 연구는 국내에서 처음이고 외국에서도 비슷한 연구조차 찾기 어려웠다. 그래서 설문 조사의 문항들은 연구자들이 여러 번의 시험 조사를 거쳐 만들었고 비교적 조사가 쉬운 고등학생을 대상으로 설문 조사를 진행하였다. 지역적 편차가 있을 것으로 예상하여 서울 외에 광주, 목포의 고등학생들을 대상으로 자신의 이름에 대한 다양한 질문을 하였다. 그 결과가 3부 1장의 내용이다.

　학생들 중에는 자신의 이름을 한자로 쓸 줄 모르거나 자신의 이름에 담긴 뜻이 무엇인지 모르는 학생도 있었다. 부모들이 자식들에게 이름에 담긴 뜻을 알려 주지 않았기 때문이기도 하지만 항렬자를 따라 이름을 짓는 경우 사주에 맞추어 이름을 짓기 때문에 특별히 이름에 어떤 뜻이 담겼다고 설명하기 어려운 대목도 있는 것 같다.

　고등학생들을 대상으로 언어 태도를 조사하고 그 부모들이 어떤 언어 태도를 지니는지 궁금해졌다. 30년 정도 나이 차가 있는 두 세대를 조사해서 비교해 보면 재미있는 결과가 나오리라 예상했다. 전국을 서울·경기, 강원, 대전, 광주, 부산, 제주 등 6개 지역으로 나누어 1~2개 학교를 대상으로 조사하였더니 예상대로 이름에 대한 언어 태도에 차이점이 발견되었다. 그 상세한 내용은 2장에서 소개하기로 한다.

제1장 서울, 광주, 목포 거주 고등학생들의 언어 태도

최근 국어학의 하위 분야 중 사회언어학에 대한 관심이 고조되면서 사회언어학 개론서가 다수 발간되고 사회언어학적 연구 결과도 증가세에 있다. 이는 우리가 사용하고 있는 한국어의 해석에 언어 내적인 체계나 원리뿐 아니라 사회와 관련한 언어 외적 관점이 필요함을 인식한 결과이며 사회에서도 이러한 학문적 요구가 점점 늘어나고 있다.

이 연구는 이러한 자각에 힘입어 한국인의 인명과 언어 태도를 사회언어학적 관점에서 접근하여 세대별로 한국인의 인명의 특징을 살펴보고[1] 인명에 대한 한국인의 의식 및 태도를 파악하는 것을 목적으로 한

---

1) 한국인의 인명의 세대별 특징을 연구한 논문으로 한연주(1994), 나은미(2003), 문금현(2003) 등이 있다. 한연주(1994)는 인천 지역 8개의 동사무소에 있는 출생신고서에서 1930년대생 1080명, 1960년대생 1,103명, 1990년대생 979명(3개 세대)의 이름을 수집하여 남녀 이름과 세대별 이름의 특징을 분석하였다. 나은미(2003)는 40년대(40~55세), 60년대(60~70), 80년대, 90년대생으로 나누어(276명) 각 시대별 이름의 특징을 분석하였다. 문금현(2003)은 1970년대, 80년대, 90년대에 출생한 각 1,500명의 인명을 수집하여 이중 222명의 고유어 이름을 추출하여 고유어 이름의 유형을 언어적 요인, 사회적 요인, 생성 동기에 따라 20여 가지로 분류하였다. 문금현(2003)은 고유어 이름으로 한정되어 있다는 점에서, 한연주(1994)는 특정 지역에 한정되어 있다는 점에서, 나은미(2003)는 조사 대상이 된 표본의 크기가 너무 제한적이어서 한국인의 인명의 특성에 대한 대표성 내지는 전형성을 담보하기가 어렵다고 할 수 있다.

다.2) 그리고 그 첫 단계로서 10대 연령층에 해당하는 고등학교 1, 2학년을 대상으로 인명과 언어 태도에 대한 설문 조사를 실시하여 이를 사회언어학적 관점에서 분석해 보았다.

그동안 한국인의 인명에 대한 연구는 성씨와 이름에 대한 역사적 변천, 고유어/한자어/영어 이름 등 어종별 이름에 대한 고찰, 작명 원리 및 성명학 원리에 대한 연구, 외국인 이름과의 비교 연구 등의 주제를 주로 다루어 왔다. 성씨와 이름에 대한 역사적 변천에 대한 연구는 주로 삼국 시대, 고려, 조선으로 이어진 고유어 이름의 유형이나 항렬자 연구에 집중되어 있으며, 현대인의 이름에 대한 연구는 고유어 이름에 대부분 집중되어 있다.3)

인명에 대한 언어 태도 연구는 채서영(2004), 마영미(2010), 강희숙 외(2011)에서 일부 살펴볼 수 있는데,4) 채서영(2004)은 인명에 대한 본격적

2) 이 연구는 한국인 인명의 세대별 특징과 세대별 언어태도를 연구하기 위한 것으로 서울, 지방대도시, 소도시로 지역을 삼분하고 성을 변수로 하여 10대~60대까지 조사하는 것으로 계획되어 있다.
3) 한국인의 이름에 대한 역사적 연구 결과를 보면 당시 사람들이 남성의 이름과 여성의 이름에 대해 어떤 태도를 보였는지를 엿볼 수 있다. 이처럼 언어태도는 사용자나 작명자에게 직접 이름에 대한 태도를 질문하여 이를 분석하는 방법도 있지만, 실제 이름의 조어법이나 구성 의미를 분석하여 사람들의 이름에 대해 어떤 태도를 지녔는지를 간접적으로 해석할 수도 있다. 후자와 관련하여 조규태(1980, 1981)에서 조선시대 여성의 이름에 대해 당시의 사람들이 어떤 태도를 지녔는지 엿볼 수 있으며, 최창렬(1994)에서도 여자 이름에 나타나는 남아선호 사상을 엿볼 수 있다. 안승덕(1983)은 1966년부터 1982년까지 17년간 대학 1학년에 입학한 여학생을 대상으로 매년 100명씩, 총 1700명의 이름에 쓰인 한자를 조사한 연구로, 여성의 이름에 자주 쓰인 한자들이 한국 전통사회에서 여성에게 바라는 부도(婦道)와 관련된 한자들이 많으며, '男'자가 23자('必男(필남)', '次男(차남)' 등), '女'자가 4자가 사용된 것을 부모들의 남아선호사상에서 나온 것으로 풀이하고 있다.
4) 채서영(2004)은 젊은이들의 영어 이름 사용 실태를 조사하면서 영어 이름의 필요성(영어 이름에 대한 언어 태도)에 대한 설문 조사를 하였고, 마영미(2010)는 한국과 중국 조선족 자녀(초등학교, 중학교, 고등학교)들 각 62명 총 124명을 대상으로 이름의 작명인, 이름 유형, 이름에 담긴 뜻 등을 조사하고 사회문화적 함의를 고찰한 연구이다. 강희숙 외(2011)는 20대 남녀 대학생 136명(남학생 42명, 여학생 94명)을 대상으로 본인의 이름

인 언어 태도 연구는 아니며 마영미(2010)는 조사 대상자의 종교가 치우쳐 있어 조사 결과가 한국인의 일반적 특성이라 보기 어렵다. 강희숙 외 (2011)는 시험 조사로 조사 대상자 수가 한정되어 있으며 조사 대상자의 거주 지역이 한 지역(광주)에 한정되어 있어 한국인의 언어 태도를 대표한다고 보기 어렵다.

이 장에서 소개할 연구 역시 서울 지역과 광주, 목포의 고등학교에 재학 중인 고등학생을 대상으로 조사하였기 때문에 표본의 한계점을 지니고 있다. 그러나 설문지의 조사 내용이 상세화되고 특정한 종교의 신자가 많거나 조사 지역이 한정되어 있지 않다는 점에서, 또 표본의 수가 적지 않다는 점에서 이전 연구보다는 좀 더 일반성을 띠었다고 할 수 있다. 또한 언어 태도에 대한 연구가 부족한 학계의 현실을 감안할 때 언어 태도 연구의 방법과 내용 면에서 여러 가지 시사점을 던져 줄 수 있을 것으로 기대된다.

1. 연구 방법

인명의 특성과 언어 태도 조사를 위해 설문지를 통한 직접 조사 방법을 택하였다. 조사의 편의성을 고려한 방법이며, 설문 조사로 내용을 파악하기 어려운 부분은 심층 면접을 실시하였다. 조사 대상자는 서울시 소재 고등학교의 남녀 학생 각 83명, 91명, 광주시 소재 고등학교의 남녀 학생 각 97명, 목포시 소재 고등학교의 남녀 학생 각 90명, 86명으로 총 544명이다. 변인으로는 거주지와 성별 외에 부모의 직업을 설정하였

에 대한 태도, 본인의 이름이 아닌 타인 혹은 일반적 의미의 이름에 대한 태도를 조사하였다.

고, 문항에 따라 조사 대상자의 이름의 어종(고유어, 한자어)에 따른 분석
도 포함하였다. 조사 기간은 2012년 1월 16일~20일과 2월 6일에 이루
어졌다. 조사 대상자의 거주지 및 성별 분포는 다음과 같다.

〈표 3.1〉 조사 대상자의 거주지 및 성별 분포

지역 〉 성	남	여	합계
서울시	83	91	174
광주시	97	97	194
목포시	90	86	176
합계	270	274	544

설문 문항은 총 25문항이며, 설문조사 항목은 인명의 특성을 파악하
기 위한 '이름의 특성' 범주와 인명에 대한 언어 태도를 파악하기 위한
'본인의 이름에 대한 태도, 일반적 의미의 이름에 대한 태도, 기타' 등
모두 네 가지 범주로 구분된다.

〈표 3.2〉 설문조사 내용 및 문항 구성

조사 범주	조사 내용	문항	비고
이름의 특성	이름	1	
	이름의 유형(어종)	2	고유어, 한자어, 영어식 이름 등.
	이름의 의미	3	
	작명자	4	부모, 조부모, 집안 어른, 작명가, 집안 어른 등.
	항렬 고려 여부	5	
	작명 동기	6	
	개명 여부	7	
	개명 이유	8	
	본명 외의 이름 실태	9	호, 필명, ID, 별명, 서양식 이름 등.

조사 범주	조사 내용	문항	비고
본인의 이름에 대한 태도	만족도	10	
	만족/불만족 이유	11, 12	
	개명 의사	13	
	개명 이름 유형	14	
일반적 의미의 이름에 대한 태도	작명자	15	
	중요한 작명 요소(남, 녀)	16	
	태명에 대한 태도	17	
	항렬에 대한 태도	18	
	성명학에 대한 태도	19	
	고유어 이름에 대한 태도	20	
	영어식 이름에 대한 태도	21	
	선호하는 이름의 유형 및 이유	22	
기타	이름 관련 피해 유무	23	
	피해 이유	24	
	피해야 할 이름의 유형	25	

설문 문항 9번과 22번에 대한 응답은 불충분하여 분석을 하지 않았으며, 자신의 이름을 한자로 적지 못하는 학생들이 있어 인명의 한자를 따로 분석하지 않았다. 통계 처리는 SPSS 19.0을 이용하였다.

2. 인명의 특성

조사 대상자는 고등학교 1, 2학년에 재학 중인 학생으로 1993~1994년 사이에 출생한 학생들이 대부분이다. 이름의 특성을 조사하기 위한 설문 문항 1~9번까지의 조사 결과를 통계적으로 유효한 문항을 중심으로 살펴보기로 하겠다.

먼저 조사 대상 학생들의 이름의 어종을 조사한 결과 [그림 3.1]에서
보듯 한자어의 비중이 단연 높게 나타났다.[5]

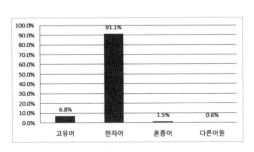

[그림 3.1] 이름의 어종[6]

고유어 이름이 많이 증가하고 있다고는 하나 조사된 1990년대생의 경
우 아직 10%를 넘지 못하며 이는 한연주(1994), 문금현(2003)의 연구 결과
와 비슷하다. 지역별 차이는 유의미하게 나타나지 않으며, 성별로는 남
학생의 고유어 이름이 4.5%, 여학생의 고유어 이름이 9.2%로 여학생의
고유어 이름 빈도가 더 높으며, 한자어 이름은 남학생이 94.5%, 여학생
이 87.9%로 남학생의 빈도가 더 높다.

여학생의 고유어 이름 빈도가 남학생보다 높은 것은 1990년대생의 이
름을 지은 부모나 조부모의 인명에 대한 언어 태도에 기인하는 것으로
볼 수 있다. 최근까지도 남자 아이의 이름을 지을 때 여자 아이와 달리

---

5) 이러한 결과는 한연주(1994), 문금현(2003), 나은미(2003)의 결과와 유사한데 인천 지역
   거주 주민을 대상으로 한 한연주(1994)의 1990년대 출생자의 이름은 여성의 경우 한자
   어 86.6%, 고유어 11.1%, 남자는 한자어 97.4%, 고유어 1.4%로 조사되었고, 문금현
   (2003)에서 조사된 서울 거주 1990년대 출생자의 이름은 성별 구분 없이 5.33%가 고유
   어 이름을 가진 것으로 조사되었다. 나은미(2003)는 1990년대 출생자 남성 46명, 여성
   22명을 조사하였는데 남자 이름에는 한글이 전혀 사용되지 않았고 여자 이름에 44글자
   중 3글자가 사용된 것으로 보고하고 있다.
6) 도표의 a2는 설문 문항 번호를 나타낸다.

집안의 항렬을 고려하는 경우가 많으며 이런 이유로 남학생의 한자어 이름 비율이 높은 것으로 해석할 수 있다. 또한 고유어로 이름을 짓는 것이 전통에 맞지 않는다는 생각을 하는 경우가 많은데 특히 남자의 이름을 고유어로 짓는 것은 항렬로 대표되는 옛 전통에 어긋나는 것으로 여기기 때문에 종교적 이유나 고유어에 대한 남다른 애정이 있지 않는 한 남자 아이의 이름은 한자어로 짓는 것이 일반적이다.

혼종어 비율은 1.6%인데 혼종어란 '지슬(智 + 슬기), 예은(예수 + 恩), 한희(크다 + 喜), 하은(하나님 + 恩), 이엘(龍 + 엘리야), 해니(해 + 倧), 예찬(예수 + 讚)'처럼 고유어와 한자어, 또는 고유어와 외래어, 외래어와 한자어를 결합하여 지은 이름이다. 조사 대상자 중 혼종어 이름으로 '예슬(예수(← Jesus) + 슬기), 예담(예수 + 닮다), 예찬(예수 + 讚), 예선(예수 + 膳物), 하영(하늘 + 榮光), 별희(별 + 喜)' 등 기독교적 이름이 대부분을 차지하였다.7)

그러면 1990년대생의 작명자는 누구였을까? [그림 3.2]에서 볼 수 있듯 전체 빈도 결과는 부모님, 조부모님, 작명가, 집안어른, 종교인 순이다.

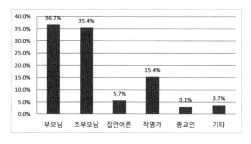

[그림 3.2] 이름을 지은 사람

---

7) 외래어 이름은 '에스라, 유리(유니겔 + 리브가), 한나'가 조사되었는데 앞의 둘은 성경에 나오는 인물에서 따온 것이다.

부모의 비율이 조부모보다 약간 높은데(0.13%) 유효한 차이는 아니다. 작명가에게 아이의 이름을 짓는 비율은 15.4%로 그리 높지 않은 편이다.8) 지역별로는 서울 지역이 조부모의 비율(37.9%)이 부모(33.3%)보다 조금 높으나 유의미한 차이는 아니며, 작명가의 비율은 20.1%로 다른 지역에 비해 높다. 이는 서울의 부모들이 지방 대도시와 중소 도시에 비해 자녀에 대한 기대가 높아 이왕이면 성명학적으로도 좋은 이름을 지어 주려는 경우가 많기 때문인 것으로 분석된다.9) 실제로 작명소에 대한 접근성을 조사한 바에 따르면 서울 지역이 광주나 목포 지역보다 작명소를 찾는 것이 좀 더 용이하였다.

성별로는 남학생은 조부모가 이름을 지어준 비율이 부모보다 높으며 여학생은 부모가 이름을 지어준 비율이 조부모보다 높다(<표 3.3> 참조).10) 이는 아들이 손자를 낳으면 한 집안의 대를 이을 아이로 생각하

---

8) 조부모나 부모가 이름을 지을 때 작명소에서 이름을 2~3개 받아와 이중 하나를 조부모나 부모가 정해 주는 경우도 많다. 이런 경우 학생들은 작명소라고 답하지 않고 조부모나 부모라고 답한 경우도 적지 않아 실제보다 작명소에서 이름을 짓는 예가 더 많을 것으로 예측된다. 또 어떤 경우에는 조부모나 부모가 한자 없이 이름만 짓고 수리성명학에 맞게 한자만 작명소에서 받아오는 예도 있다. 이런 예를 보면 작명소의 작명가가 한국인의 이름에 관여하는 비중은 더 높을 것으로 예측할 수 있다. 분명한 것은 작명가로서의 조부모의 역할이 이전에 비해 줄어들었다는 사실이다. 이는 앞으로 20대 이후의 설문 조사를 통해 수치로 증명될 수 있을 것으로 본다.

9) 사회학적으로 서울 지역의 부모들이 자녀에 대한 기대가 높다는 것은 자녀 교육을 위해 지방에서 서울로, 서울 근교에서 서울 강남으로 이사를 하는 인구 이동을 참고할 수 있을 것이다. 또한 평균 사교육비도 서울 지역이 가장 높다(국가통계포털사이트 참고. http://kosis.kr/nsikor/view/stat10.do.). 지역별 작명소의 분포는 정확한 자료를 제시하기 어렵지만 구글을 통해 작명소 전화번호를 검색하면 서울 774곳, 광주 9곳, 목포 1곳이 검색된다.

10) 나은미(2003)에 따르면 1990년대생 남자 아이의 경우 조부모는 32%, 부모 36%, 작명소 20%이며 여자 아이는 조부모 23%, 부모 59%, 작명소 5%로 조금 다른 결과가 나왔다. 또한 남자 이름에서 작명소의 비율이 60년대에 8%이던 것이 90년대 20%로 높아진 데 반해 여자는 작명소의 비율은 변화가 없고 상대적으로 어머니의 비율(60년대 5%, 80년대 25%, 90년대 27%)이 높아졌다고 한다. 남자 아이의 작명소의 비율이 증가한 것은 부모들의 한문에 대한 지식 부족과 핵가족화 때문이며, 여자 아이의 작명자

여 예전처럼 조부모가 손자의 이름을 지을 권리를 적극적으로 행사하려
고 하는 반면 손녀의 경우는 조부모가 이러한 권리를 행하는 데 소극적
이어서 대신 부모가 딸의 이름을 짓는 경우가 많이 발생하기 때문으로
해석할 수 있다.[11]

〈표 3.3〉 이름을 지은 사람(성별)

성 \ 작명가	부모	조부모	집안어른	작명가	종교인	기타	합계
남자	78명	120명	13명	39명	5명	12명	267명
	29.2%	44.9%	4.9%	14.6%	1.9%	4.5%	100%
여자	120명	71명	18명	44명	12명	8명	273명
	44.0%	26%	6.6%	16.1%	4.4%	2.9%	100%

작명자의 비율을 학생들의 이름 어종에 따라 살펴보면 재미있는 결과
가 도출된다. 고유어 이름의 경우 부모가 작명자인 예가 70.3%나 되는
반면, 조부모는 13.5%, 작명가의 비율은 0%이며, 한자어 이름은 조부모
의 비율이 가장 높아 37%이고 작명가의 비율이 16.8%이다. 조부모 세
대의 한자어 이름에 대한 선호와 한자어 이름과 성명학의 관련성을 확
인할 수 있는 결과이다.

로서 어머니의 비율이 높아진 것은 어머니의 위상 강화와 남자 아이와 여자 아이의
위상 차이로 설명하고 있다. 필자의 조사 결과에 따르면 90년대생 여자 아이의 이름을
작명소에서 지은 비율이 16.1%에 이르러 남자 아이와 큰 차이가 없으며, 같은 시기에
태어난 남자 아이의 이름은 조부모(44.9%)가, 여자 아이의 이름은 부모(44.0%)가 더
많이 지어준 것을 볼 때 이는 부모의 한문에 대한 지식 부족이나 핵가족화 때문은 아
닌 듯하다.

11) 이는 주변 사람들의 심층 면접을 통해 쉽게 알 수 있었다. 첫딸을 낳은 주부 김 모씨
(만 34세)에 따르면 첫딸을 낳았더니 시부모님이 이름을 지어 줄 생각을 하지 않아 부
모가 직접 작명소에 가서 늦게 이름을 지었는데 둘째 아들을 낳았더니 당장 시부모님
이 작명소에 가서 이름을 받아왔다는 것이다.

학생들에 대한 설문 결과 본인의 이름이 항렬에 따른 것이라고 응답한 학생은 35.5%, 항렬에 따른 것이 아니라고 응답한 학생은 64.2%였다. 성별로는 남학생은 42.5%가 항렬에 따른 이름이고, 여학생은 28.6%만이 항렬에 따른 이름이라고 응답하였다.12) 예상한 대로 남학생의 이름을 항렬에 따라 짓는 경우가 여학생보다 많았다. 그러나 그 비율은 50%가 되지 않아 남자 아이의 이름을 항렬에 따라 지어야 한다는 전통의식이 절대적이지 않음을 알 수 있다.13)

자신의 이름에 대한 작명 동기에 대한 응답은 이름에 담긴 뜻이 좋아서(50.7%), 사주에 맞추어(10.8%), 형제의 서열에 따라(9.7%) 순으로 조사되었다[그림 3.3]). 종교적 이유에 따른 동기는 4.0%이다.

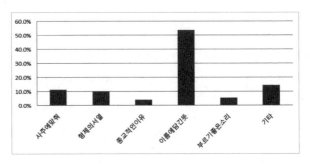

[그림 3.3] 작명 동기

---

12) 고등학생들을 대상으로 한 설문 결과이기 때문에 본인의 이름이 항렬에 따른 것인지 아닌지를 모르고 답을 했을 가능성도 있다. 집안에서 정해진 항렬자가 아니라 형제나 자매 간에 첫 이름자나 끝 이름자를 통일하여 지은 예를 항렬자로 오인한 가능성도 있다는 뜻이다. 심층 면접 결과에 따르면 항렬에 따라 이름을 지었다가 발음을 하기 어려워 개명을 한 예가 있으며 항렬에 따라 이름을 지었으나 성명학에 맞지 않아 개명을 한 사례도 있었다. 상업적 목적의 작명가들은 항렬자보다는 본인의 사주에 맞는 이름을 짓는 것을 우선하고 있기 때문에 항렬자에 따른 이름은 점점 줄어들 것임을 예측할 수 있다.

13) 이에 대해서는 이전 세대의 이름을 조사하여 비교함으로써 변화의 추이를 확인하는 것이 필요하다.

자신의 이름이 지어진 동기가 '이름에 담긴 뜻이 좋아서'라고 답한 응답자가 많은 것은 작명을 할 때 이름의 뜻을 그만큼 중요하게 생각하고 있다는 증거이다. '부르기에 좋은 소리라서'라는 응답은 9.1%인데 이름에 있어 소리보다는 뜻을 중요하게 생각하고 있음을 간접적으로 알 수 있다.

지역별로는 사주에 맞춰 이름을 지었다는 응답이 광주(14.9%), 서울(13.2%), 목포(4.0%) 순이었다. 광주와 서울은 별 차이가 없지만 목포는 10% 미만의 낮은 비율을 보였다. 서울이나 광주 등 대도시에서 성명학에 따른 작명이 더 많이 행해짐을 보여 주는 결과로, <문항 4>의 작명자에 대한 응답에서도 목포 지역이 작명소라는 응답이 가장 낮아 그 상관관계를 보여 준다.

성별로는 크게 유의미한 차이가 없다. 차이가 있다면 남학생은 '이름에 담긴 뜻이 좋아서'라는 응답 다음으로 '형제의 서열에 맞추어'의 응답률이 높은 반면, 여학생은 이보다 '사주에 맞춰' 지었다는 응답률이 높은 점이다.[14] '형제의 서열에 맞추어'라는 응답은 남자 형제들끼리 항렬자를 붙여 이름을 짓는 경우가 여자 형제들보다는 많기 때문이며 남자 아이의 이름을 지을 때와 여자 아이의 이름을 지을 때 차이가 있음을 보여 주는 결과이다.

개명을 한 학생은 4.8%인데 그 이유는 다양하다. 사주와 맞지 않아 개명했다는 비율이 가장 많고(46.4%), 그 다음은 이름에 담긴 뜻이 마음에 안 들어서(21.4%)이다. 이름을 지을 때 사주보다는 이름의 뜻을 중요하게

---

14) 강희숙 외(2011)은 광주 소재 대학의 1990년대생 대학생을 대상으로 설문조사를 하였다. 남성의 경우는 '이름에 담긴 뜻이 좋아서(38.1%)>집안의 항렬에 따라(21.1%)' 등의 순서에 의해 작명이 이루어지게 된 데 반해, 여성의 경우는 '이름에 담긴 뜻이 좋아서(67.1%)>사주에 맞게(18.1%)' 등의 순서에 의해 작명이 이루어짐으로써 남녀 간의 차이를 보인다고 보고하였다.

생각하지만 이름을 개명할 때는 이름의 뜻보다는 사주를 첫 번째 개명 이유로 꼽아 사주가 이름을 개명하는 데 중요한 요소임을 보여 준다.

3. 인명에 대한 언어 태도

인명에 대한 언어 태도 연구는 본인의 이름에 대한 태도, 일반적 의미의 이름에 대한 태도, 기타 등 세 범주로 나누어 조사되었다. 본인의 이름에 대한 태도에서는 이름에 대한 만족도와 만족/불만족에 따른 이유, 개명 의사 등을 질문하여, 앞으로 한국인들이 작명을 할 때 어떤 요소를 고려할 것이며 개명을 할 때 어떤 요소가 고려될 것인지 예측해 보고자 하였다.15) 또한 일반적 의미의 이름에 대한 태도에서는 작명자의 변화, 성명학의 미래, 태명의 유행, 이름의 어종 변화 등을 예측해 보고자 하였다. 더불어 언어 태도 연구에 있어 가장 중요한 핵심은 언어 공동체의 구성원들이 왜 이러한 언어 태도를 보이는지 사회적 요인과 관련하여 설명하는 것이다.

3.1. 본인의 이름에 대한 태도

자신의 이름이 마음에 드느냐는 이름 만족도 질문에 대해 긍정적인 응답이 67.6%였고, '그저 그렇다'는 23.8%, 부정적 응답은 8.7%였다.

---

15) 파솔드(Fasold, R., 1984 : 148)는 언어 태도에 대한 연구를 언어 자체에 대한 태도, 특정 언어(또는) 방언을 구사하는 화자의 태도, 언어에 관한 행위(언어 관리, 언어 계획)에 대한 태도 등으로 나누고, 유심론적 관점이 맞다는 가정하에 사람들의 언어 태도를 통해 그것과 관련한 행동을 예측할 수 있다고 하였다.

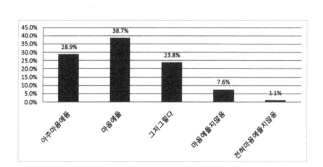

[그림 3.4] 본인의 이름에 대한 태도

자신의 뜻과 상관없이 조부모나 부모에게 얻은 이름이기에 긍정적 응답이 높지 않을 것으로 추측하였으나 부정적 응답이 10% 미만에 그쳤다. 긍정적인 응답을 한 학생들에게 자신의 이름이 마음에 드는 이유를 질문하였더니 '이름에 담긴 뜻이 마음에 들어서'가 34.7%, '자신의 이미지와 맞아서'가 18.2%, '개성 있는 이름이라서'가 14%, '집안 어른이 지어주신 이름이라서'가 14% 등으로 나타났다.

이름의 뜻을 중요하게 생각하는 학생들이 많은 것을 확인할 수 있으며, '자신의 이미지와 맞아서' 자신의 이름에 만족한다는, 이름과 자신을 동일시하는 학생도 적지 않음을 알 수 있다. 성별로 보았을 때 눈에 띄는 것은 '집안 어른이 지어주신 이름이라서'라고 응답한 남학생(17.2%)이 여학생(10.7%)보다 유의미하게 많았다는 점이다. 남학생들이 여학생들보다 작명자에 대한 권위를 인정하는 보수적 성향을 가졌다고 해석할 수 있다.

이름의 어종별로는 고유어 이름을 지닌 학생들의 만족도(78.3%)가 한자어 이름을 지닌 학생들(66.7%)보다 높게 나타났다. 특히 한자어 이름을 가진 학생들은 이름에 대한 불만족도가 9.1%나 되었다. 이는 다음 질문인 불만족 이유와 상관관계가 있는 것으로 보인다.

자신의 이름에 대해 부정적인 응답을 했거나 그저 그렇다고 응답한 학생들은 그 첫째 이유로 '개성이 없거나 흔한 이름이라서'(42.8%)라는 응답을 가장 많이 하였고, '놀림감이 되는 이름이라서, 발음이 어려워서'라는 응답이 각각 11.6%로 나타났다. 한자어 이름은 항렬을 따르거나 성명학 원리에 따르는 경우가 많아 동일하거나 유사한 이름이 많은 것이 특징인데 그 결과 한자어 이름을 개성 있게 짓기가 쉽지 않다. 이런 조사 결과를 볼 때 아이의 이름은 흔하지 않은 이름으로, 놀림감이 되지 않는 이름으로, 발음하기 좋은 이름으로 짓는 것이 바람직하겠다. 남과 구별되는 개성 있는 이름을 원하는 학생은 남학생보다 여학생이 많았다. 여학생(62.4%)이 남학생(20.0%)에 비해 흔한 이름에 대해 부정적인 태도를 보이고 있다.

이름을 바꿀 생각을 해 본 적이 있느냐는 질문에 대해서는 '있다'고 응답한 학생이 20% 정도였다. 이름에 대해 불만족하다고 대답한 학생이 8.7%인 것에 비하면 높은 비율이다. 이름을 바꿀 의사가 있는 학생들은 '어감이 좋은 이름'으로 바꾸고 싶다는 응답이 가장 많았고(49.1%), 작명가가 좋다는 이름으로 바꾸겠다는 응답은 5.6%밖에 안 되었다. 개명을 하고자 하는 학생들에게 사주는 이름을 개명하는 데 큰 고려 사항이 되지 않음을 알 수 있다.

3.2. 일반적 의미의 이름에 대한 태도

아이의 이름은 누가 짓는 게 좋다고 생각하느냐라는 질문에 대해 아버지 28.1%, 어머니 21.0%(합 49.1%), 조부모 22.8%, 작명가 8.8%로 응답하였다([그림 3.5]). 기타 의견 중 '부모님이 함께'라는 응답(12.1%)을 포함하면 부모를 작명자로 응답한 비율이 62%에 이른다. 조부모가 아이의

이름을 지어주는 것이 전통이던 세대가 점점 지나가고 있으며,16) 아버
지뿐 아니라 어머니가 이름을 짓는 주체로 부상하고 있음을 보여 주고
있다. 이는 그만큼 가정 안에서 어머니가 아버지와 동일한 위치의 어른
으로 올라와 있음을 보여 주는 결과이다.17)

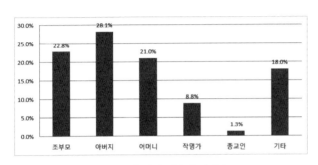

[그림 3.5] 아이 이름의 작명자

성별로도 재미있는 차이가 발견된다. 남학생들은 여학생들에 비해 조
부모, 아버지라고 응답한 학생이 많으며, 여학생들은 어머니라고 응답한
비율이 남학생에 비해 많을 뿐 아니라 <표 3.4>에서 보듯 그 응답률이
조부모나 아버지보다 높다. 이는 여학생들 자신이 아이의 이름을 짓는
주체가 되겠다는 태도를 보이는 것으로 이름을 짓는 것이 전통적으로
조부모나 아버지의 권리이자 의무라는 의식이 사라질 것임을 예측할 수

---

16) 참고로 <문항 4>에서 설문 대상자(1990년대생)의 작명자는 조부모가 35.4%, 부모가
   36.7%로 조부모와 부모의 비율이 크게 차이나지 않았다.
17) 이와 관련하여 요즘 대학생들은 보호자란에 아버지가 아닌 어머니를 적는 예가 많다.
   1960년대생인 필자 세대는 보호자라고 하면 당연히 아버지라 생각하고 아버지가 돌아
   가신 경우나 이혼해서 어머니 손에 자라지 않는 한 보호자를 어머니라 생각하는 경우
   는 없었다. 점차 우리 사회가 아버지를 가장으로 하는 가부장적 사회에서 아버지, 어
   머니를 동일한 지위의 어른으로 생각하는 남녀평등의 사회가 된 것임을 확인할 수 있
   는 결과이다.

있다. 기타 답변으로 '누구든 상관없다'는 응답이 16명으로 가장 많았고, '자신'이라는 응답이 6명으로 그 뒤를 이었다.

〈표 3.4〉 바람직한 작명자(성별)

성＼작명가	조부모	아버지	어머니	작명가	종교인	기타	합계
남자	68명	94명	42명	23명	3명	34명	264명
	25.8%	35.6%	15.9%	8.7%	1.1%	12.9%	100%
여자	54명	56명	70명	24명	4명	62명	270명
	20.0%	20.7%	25.9%	8.9%	1.5%	23.0%	100%

이름의 어종별로는 고유어 이름의 학생들은 어머니(32.4%)>아버지(18.9%)>조부모(5.4%) 순으로 대답한 반면 한자어 이름의 학생들은 아버지(28.8%)>조부모(24%)>어머니(19.7%) 순으로 응답하여 이름의 어종과 언어 태도 간에 밀접한 관련이 있음을 알 수 있다. 고유어 이름을 가진 학생들이 한자어 이름을 가진 학생들에 비해 가부장적 가치관이 낮음을 알 수 있는데 이는 고유어 이름의 경우 남학생보다 여학생의 비율이 높은 것과 관련된다. 결과적으로 장래에 어머니인 여자들이 아이의 이름을 짓는 비중이 점차 높아질 것임을 예측할 수 있으며 이는 남녀 성 평등, 핵가족 중심의 가족 구성과도 관련되는 현상이다.

이름을 지을 때 가장 중요하게 고려해야 할 요소에 대한 질문을 남자 아이와 여자 아이로 나누어 하였다. 그 결과 남자 아이는 이름에 담긴 의미, 좋은 어감, 성과 이름의 조화, 부르기 좋은 이름, 기억하기 좋은 이름, 사주, 항렬 순으로 대답하였다([그림 3.6]). 여자 아이의 이름을 지을 때 고려해야 하는 요소 역시 이름에 담긴 의미, 부르기 좋은 이름, 좋은 어감, 성과 이름의 조화, 기억하기 좋은 이름, 사주, 항렬 순으로 대답하여 대상의 성별에 상관없이 '이름의 의미'를 가장 중요하게 생각하는 것으로 나타났다[그림 3.7].[18] 사주나 항렬이라는 전통적인 성명학적 작명 원리가 1990년대생인 고등학생들에게는 크게 중요하지 않은 요소임을 알 수 있다.

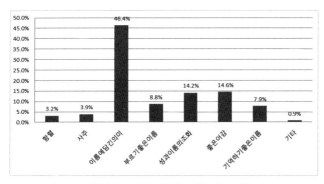

[그림 3.6] 남자 아이의 이름을 지을 때 고려할 요소

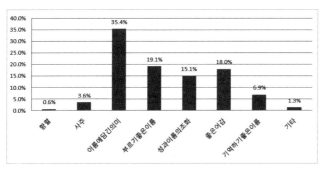

[그림 3.7] 여자 아이의 이름을 지을 때 고려할 요소

18) 이러한 태도는 3.1. 본인의 이름에 대한 태도와 관련한 10번 문항에서 자신의 이름에 만족하는 학생들이 첫 번째 이유로 든 '이름에 담긴 뜻이 마음에 들어서'(34.7%)라는 조사 결과와 상통한다. 2위는 '자신의 이미지와 맞아서'(18.2%)로 이 같은 답변을 볼 때 학생들이 자신과 자신의 이름의 뜻을 동일시하는 예가 적지 않음을 알 수 있고 이 같은 태도가 이름을 지을 때 고려해야 하는 요소에 대한 답변에 반영된 것으로 해석할 수 있다.

성별 응답을 비교해 보면 재미있는 결과가 보인다. 위의 도표를 비교해 보면 남자 아이나 여자 아이나 이름의 의미가 공히 1위지만 2위는 남자 아이는 좋은 어감, 여자 아이는 부르기 좋은 이름이 2위이다. 이 같은 결과는 다음 <표 3.5>와 <표 3.6>에서 볼 수 있듯 남학생들이 여자 아이의 이름에 대해 남자 아이의 이름과는 다른 태도를 보인 결과이다. 여학생들은 남자 아이나 여자 아이나 이름에 담긴 의미를 작명의 첫 번째 고려 요소로 대답한 반면19) 남학생들은 남자 아이의 이름을 지을 때 이름에 담긴 의미를 우선한 것과는 달리 여자 아이의 이름에 대해서는 '부르기 좋은 이름'을 첫 번째 고려 요소로 대답하였다.

〈표 3.5〉 남자 아이의 이름을 지을 때 고려할 요소(성별)

요소\성	항렬	사주	이름에 담긴 의미	부르기 좋은 이름	성과 이름의 조화	좋은 어감	기억하기 좋은 이름	기타	합계
남자	14명	5명	111명	32명	38명	41명	21명	3명	265명
	5.3%	1.9%	41.9%	12.1%	14.3%	15.5%	7.9%	1.1%	100%
여자	3명	16명	137명	15명	38명	37명	21명	2명	269명
	1.1%	5.9%	50.9%	5.6%	14.1%	13.8%	7.8%	0.7%	100%

〈표 3.6〉 여자 아이의 이름을 지을 때 고려할 요소(성별)

요소\성	항렬	사주	이름에 담긴 의미	부르기 좋은 이름	성과 이름의 조화	좋은 어감	기억하기 좋은 이름	기타	합계
남자	2명	4명	63명	71명	46명	54명	14명	4명	258명
	0.8%	1.6%	24.4%	27.5%	17.8%	20.9%	5.4%	1.6%	100%
여자	1명	15명	122명	29명	33명	40명	22명	3명	265명
	0.4%	5.7%	46.0%	10.9%	12.5%	15.1%	8.3%	1.1%	100%

19) 여학생들의 답변 중 남자 아이와 여자 아이 간에 좋은 어감, 성과 이름의 조화, 부르기 좋은 이름, 기억하기 좋은 이름 순위에 약간 차이가 있으나 유의한 차이는 아니다.

성별 이름에 대한 남학생들의 태도는 남자와 여자에 대한 인지적 태도(cognitive attitudes)와 감정적 태도(affective attitudes)의 차이로 해석될 수 있다. 먼저 남학생들은 남자 아이의 이름과 여자 아이의 이름의 위상을 달리 생각한다고 해석할 수 있다. 즉 남학생들은 남자의 사회적 역할을 고려할 때 남자 아이의 이름에 담긴 의미나 좋은 어감, 성과 이름의 조화 등을 중요한 요소로 인식하나, 여자 아이에 대해서는 사회적 역할보다는 이성의 상대로 생각하기 때문에 '부르기 좋은 이름'이면 가장 좋겠다고 생각하는 것이다. 이러한 남학생들의 성에 대한 구분적 태도는 전통적인 남녀의 위상과 밀접하게 관련되어 있어, 남녀평등의 사회에서 남학생들이 여전히 다른 성에 대한 차이에 민감함을 볼 수 있다. 반면 남녀의 성 역할에 대해 평등한 의식을 가지고 있는 여학생들은 남자 아이나 여자 아이나 이름에 담긴 의미를 첫째 고려 요소로 응답하고 있다.[20] 또한 정서적으로도 남학생들이 생각하는 여자 아이는 동성의 동료가 아닌 이성의 대상으로 이름에 담긴 뜻보다는 내가 부르기 좋은 이름이면 좋다는 감정적 태도를 보인다.

<표 3.6>을 보면 알 수 있듯 남자 아이의 이름과 비교하여 여자 아이의 이름을 지을 때 항렬은 거의 고려 대상이 되지 않음을 알 수 있다. 또한 남학생이나 여학생이나 여자 아이의 이름을 지을 때 항렬은 우선 요소가 아니다. 한편 남학생들은 남자 아이의 이름을 지을 때 항렬을 우선 고려해야 한다는 응답이 여학생들에 비해 높아 집안의 전통적 작명의 관행을 유지하고 있음을 볼 수 있다.

작명 원리에 대한 태도를 알아보기 위하여 항렬에 따라 이름을 짓는 것에 대한 의견을 따로 질문하였다. '반드시 따라야 한다'나 '되도록 따

---

20) 성별에 따라 이름에 어떤 의미를 담고 싶은지는 이 문항과 별개의 내용이다.

라야 한다'는 응답이 32.3%로 '따를 필요 없다'는 응답(53.2%)에 비해 낮
았다. 이 비율은 <문항 6>에서 항렬에 따라 이름을 지었다는 응답률
35.5%와 유사한 값으로, 얼마 동안은 30% 정도의 인명이 항렬에 따라
지어질 것임을 예측할 수 있다. 성별로는 항렬을 따라야 한다고 응답한
비율이 여학생보다 남학생이 조금 높았다(5.2%).

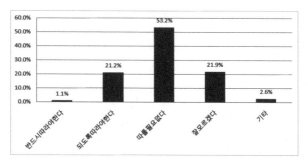

[그림 3.8] 항렬의 고려

이름이 개인의 운명을 좌우할 수 있다는 성명학적 의식에 대해서는
'전적으로 동의한다'(4.1%), '어느 정도 동의한다'(51.5%), '동의하지 않는
다'(24%), '전혀 동의하지 않는다'(10.3%)로 나타났다.

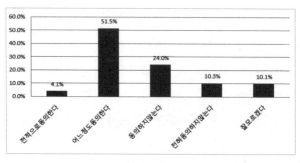

[그림 3.9] 성명학적 의식

성명학적 의식에 동의하는 학생들의 비율이 동의하지 않는 학생들보다 높으나 동의하지 않는 비율도 34.3%나 되어 소수 의견이라고 보기 어렵다. <문항 16>에서 항렬이나 사주가 이름을 짓는 데 고려할 요소라고 보는 비율이 그리 높지 않았던 것에 비하면 성명학적 의식에 동의하는 비율이 지극히 높다. 그러나 이는 별개의 태도로 해석되지 않는다. 즉 성명학적 의식에는 동의하지만 본인이 이름을 지을 때 사주나 항렬보다는 이름에 담긴 뜻을 더 중요하게 고려하겠다는 태도의 반영이다.[21] 성별로는 남학생이 49.8%가 동의하고 여학생은 61.2%가 동의하여 여학생이 남학생보다 성명학적 의식을 더 많이 가지고 있음을 알 수 있다.

아이의 정식 이름인 본명(本名) 외에 최근 들어 새롭게 등장한 인명 중 하나인 태명(胎名)에 대한 태도도 알아보았다.[22] 태명은 부모가 뱃속의 아이를 부르기 위해 지은 것으로, 예전에는 아이가 뱃속에서 태동을 하기 시작할 때 주로 지었던 것이 요즘은 아이를 가졌다는 사실을 앎과 동시에 태명을 지어 부른다. 태명은 부모 세대가 뱃속의 아이를 태어난 아이와 마찬가지로 한 생명체로 인식하고 있다는 점을 간접적으로 보여주며, 점점 핵가족화하는 우리 사회에서 할아버지나 집안 어른이 아이의 이름을 지었던 풍습이 점차 줄어들면서 등장했다는 점에서 시사하는 바가 있다.

태명의 필요성에 대한 질문에 꼭 필요하다는 응답이 27.9%, 조금 필요하다 50%, 필요 없다 10.8%, 관심 없다가 11.2%로 나타났다.[23] 성별

---

21) 이 부분은 심층 면접을 통해 보완해야 할 부분이다. 학생들이 성명학적 의식과 사주, 항렬의 관련성을 이해하고 있는지 알 수 없기 때문이다.
22) 태명에 대한 관심이 언제부터 생겨나게 되었는지에 대해서는 정확히 알 수 없지만, 우리 사회의 젊은 유명 인사 및 연예인들의 근황을 알리는 뉴스 보도들을 보면, 잉태와 함께 태명을 짓는 것이 매우 보편적인 현상임을 알 수 있다. 올해 들어서도 '채똘, 둘리, 준, 승리, 아금(亞金)' 등의 유명 스타들의 태명에 대한 보도가 심심찮게 이루어지고 있으며, 이에 대한 일반인들의 관심도 적지 않음을 쉽게 확인할 수 있다.

로는 여학생들은 '꼭 필요하다'는 응답 35.4%를 포함하여 필요하다는 응답이 87.6%에 달한 데 반해 남학생들은 '꼭 필요하다'는 응답 20.4%를 포함하여 68.2%가 필요하다고 응답하여 수치 차이를 보였다.[24] 태명에 담고 싶은 의미로는 건강이 1위, 착한 마음 2위, 귀여움이 3위, 좋은 성격이 4위로 나타났으며, 외모(8.3%), 부유함(3.2%), 명예(1.3%) 등은 10% 미만으로 응답했다.[25] 태명이 필요하다고 응답한 학생들이 약 80%에 달해 앞으로 태명 짓기가 계속 유행할 것임을 예측할 수 있는데, 이는 <문항 15>에서 이미 확인되었듯이 젊은 세대의 부모들이 직접 아이의 이름을 짓고자 하는 욕구가 반영된 것으로 해석된다. 응답자의 성별에 관계없이 건강, 착한 마음, 귀여움, 좋은 성격을 태명에 담고 싶어 했는데 이는 일반적인 부모의 태도와 일치하는 것으로 학생들의 긍정적 가치관을 보여 준다.

다음은 어종별 이름에 대한 학생들의 태도를 물어보았다. 이는 앞으로 어종별 이름의 추이를 예측할 수 있도록 하는데 먼저 학생들은 고유어 이름에 대해 높은 호감도를 보이고 있다([그림 3.10]).

---

23) 강희숙 외(2011)에서는 태명이 필요하다는 응답에 대한 남녀 간 비율 차이가 없는 점을 들어 앞으로 본명 외에 태명이 한국인의 또다른 이름으로 자리잡을 것이라는 전망을 하고 있다.

24) 지역별로는 광주 지역이 88.4%가 필요하다고 응답하여 가장 높았고 서울 지역이 71.2%로 가장 낮았다.

25) 문금현(2003)은 고유어 이름에 나타난 한국인의 의식 구조를 분석하고 있는데, 주요 의식으로 성명영동사상(姓名靈動思想), 남녀평등사상(男女平等思想), 홍익이념(弘益理念), 기독교 정신(基督教精神), 자연친화주의(自然親和主義)를 들고 있다. 또한 고유어 이름에 나타난 부모의 가치관으로 개인적인 성공보다 예쁘고 자유로운 삶, 봉사정신과 박애주의 등 홍익 이념을 구현하는 의미를 담은 이름이 많은 것으로 분석하고 있다.

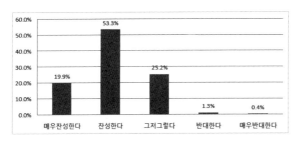

[그림 3.10] 고유어 이름에 대한 태도

73.2%가 고유어 이름에 찬성하고 있었고 반대한다는 의견은 1.7%밖에 안 되었다. 찬성하는 학생들은 고유어 이름이 우리 고유의 것으로 어감이 좋고 기억하기 좋은 점을 찬성의 이유로 들었으며, 반대하는 학생들은 어른이 되었을 때 어울리지 않는 점을 가장 큰 반대 이유로 들었다. 성별 차이가 크게 나타났는데 남학생들의 찬성 비율이 여학생에 비해 약 20% 가량 낮으며 '그저 그렇다, 반대한다, 매우 반대한다'의 비율이 35.9%에 이른다. 여학생의 17.9%에 비하면 남학생들의 고유어 이름에 대한 태도는 여학생들에 비해 부정적이라 하겠다.[26] 그러나 작명자에 대한 응답 결과([그림 3.5] 참고)에서 보듯 작명자로서 어머니의 역할이 확대될 것으로 보이기 때문에 여학생의 고유어 이름에 대한 호감도 내지는 선호도는 고유어 이름의 증가에 긍정적 영향을 줄 것으로 예측된다.

영어식 이름에 대한 호감도는 '매우 찬성'과 '찬성'이 17.3%로 고유어 이름에 비해 높지 않으며 반대의 의견은 41.4%에 달했다. 나머지 41.3%는 '그저 그렇다'는 무관심한 태도를 보이고 있는데, 찬성하는 학생들은 글로벌 시대에 어울린다는 점, 세련된 느낌이 든다는 점을 찬성의 이유

---

26) 이름의 어종별로 보았을 때 고유어 이름을 가진 학생(89.1%)이 한자어 이름을 가진 학생(71.6%)보다 고유어 이름에 대한 선호도가 높았다.

로 들었고, 반대하는 학생들은 '주체성이 없어 보인다, 전통에 맞지 않는다, 가벼워 보인다' 등을 반대의 이유로 들었다.

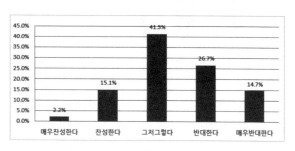

[그림 3.11] 영어식 이름에 대한 태도

연예인들의 영어식 이름이나 영어학원에서 얻게 되는 영어식 이름의 영향 때문인지 학생들은 영어식 이름에 대한 거부감이 생각만큼 크지 않았다. 또한 찬성의 가장 큰 이유를 글로벌 시대에 어울린다는 점을 들고 있어 글로벌화한 환경에 적응해야 하는 한국의 환경에서는 영어식 이름이 늘 것으로 예상된다. 성별로는 여학생의 찬성 비율(20.5%)이 남학생(14.2%)에 비해 조금 더 높다. 여학생들의 이름에 대한 태도가 좀 더 개방적인 데 이유를 찾을 수 있다.27)

이름 때문에 피해를 본 적이 있느냐는 주관식 설문에 대해 24.2%(544

---

27) 채서영(2004)은 젊은이들의 영어 이름 사용 실태를 조사하면서 영어 이름의 필요성(영어 이름에 대한 언어 태도)에 대한 설문 조사를 하였는데, 서양식 이름의 필요성에 대한 질문과 자녀의 영어 이름 작명에 대한 질문에서 남성들이 여성들에 비해 부정적인 답변을 더 많이 하였다. 강희숙 외(2011)는 고유어 이름에서는 성별 간에 그다지 큰 차이를 보이지 않지만, 영어식 외래어 이름에 대해서는 '글로벌 시대에 어울린다'는 긍정적 항목에 대해 남성(19.0%)보다는 여성(28.7%)이 훨씬 더 긍정적 평가를 하고 있다는 점에서 차이를 보이며, '가벼워 보인다'나 '주체성이 없어 보인다'는 부정적 측면에 대해서는 남성이 21.4%, 26.2%, 여성이 13.8%, 22.3%로 여성보다는 남성들이 더 높은 응답을 함으로써 영어식 외래어 이름에 대해서는 남성들이 전반적으로 더 부정적인 반응을 하고 있음을 보여준다.

명 중 127명)의 학생이 피해를 본 적이 있다고 대답하였다. 이중 이름 때문에 놀림을 당하거나 별명이 붙어 피해를 봤다는 학생이 가장 많았으며(58.3%), 동일 이름이나 비슷한 이름으로 인해 피해를 봤다는 학생이 그 다음으로 많았다(21.3%). 이름 가운데 피해야 할 이름으로는 장난스러운 이름(45.3%), 놀림 받기 쉬운 이름(29.4%), 흔한 이름(8.0%), 촌스러운 이름(5.2%), 발음하기 불편한 이름(4.4%) 순으로 응답하였다. 이 같은 조사 결과는 순위만 다를 뿐 <문항 12>의 답변과 같아 아이의 이름을 지을 때 놀림을 받기 쉽거나 흔한 이름은 피하는 것이 바람직함을 다시 한 번 확인할 수 있다.

4. 요약 및 결론

사회언어학의 하위 연구 분야인 이른바 사회 명칭학(socio-onomastics)[28] 에서는 명칭에 대한 사회의 영향을 주요한 연구 주제로 한다. 필자는 여러 명칭 중 개명 가능성이 비교적 낮은 인명을 중심으로 한국인의 인명의 특성과 언어 태도를 세대별로 살펴보고자 하였으며 그 첫 단계로 10대의 고등학생을 대상으로 설문 조사를 하여 다음과 같은 결론을 도출하였다.

첫째, 조사 대상인 1990년대생 고등학생들의 인명은 한자어 비율이 91.1%로 한자어 비율이 고유어 비율보다 높으며, 한자어 이름은 남학생이 여학생보다 높았다. 이는 남자 아이의 이름을 지을 때 전통적 가치관에 따라 항렬을 따르는 경우가 많기 때문으로 해석할 수 있다. 어종별

---

28) 명칭학 또는 명명학(onomatics, onomatology)은 일반적으로 사람의 이름에 대한 인명학 (anthroponyms)과 장소에 대한 지명학(toponymy, toponomastics)으로 나뉘기도 한다.

인명에 대한 태도는 고유어는 73.2%가 찬성하여 호감도가 높은 반면 영어식 이름에 대해서는 17.3%가 찬성하여 아직은 그 호감도가 낮다. 고유어 이름이나 외래어 이름에 대한 호감도는 여학생이 남학생보다 높아 여학생이 이름에 대해 좀 더 개방적 태도를 취하고 있음을 알 수 있다.

둘째, 1990년대생의 작명자는 부모와 조부모의 비율이 별 차이가 없는 것으로 나타나 핵가족화로 인해 작명자로서의 조부모의 역할이 감소했음을 알 수 있고, 여학생이 남학생에 비해 작명가의 비율이 높은 것은 작명자로서 조부모가 그 역할을 충실히 수행하지 않은 데 원인이 있는 것으로 보았다. 또한 바람직한 작명자에 대해서는 조부모의 비율이 줄어든 대신 어머니의 비율이 21%로 조사되어 앞으로 작명자로서 어머니의 비중이 높아질 것임을 예측할 수 있다.

셋째, 항렬에 따른 이름은 35.5%로 조사되었으며 남학생이 여학생보다 항렬에 따른 이름이 많았다. 이는 가문의 전통을 중시하는 작명 원리에 따른 결과인데 작명 원리인 성명학보다는 항렬에 따른 작명 원리에 동의하는 비율이 조금 더 낮다. 한편 이름을 지을 때 고려할 요소로는 이름에 담긴 의미가 가장 높게 나타났는데, 남학생들은 남자 아이의 이름과 여자 아이의 이름을 지을 때 고려할 요소를 다르게 대답하여 대상 성별에 따라 다른 태도를 보였다.

넷째, 개명을 한 학생들은 4.8%로 조사되었는데 가장 큰 개명의 이유는 '사주와 맞지 않아서'로 조사되었다. 이는 이름이 개인의 운명을 좌우할 수 있다는 성명학적 의식과 관련되는데 성명학적 의식에 동의하는 비율은 55.6%로 작명소에서 작명하는 비율이 늘어날 것으로 보인다. 성별로는 여학생의 동의 비율이 높다.

다섯째, 자신의 이름에 만족하지 않는 학생들은 그 이유로 '개성이 없거나 흔한 이름이라서, 놀림감이 되는 이름이라서, 발음이 어려워서'를 들었으며 이름에 의한 피해 사례에서도 순위만 다를 뿐 동일한 응답을 보였다. 이로써 흔하지 않은 이름, 놀림 받지 않는 이름, 발음하기 어렵지 않은 이름을 짓는 것이 중요함을 다시 한 번 확인할 수 있었다.

여섯째, 태명의 필요성에 대해 87.6%가 필요하다고 응답하여 앞으로도 태명이 유행할 것임을 예측할 수 있다.

앞으로 설문조사 과정에서 나타난 문제점들을 보충하고 세대별 조사를 병행하여 세대별로 변화하는 한국인의 이름의 특성과 인명에 대한 언어 태도를 고찰하여 궁극적으로 이들이 한국 사회의 변화와 관련되어 있음을 좀 더 명확히 밝히고자 한다.

제2장 고등학생 자녀와 그 부모 세대의 언어 태도

인간은 자신의 필요에 의해 만물에 이름을 붙인다. 이를 명명(命名)이라고 하는데 이 가운데 사람에게 붙이는 이름이 인명(人名)이다. 일반적으로 인명은 아이를 낳게 되면 붙여지기 때문에 작명자가 누구이든 부모에 의해 주어지는 것으로 볼 수 있다. 그렇다면 부모는 아이에게 어떤 이름을 지어 주고 싶어 할까, 그리고 아이는 커서 자신의 이름에 대해 어떤 생각을 가질까? 이 장에서는 이처럼 부모 세대와 자녀 세대의 이름에 대한 태도를 살펴보는 것을 목적으로 한다.

상품을 만들면 상품을 팔기 위해 이름을 붙인다. 이때 상품명은 소비자들에게 상품을 홍보하여 상품을 많이 파는 것을 목적으로 한다. 그렇다면 인명은 어떤 의도로 지어지며, 어떤 과정 또는 원리에 따라 지어지게 되는 것일까? 이러한 질문에 대해 1장에서 살펴본 것처럼 서울, 광주, 목포 거주 고등학생을 대상으로 설문조사를 하여 고등학생들의 인명에 대한 언어 태도를 분석한 바 있다. 그러나 제한된 연령과 지역을 대상으로 하였기 때문에 한국인의 인명에 대한 태도 연구로는 한계를 가지고 있어 먼저 지역을 전국 규모로 넓히고, 고등학생뿐 아니라 그들의 부모 세대의 언어 태도도 함께 조사하여 비교를 해 보았다.

2012년 하반기부터 2013년 상반기까지 실시된 전국적 규모의 언어 태도 조사는 10대 후반의 고등학생과 이들 고등학생을 자녀로 둔 부모 세대를 대상으로 하였다. 고등학생은 10대 후반, 부모는 대체로 40대 초반부터 50대 초반까지 분포되어 있어 그들 간에는 한 세대, 약 30년 정도의 차이가 있다고 보면 된다. 그리고 다른 조사와 다른 점은 4, 50대의 부모 세대는 고등학생 자녀를 둔 학부모로 자녀가 없는 성인은 제외되어 있다는 것이다.

이 연구는 여러 가지 점에서 1장에서 소개한 연구에서 한 발 나아간 연구라 할 수 있다. 지역적 한계를 지닌 고등학생 언어 태도 연구 결과가 전국을 대상으로 한 연구에서 유효한지 비교함으로써 인명에 대한 10대 후반의 언어 태도를 좀 더 명확하게 기술할 수 있고, 고등학생 자녀를 둔 부모 세대의 언어 태도를 분석함과 동시에 고등학생 자녀의 언어 태도와 부모 세대의 언어 태도가 어떻게 다른지 비교할 수 있다는 점에서 연구의 외연을 넓힌 것으로 평가받을 수 있다. 이를 통해 언어 태도가 인간의 언어, 좀 더 구체적으로는 명명 방식에 영향을 준다는 것을 밝히는 것이 이 연구의 최종 목적이라 할 수 있다.

1. 연구 방법

인명에 대한 언어 태도 조사를 위해 설문지를 통한 직접 조사 방법을 택하였다. 이는 조사의 편의성을 고려한 방법이며, 설문 조사로 내용을 파악하기 어려운 부분은 심층 면접을 실시하였다. 조사는 전국을 서울·경기, 강원, 대전, 광주, 부산, 제주 등 6개 지역[1]으로 나누어 1~2개 학교를 대상으로 조사하여 부모 802명, 학생 923명 등 총 1,725개의 유효 설문지를 수집하였다. 변인으로는 거주지와 세대 외에 성별이 설정되었으며, 조사는 2012년 10월부터 2013년 3월까지 이루어졌다. 조사 대상자의 거주지 및 성별 분포는 다음과 같다.

〈표 3.7〉 조사 대상자의 거주지 및 성별 분포

변인		빈도	백분율
부모/학생	부모	802	46.5
	학생	923	53.5
성별	남성	781	45.3
	여성	944	54.7
지역	강원	171	9.9
	광주	353	20.5
	대전	167	9.7
	부산	370	21.4
	서울	273	15.8
	제주	391	22.7
합계		1725	100.0

　설문 문항은 총 25문항이며, 설문조사 항목은 인명의 특성을 파악하기 위한 '이름의 특성' 범주와 인명에 대한 언어 태도를 파악하기 위한 '본인의 이름에 대한 태도, 일반적 의미의 이름에 대한 태도, 기타' 등 모두 네 가지 범주로 구분된다.[2]

---

1) 조사 대상이 대도시에만 국한되어 있다는 점과 지역별 조사 표본 수가 인구 비례 등을 고려하여 엄격히 통제된 것이 아니라는 한계가 있음을 밝힌다.
2) 이 연구는 3부 1장의 후속 연구로 조사 방법과 설문지 구성이 동일하다.

〈표 3.8〉 설문조사 내용 및 문항 구성

조사 범주	조사 내용	문항	비고
이름의 특성	이름	1	
	이름의 유형(어종)	2	고유어, 한자어, 영어식 이름 등.
	이름의 의미	3	
	작명자	4	부모, 조부모, 집안 어른, 작명가 등.
	항렬 고려 여부	5	
	작명 동기	6	
	개명 여부	7	
	개명 이유	8	
	본명 외의 이름 실태	9	호, 필명, ID, 별명, 서양식 이름 등.
본인의 이름에 대한 태도	만족도	10	
	만족/불만족 이유	11, 12	
	개명 의사	13	
	개명 이름 유형	14	
일반적 의미의 이름에 대한 태도	작명자	15	
	중요한 작명 요소(남, 녀)	16	
	태명에 대한 태도	17	
	항렬에 대한 태도	18	
	성명학에 대한 태도	19	
	고유어 이름에 대한 태도	20	
	영어식 이름에 대한 태도	21	
	선호하는 이름의 유형 및 이유	22	
기타	이름 관련 피해 유무	23	
	피해 이유	24	
	피해야 할 이름의 유형	25	

본인의 이름에 대한 태도에서는 이름에 대한 만족도와 만족/불만족에 따른 이유, 개명 의사 등을 질문하여, 앞으로 한국인들이 작명을 할 때 어떤 요소를 고려할 것이며 개명을 할 때 어떤 요소가 고려될 것인지

예측해 보고자 하였다.3) 또한 일반적 의미의 이름에 대한 태도에서는 작명자의 변화, 성명학의 미래, 태명의 유행, 이름의 어종 변화 등을 예측해 보고자 하였다.

단, 설문 문항 9번과 22번에 대한 응답은 불충분하여 분석을 하지 않았으며, 자신의 이름을 한자로 적지 못하는 학생들이 있어 인명의 한자를 따로 분석하지 않았다. 통계 처리는 SPSS 19.0을 이용하였다.

2. 인명의 특성4)

이름의 어종을 학생5)과 부모로 나누어 분석한 결과는 다음과 같다.

〈표 3.9〉 이름의 어종(학생/부모)

세대	성별	한자어	고유어	혼종어	외래어
학생	남성	97.6	1.6	0.4	0.4
	여성	89.8	8.7	0.9	0.6
	소계	93.6	5.2	0.7	0.5
부모	남성	96.3	2.7	0.6	0.3
	여성	97.0	2.3	0.4	0.2
	소계	96.7	2.5	0.5	0.2

3) 파솔드(Fasold, R., 1984 : 148)는 언어 태도에 대한 연구를 언어 자체에 대한 태도, 특정 언어(또는) 방언을 구사하는 화자의 태도, 언어에 관한 행위(언어 관리, 언어 계획)에 대한 태도 등으로 나누고, 유심론적 관점이 맞다는 가정하에 사람들의 언어 태도를 통해 그것과 관련한 행동을 예측할 수 있다고 하였다.
4) 이 조사는 일부 지역에 한정해서 언어 태도를 실시한 것을 보완하기 위한 것이므로 학생을 먼저 기술하고 이와 비교하여 부모를 기술하는 것으로 순서를 정하였다.
5) 여기서 '학생'은 조사 대상인 부모들의 자녀 즉 고등학생을 말한다. 편의상 줄여서 학생으로 지칭한다.

전체적으로 한자어 이름이 가장 높으며, 다음은 고유어이다. 세대별로 보면 부모 세대에 비해 학생의 고유어 이름 비율이 두 배 높으며, 성별로는 부모 세대는 고유어 이름의 성별 차이가 없으나 학생은 여성의 고유어 이름 비율이 남성보다 높아, 고유어 이름의 증가가 여학생들의 이름에 의한 것으로 해석할 수 있다. 고등학생들의 어종별 이름에 대한 조사 결과는 앞선 조사와 같으며 남녀 학생 간의 고유어 비율에는 미세한 차이가 있을 뿐이다.6) 이와 같은 사실은 해방 이후 한국인 이름의 특성 및 변천 양상을 다룬 2부 1장에서 살펴본 바 있다. 즉, 고등학생들의 출생 시기와 동일한 1990년대생의 고유어 이름은 남학생 1.16%, 여학생 6.07%로 확인되었는바, 이 연구의 결과가 대규모 표본의 연구 결과와 거의 비슷한 양상을 보이고 있음이 확인된 것이다.

다음은 고등학생과 그 부모 세대의 작명자에 대한 조사 결과이다.

〈표 3.10〉 이름을 지은 사람(세대별/성별)

세대	성별	부모님	조부모님	집안어른	작명가	종교인	기타
학생	남성	29.6	40.1	4.7	18.8	3.8	2.9
	여성	34.6	27.4	5.8	23.5	5.1	3.4
	소계	32.3	33.6	5.3	21.2	4.5	3.2
부모	남성	56.8	24.6	5.5	11.2	0.9	0.9
	여성	61.8	16.7	6.2	12.7	1.1	1.5
	소계	59.7	20.0	5.9	12.1	1.0	1.3

학생들과 부모 세대의 작명자에는 큰 차이가 있었다. 학생들은 부모

---

6) 서울, 광주, 목포 거주 고등학생을 대상으로 한 조사에서 고유어 이름은 6.8%였고, 성별로는 남학생의 고유어 이름이 4.5%, 여학생의 고유어 이름이 9.2%로 여학생의 고유어 이름 빈도가 더 높았다. 이번 고유어 이름의 비율은 서울 거주 1990년대생을 대상으로 조사한 문금현(2003)의 5.33%와 가장 근접하다.

와 조부모가 주로 이름을 짓고 21.2%의 학생들의 이름이 작명가에 의해 지어진 것으로 조사된 반면, 부모 세대는 60% 가까이가 부모님이 이름을 지어 주신 것으로 나타났으며 작명가가 이름을 지은 비율은 12.1%로 학생의 21.2%보다 낮았다. 부모 세대는 주로 1960년대생이 주를 이루는데 당시의 경제적 상황을 고려할 때 이들의 부모가 작명가에게 돈을 주고 이름을 짓는 일은 그리 흔한 일은 아니었을 것임을 짐작할 수 있다. 반면 학생 세대가 태어났을 당시(1990년대)에는 경제적으로 풍요로워지고 이름이 중요하다는 인식이 증가하며 집안 어른인 조부모가 작명가에게 손주의 이름을 받아오는 것이 관례 내지는 풍속이 되었음을 보여 주는 결과이다.

1장의 조사 결과와 마찬가지로 성별로는 부모 세대나 자녀 세대나 여성, 즉 딸의 이름을 조부모가 짓는 비율이 낮은 것으로 나타났다. 이에 대해 1장에서 다음과 같이 설명하였다.

　　이는 아들이 손자를 낳으면 한 집안의 대를 이을 아이로 생각하여 예전처럼 조부모가 손자의 이름을 지을 권리를 적극적으로 행사하려고 하는 반면 손녀의 경우는 조부모가 이러한 권리를 행하는 데 소극적이어서 대신 부모가 딸의 이름을 짓는 경우가 많이 발생하기 때문으로 해석할 수 있다.

그러나 <표 3.10>을 보면 여기서 '예전'은 부모 세대에 해당되지 않는다. 오히려 지금의 고등학생 세대의 조부모들이 예전 부모 세대의 조부모들보다 손주들의 이름을 짓는 데 더 적극적인 것으로 나타난다. 이러한 조사 결과에 대해 다음과 같은 해석이 가능하다. 1990년대생의 조부모들은 조부모가 직접 이름을 지었다기보다 작명가에게 이름을 받아 자녀에게 준 것이 대부분일 것이라는 것이다. 손주의 이름을 작명소에 가서 받아 오는 것이 조부모의 새로운 역할로 생겨난 것이라 볼 수 있다. 1960년대생들의 조부모라면 1910~1920년대생들이 대부분이었을 것이다. 당시는 문자를 사용할 줄 모르는 사람들도 많았을 것이기 때문에 이름을 지으려고 해도 쉽게 짓지 못했을 것이며 이를 아는 1960년대생들의 부모, 즉 1930~1940년대생들은 작명소에 가기는 어려웠을 것이기 때문에 자신들이 직접 이름을 지었을 확률이 높다. 이러한 해석에 따르면 앞에서 인용한 '예전처럼'은 삭제되는 것이 마땅하다.

작명가가 이름을 짓는 비율을 지역별로 살펴보면 제주, 부산 순으로 작명가에게 이름을 짓는 비율이 높게 나타났다.

〈표 3.11〉 이름을 지은 사람(지역별)

세대	지역	부모님	조부모님	집안어른	작명가	종교인	기타
학생	광주	35.2	34.7	7.7	14.3	3.6	4.6
	대전	25.2	42.0	8.0	11.4	2.3	1.1
	부산	27.2	28.5	4.4	29.7	7.6	2.5
	서울	33.3	37.9	3.4	20.1	1.7	3.4
	제주	29.4	24.9	3.6	32.5	7.1	2.5
	강원	35.6	41.6	5.9	9.9	3.0	4.0
부모	광주	60.0	16.8	5.8	14.2	1.3	1.9
	대전	62.2	21.6	5.4	5.4	2.7	2.7
	부산	54.8	24.0	8.2	10.6	1.0	1.4
	서울	57.6	23.2	3.0	14.1	1.0	1.0
	제주	61.3	16.2	5.2	16.2	0.5	0.5
	강원	70.6	19.1	5.9	4.4	0.0	0.0

이는 특히 학생의 경우 뚜렷한데, 이는 서울 지역이 작명가에게 이름을 짓는 비율이 가장 높을 것이라는 예측에 어긋나는 결과이다. 1장에서

는 목포보다 광주가, 광주보다 서울이 작명가에게 이름을 짓는 비율이 높게 나타나 이를 도시의 규모와 관련지어 해석한 바 있다. 그러나 <표 3.11>의 결과에 따르면 이러한 해석은 재고해 보아야 한다. <표 3.11>을 보면 학생의 경우 작명가의 비율이 높은 지역은 상대적으로 조부모가 이름을 짓는 비율이 낮은 것을 볼 수 있다. 집안에서 조부모의 역할이 다른 지역과 다르기 때문에 이러한 결과가 나온 것으로 해석해 볼 수 있다.

부모 세대는 작명가가 이름을 짓는 비율이 제주 지역이 가장 높고, 다음으로 서울과 제주가 비슷한 비율로 답하였다. 그리고 작명가가 이름을 짓는 비율이 낮은 지역, 즉 대전과 강원 지역은 상대적으로 부모가 이름을 짓는 비율이 높게 나타나 두 가지가 어느 정도 상관성이 있는 것으로 보인다.

다음은 항렬에 따라 이름을 짓는 비율이다. 예상대로 부모 세대(43.4%)가 학생(37.3%)보다, 남성(53.8%)이 여성(28.8%)보다 항렬에 따라 이름을 짓는 경우가 많았다.[7] 부모 세대의 남성은 65.1%가 항렬에 따라 이름을 지었으며, 여성은 부모 세대(28.1%)나 학생(29.7%)이나 30% 정도만 항렬을 따르는 것으로 나타났다. 부모 세대의 남성들이 항렬을 따라 이름을 지은 비율이 학생으로 오면 65.1%에서 45.4%로 줄어 점차 이름을 지을 때 항렬을 따르지 않는 현상이 확대될 것임을 예측할 수 있게 해 준다.

다음은 이름의 작명 동기에 대한 조사 결과이다.

---

7) 항렬에 따라 이름을 짓는 학생들의 비율이나 성별 비율은 1장의 연구 결과와 비슷하다. 1장에서는 항렬에 따라 남자 아이의 이름을 짓는 비율이 50%가 되지 않아 남자 아이의 이름을 항렬에 따라 지어야 한다는 전통 의식이 절대적이지 않음을 알 수 있다고 한 바 있다.

〈표 3.12〉 작명 동기(학생/부모)

세대	성별	사주	형제 서열	종교	담긴 뜻	좋은 소리	기타
학생	남성	17.8	12.8	2.0	50.0	4.3	13.3
	여성	23.1	5.4	4.0	49.9	5.4	12.2
	소계	20.5	9.0	3.0	49.9	4.8	12.7
부모	남성	22.4	38.8	0.9	29.7	3.2	5.0
	여성	20.4	18.6	0.4	38.5	15.3	6.9
	소계	21.2	26.9	0.7	34.9	10.3	6.1

이름의 작명 동기를 세대별로 비교해 보면, 형제 서열을 따라 이름을 짓는 비율이 부모 세대는 26.9%로 꽤 높은 반면, 학생은 9.0%로 줄어든 것을 볼 수 있다. 1960년대생은 형제가 많아 이름도 형제임이 드러나게 이름을 짓는 예가 많았던 반면, 1990년대생은 형제도 많지 않은 데다 항렬을 따라 이름을 짓는 예도 줄어 이와 같은 결과가 나온 것으로 해석할 수 있다. 또한 부모 세대와 비교하여 수치는 높지 않지만 종교적 이름이 0.7%에서 3.0%로 증가한 것이나, 좋은 소리보다는 이름에 담긴 뜻을 중요하게 생각하여 이름을 짓는 비율이 높아진 것은 적지만 세대 간 변화라고 할 수 있다. 특히 부모 세대의 여성의 이름은 남성에 비해 좋은 소리의 비율이 높은데, 이는 여성들은 형제 서열을 고려하여 돌림자를 쓰는 경우가 많지 않았고 대신 이름에 담긴 뜻이나 부르기 좋은 소리를 고려한 결과이다.

개명을 한 비율은 부모 세대(3.9%)나 학생(3.8%)이나 큰 차이가 없다.[8] 학생들은 사주에 안 맞아서 이름을 개명했다는 비율이 가장 높으며,[9]

---

8) 수치상으로 차이가 없지만 40대 이상의 부모는 개명할 기간이 더 많았음을 고려할 때 학생 세대가 부모 나이가 되면 개명 비율이 더 높아질 것으로 추정할 수 있다. 이러한 추세는 개명 절차가 이전보다 용이해진 데도 그 이유가 있을 것이다.
9) 이러한 결과 역시 1장의 내용과 같다. 앞에서 이름을 지을 때 사주보다는 이름의 뜻을

부모 세대 역시 이 비율이 높다. 놀림을 받아 이름을 개명한 경우는 부모 세대의 여성 비율이 가장 높다.

3. 인명에 대한 언어 태도

3.1. 본인의 이름에 대한 태도

자신의 이름이 마음에 드느냐는 이름 만족도에 대한 응답은 학생과 그 부모 세대에서 다소간 차이가 있었다.

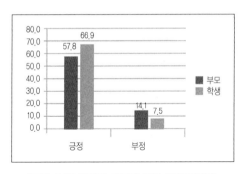

[그림 3.12] 본인의 이름에 대한 태도(세대별)

5점 척도로 나누어진 응답에 학생들의 긍정적 만족도는 66.9%에 달한 데 반해 부모 세대는 57.8%였고, 불만족도는 각각 7.5%, 14.1%로 부모 세대의 불만족도가 학생의 두 배에 달했다. 특히 부모 세대의 여성 불만족도는 19.3%에 달해 가장 높은 불만족도를 보였다. 이는 부모 세

중요하게 생각하지만 이름을 개명할 때는 이름의 뜻보다는 사주를 첫 번째 개명 이유로 꼽아 사주가 이름을 개명하는 데 중요한 요소임을 보여 준다고 해석하였다.

대의 남녀 불평등과 밀접하게 관련된 현상이라 할 수 있다. 즉 딸보다는 아들을 선호하는 그들의 부모 세대에 의해 아들의 이름에 비해 딸의 이름이 정성스럽지 않게 쉽게 지어졌고, 그 결과 부모 세대의 여성들이 자신들의 이름에 만족하는 정도가 낮은 것으로 나타난 것이다. 예컨대 '필남, 길남, 막임'과 같은 남성 선호 이름이나, '의자, 점자, 맹숙, 치숙, 환숙, 병애, 애음' 등 일정한 의미적 연상에 의해 남들에게 놀림감이 되기 쉬운 이름들이 특히 부모 세대의 여성 이름으로 많이 나타나고 있으며, 이러한 이름에 대한 불만족도가 높게 나타나고 있는 것이다.

한편, 자신의 이름에 대해 긍정적인 응답을 한 학생들은 자신의 이름에 만족하는 이유로 '이름에 담긴 뜻이 마음에 들어서'가 34.9%, '자신의 이미지와 맞아서'가 18.5%, '개성 있는 이름이라서'가 13.9, '집안 어른이 지어주신 이름이라서'가 13.1% 등으로 나타났다. 부모 세대 역시 '이름에 담긴 뜻이 마음에 들어서'가 36.3%로 가장 높았으나 그 다음은 '집안 어른이 지어주신 이름이라서'가 35.4%로 나타나 부모 세대가 작명자의 권위를 학생들보다 더 많이 인정하는 것으로 나타났다. 특히 부모 중 남성들은 41.7%가 '집안 어른이 지어주신 이름이라서'라고 응답하여 보수적 성향이 더욱 두드러짐을 알 수 있다.[10]

자신의 이름에 대해 부정적인 응답을 했거나 그저 그렇다고 응답한 학생들은 그 첫째 이유로 '개성이 없거나 흔한 이름이라서'(47.8%)라는 응답을 가장 많이 하였고, '발음이 어려워서'가 12.0%, '놀림감이 되는 이름이라서'가 10.4%로 나타났다. 부모 세대 역시 '개성이 없거나 흔한 이름이라서'(42.2%)가 가장 높게 나타났고, 그 다음은 '촌스러워서'가

---

10) 1장에서도 "'집안 어른이 지어주신 이름이라서'라고 응답한 남학생(17.2%)이 여학생(10.7%)보다 유의미하게 많았다". 남학생들이 여학생들보다 작명자에 대한 권위를 인정하는 보수적 성향을 가졌다고 해석한 바 있다.

16.6%로 학생들과는 다른 응답 순위를 보였다. 이 같은 응답은 주로 부모 세대의 여성들에게 높게 나타났는데[11](21.9%) 앞에서도 살펴본 것처럼 이 세대의 여성들의 이름이 남성들의 이름에 비해 중요성이나 작명에 들인 노력 등이 낮았기 때문인 것으로 해석할 수 있다.

이름을 바꿀 생각을 해 본 적이 있느냐는 질문에 대해 '있다'고 응답한 학생은 20.5%, 부모 세대는 23.2%로 크게 차이 나지 않았다. 이름에 대해 불만족하다고 대답한 학생이 8.7%인 것을 고려하면 20.5%는 꽤 높은 수치이고, 부모 세대는 14.1%라는 불만족도에 비하면 개명 의사가 아주 높은 것은 아니라고 할 수 있다. 학생들(28.9%)이나 부모 세대(32.2%) 공통으로 여성의 개명 의사가 높으며, 이는 여성의 이름에 대한 불만족도가 높은 것과 상관되는 결과이다.

이름을 바꿀 의사가 있는 학생들은 '어감이 좋은 이름'으로 바꾸고 싶다는 응답이 가장 많았고(45.3%), 고유어로 바꾸고 싶다는 응답도 26.1%에 달했다. 반면 작명가가 좋다는 이름으로 바꾸겠다는 응답은 3.1%밖에 안 되었다. 부모 세대 역시 어감이 좋은 이름으로 바꾸겠다는 응답이 가장 높았고(52.8%), 그 다음은 작명 전문가가 좋다는 이름으로 바꾸겠다는 응답이 21.8%에 달해 학생들과는 다른 언어 태도를 보였다. 이는 남성이나 여성들에게 고르게 나타났고 이러한 언어 태도는 <표 3.11>에서 보듯 자녀의 이름을 작명소에서 짓는 비율을 증가시켰을 것이다.

---

11) 1장의 조사 결과에서도 남과 구별되는 개성 있는 이름을 원하는 학생은 남학생보다 여학생이 많았다. 여학생(62.4%)이 남학생(20.0%)에 비해 흔한 이름에 대해 부정적인 태도를 보이고 있다.

3.2. 일반적 의미의 이름에 대한 태도

아이의 이름은 누가 짓는 게 좋다고 생각하느냐는 질문에 대한 학생과 부모 세대의 응답은 다음 [그림 3.13]과 같다.

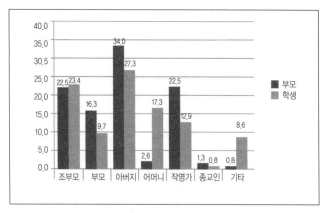

[그림 3.13] 바람직한 작명자의 유형

학생들은 바람직한 작명자로 아버지 27.3%, 어머니 17.3%(합 44.6%), 조부모 23.4%, 작명가 12.9% 순으로 응답하였다. '부모가 같이'라는 응답 9.7%를 아버지, 어머니와 합하면 고등학생들은 부모가 자녀의 이름을 짓는 것이 일종의 의무이자 권리로 여기는 듯하다. 부모 세대는 아버지 34.0%, 조부모 22.5%, 작명가 22.5%, 부모는 16.3%로 나타나 어머니 비율이 낮고(2.6%) 대신 작명가의 비율이 학생들보다 높게 나타남을 알 수 있다.

다음으로 바람직한 작명자에 대한 세대별, 성별 응답을 표로 보이면 다음과 같다.

〈표 3.13〉 바람직한 작명자(세대별/성별)

세대	성별	조부모	부모	아버지	어머니	작명가	종교인	기타
학생	남성	25.4	7.2	34.4	13.4	11.5	0.5	7.6
	여성	21.4	12.4	20	21.2	14.2	1.2	9.6
	소계	23.4	9.7	27.3	17.3	12.9	0.8	8.6
부모	남성	25.2	10.4	46.0	1.0	15.9	1.3	0.3
	여성	20.6	20.4	25.7	3.8	27.1	1.3	1.1
	소계	22.5	16.3	34.0	2.6	22.5	1.3	0.8

<표 3.13>을 보면 부모 세대의 남성과 여성의 응답이 조금 차이가 나는 것을 볼 수 있다. 여성들의 응답을 보면 '어머니'라는 응답(3.8%)은 남성들과 마찬가지로 아주 낮은 데 반해, '부모가 같이'라는 응답(20.4%)은 남성들보다 높고 아버지(25.7%)라는 응답은 남성들보다 낮다. 이러한 응답은 이 세대 여성들의 남녀평등에 대한 의식을 반영한 결과로 해석된다. 즉 부모 세대의 여성들은 학생들처럼 적극적으로 여성의 권리를 주장하기보다 남성과 공동으로 권리를 행사하기 바라는 소극적 태도를 보이고, 이와 반대로 남성들은 아버지가 이름을 짓는 것을 당연한 권리이자 의무로 받아들이고 있다. 이러한 여성들의 소극성 내지는 자신감 부족이 작명가에 대한 의존율을 높인 것으로 해석된다.

이름을 지을 때 가장 중요하게 고려해야 할 요소에 대한 질문을 남자 아이와 여자 아이로 나누어 하게 한 응답은 다음과 같다.

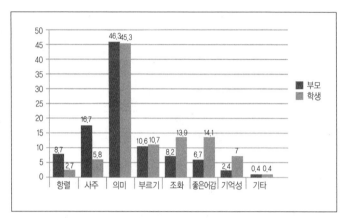

[그림 3.14] 남자 아이 이름을 지을 때 고려할 요소

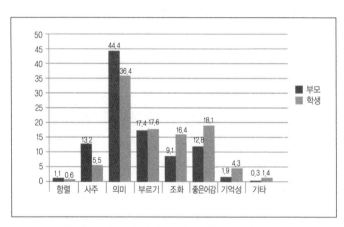

[그림 3.15] 여자 아이 이름을 지을 때 고려할 요소

[그림 3.14]와 [그림 3.15]를 보면 학생들이나 부모 모두 대상의 성별에 상관없이 '이름의 의미'를 가장 중요하게 생각하는 것으로 나타났다. 응답자의 성별로 보면 앞에서 논의한 것처럼 남학생들은 여아의 이름을 지을 때 의미와 비슷한 비율로 부르기 좋은 이름을 꼽았으며, 이는 부모

세대에도 유사하게 나타났다. 즉 남성들은 23.2%가, 여성들은 13.1%가 여아의 이름을 '부르기 좋은 이름'으로 응답하였는바, 남성의 응답률이 훨씬 높음을 알 수 있다.[12]

한편, 이름을 지을 때 항렬을 따라야 하느냐에 대한 응답은 부모 세대와 학생이 큰 대조를 보인다.

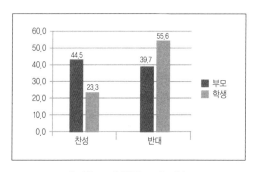

[그림 3.16] 항렬 고려 여부

[그림 3.16]에서 보듯 항렬 고려에 대해 학생의 찬성률은 23.3%인 데

---

12) 이에 대해 앞에서 다음과 같이 설명하였다.

"성별 이름에 대한 남학생들의 태도는 남자와 여자에 대한 인지적 태도(cognitive attitudes)와 감정적 태도(affective attitudes)의 차이로 해석될 수 있다. 먼저 남학생들은 남자 아이의 이름과 여자 아이의 이름의 위상을 달리 생각한다고 해석할 수 있다. 즉 남학생들은 남자의 사회적 역할을 고려할 때 남자 아이의 이름에 담긴 의미나 좋은 어감, 성과 이름의 조화 등을 중요한 요소로 인식하나, 여자 아이에 대해서는 사회적 역할보다는 이성의 상대로 생각하기 때문에 '부르기 좋은 이름'이면 가장 좋겠다고 생각하는 것이다. 이러한 남학생들의 성에 대한 구분적 태도는 전통적인 남녀의 위상과 밀접하게 관련되어 있어, 남녀평등의 사회에서 남학생들이 여전히 다른 성에 대한 차이에 민감함을 볼 수 있다. 반면 남녀의 성 역할에 대해 평등한 의식을 가지고 있는 여학생들은 남자 아이나 여자 아이나 이름에 담긴 의미를 첫째 고려 요소로 응답하고 있다. 또한 정서적으로도 남학생들이 생각하는 여자 아이는 동성의 동료가 아닌 이성의 대상으로 이름에 담긴 뜻보다는 내가 부르기 좋은 이름이면 좋다는 감정적 태도를 보인다."

반해 부모들은 44.5%로 나타났다. 학생들이 부모가 되었을 때 인명에 대한 태도가 변화될 가능성이 없지 않지만 지금의 이 결과에 따르면 항렬을 따라 이름을 짓는 관습은 점차 사라질 것으로 보인다. 앞선 조사 결과와 마찬가지로 성별로는 두 세대 모두 남성의 찬성률이 높았다.

이름이 개인의 운명을 좌우할 수 있다는 성명학적 의식에 대해서는 부모(62.8%)나 학생(52.9%) 모두 동의한다는 응답이 동의하지 않는다는 응답보다 높게 나타났다.

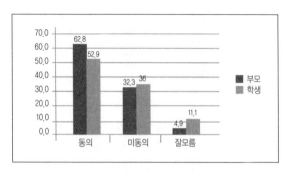

[그림 3.17] 성명학적 의식

학생들 가운데 '잘 모르겠다'는 응답이 11.1%, '동의하지 않는다'는 응답이 36%로 부모들보다 이름의 성명학적 의식이 강하지 않은 반면, 부모들은 학생들보다 성명학적 의식이 좀 더 강한 것으로 나타났다. 이러한 태도는 본인의 이름을 개명하거나 자녀의 이름을 개명하는 데까지 영향을 미칠 것으로 예측된다.13)

태명의 필요성에 대해 학생은 22.1%가 부모는 13.7%가 꼭 필요하다고 응답하였다.

---

13) 남성과 여성을 비교할 때 여성의 성명학적 의식이 조금 더 강한 것으로 나타났다. 작명자로서 여성의 역할이 좀 더 커질 것으로 예측된다.

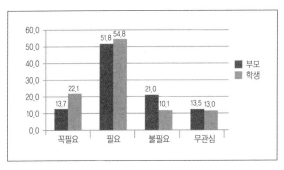

[그림 3.18] 태명의 필요성에 대한 인식

'필요 없다'는 응답은 학생이 10.1%, 부모가 21%로 학생들이 부모 세대보다 태명에 대한 선호도가 높은 것으로 조사되었다.

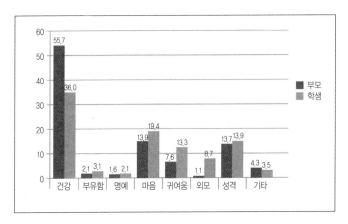

[그림 3.19] 태명에 담고 싶은 의미

학생들이 태명에 담고 싶은 의미의 순위는 건강>착한 마음>귀여움>성격>외모 순으로 나타났는데 이 역시 1장의 조사 결과와 같다. 부모 세대는 건강>착한 마음/성격>귀여움 순으로 나타났으며 외모는 1.1%밖에 안 되어 학생들이 부모 세대보다 외모에 더 관심을 갖고 있음을 보여 준다.

이름의 어종과 관련, 고유어 이름에 대한 선호도 및 선호 이유를 조사한 결과는 다음과 같다.

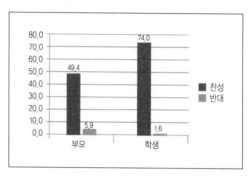

[그림 3.20] 고유어 이름에 대한 태도

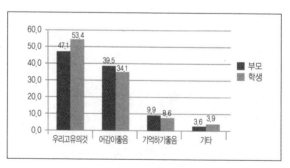

[그림 3.21] 고유어 이름의 선호 이유

[그림 3.20], [그림 3.21]을 보면, 학생들의 고유어 이름에 대한 선호도는 74%이며 '우리 고유의 것이라서'(53.4%), '어감이 좋아서'(34.1%) 순으로 선호 이유를 들고 있다. 부모들 역시 선호도는 49.4%로 높은 편이긴

하나 학생들에 비해서는 낮은 편이다. 한편, 고유어 이름을 선호하지 않는 경우, [그림 3.22]를 통해 알 수 있는 대로 학생이나 부모 모두 '어른이 되면 나이에 맞지 않는 것'을 첫째 이유로 들고 있다.

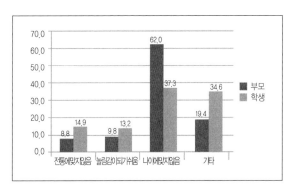

[그림 3.22] 고유어 이름을 선호하지 않는 이유

한편, 고유어 이름의 경우와는 달리, 영어식 이름에 대한 호감도는 학생과 부모 모두 높지 않음이 특징이다.

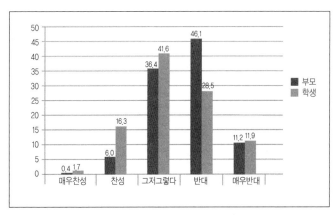

[그림 3.23] 영어식 이름에 대한 태도

학생은 '매우 찬성'과 '찬성'이 18%로 고유어 이름에 비해 높지 않으며 반대의 의견은 40.4%에 달했다. 부모는 이에 비해 10.4%, 57.3%로 학생들보다 영어식 이름에 대한 거부감이 더 높은 것으로 나타났다.14)

다음은 주변 사람들의 이름 가운데 마음에 드는 이름을 성별로 각각 하나씩 적고, 그 이유를 물어 본 결과이다.

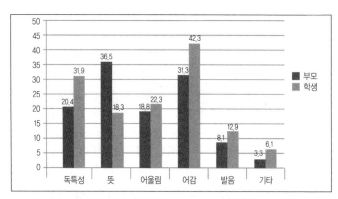

[그림 3.24] 마음에 드는 이름의 이유(남자)

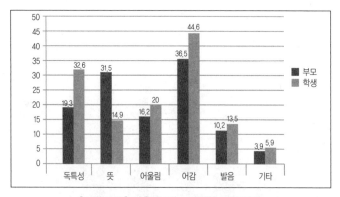

[그림 3.25] 마음에 드는 이름의 이유(여자)

14) 1장과 동일한 결과로, 이에 대해 '글로벌화한 환경에 적응해야 하는 한국의 환경에서는 영어식 이름이 늘 것으로 예상'하였다.

남자 이름에 대해서 학생들은 '어감>독특성>성과 어울림>뜻' 순으로 마음에 드는 이름의 이유를 들었고, 부모는 '뜻>어감>독특성>성과 어울림' 순으로 응답했다. 여자 이름에 대해서 학생들은 '어감>독특성>성과 어울림>뜻>발음' 순으로 대답하였고, 부모는 '어감>뜻>독특성>성과 어울림' 순으로 응답했다. 학생들은 남자 아이나 여자 아이나 어감과 독특성을 중요한 이유로 든 반면, 부모들은 독특성보다는 어감이나 뜻을 중요한 이유로 든 것이 다른 점이다. 고등학생들이 부모 세대에 비해 독특함, 즉 개성을 더 중요시하고 있음을 알 수 있다.

이름 때문에 피해를 본 적이 있느냐는 질문에 대해 학생들은 21.2%가, 부모들은 11%가 있다고 대답하였다. 성별로는 학생이나 부모나 여성이 남성보다 피해를 본 적이 있다는 응답률이 높았는데 이는 여성이 남성에 비해 여성들이 피해에 대해 예민할 뿐 아니라 본인의 이름에 대한 만족도가 낮은 것과도 상관관계가 있는 것으로 해석된다.

피해야 하는 이름에 대해 학생들은 장난스러운 이름(48%)>놀림 받기 쉬운 이름(28.1%) 순으로 꼽았고, 부모들은 놀림 받기 쉬운 이름(55.9%)>장난스러운 이름(29.3%) 순으로 답하였다.

4. 요약 및 결론

이 연구는 이전 연구의 지역적, 연령적 조사 한계를 극복하고, 인명에 대한 언어 태도 연구 결과를 좀 더 명확하게 분석하는 것을 목적으로 하였다. 그리하여 전국을 6개 권역으로 나누고 10대 후반의 고등학생들과 이들을 자녀로 둔 4,50대 부모(총 1,757명)를 대상으로 인명에 대한 언어 태도를 직접 설문 조사 방법을 통해 조사하였다. 결론을 대신하여 주요 결과를 요약하면 다음과 같다.

첫째, 이름의 특성을 보면 학생이나 부모 세대 모두 한자어 이름의 비율이 가장 높으며, 세대별로는 부모 세대에 비해 학생의 고유어 이름 비율이 두 배 가까이 높고 학생은 여학생의 고유어 이름 비율이 남성보다 높다.

둘째, 이름의 작명자는 학생은 부모와 조부모가 주로 이름을 짓고 21.2%의 학생들만 작명가가 이름을 지은 것으로 조사된 반면, 부모 세대는 60% 가까이가 부모님이 이름을 짓고 작명가가 이름을 지은 비율이 12.1%로 낮다. 조부모가 손주의 이름을 짓는 비율이 4,50대에 비해 높아진 것을 확인할 수 있으며 이는 사회경제적인 이유 때문인 것으로 해석하였다.

셋째, 항렬에 따라 이름을 짓는 비율이나 형제 서열을 따라 이름을 짓는 비율이 학생 세대로 가며 점점 줄어든 것을 확인할 수 있었다. 항렬에 따라 이름일 짓는 방식이 점점 퇴색되고 자녀의 수가 줄어든 것과 관련하여 해석하였다.

넷째, 이름에 대한 불만족도는 부모 세대의 여성들에게서 가장 높게 나타났다. 딸보다 아들을 선호하는 부모가 아들의 이름을 짓는 데는 정성을 다한 반면 딸의 이름을 짓는 데는 크게 정성을 쏟지 않은 결과로 해석하였다.

다섯째, 바람직한 작명자에 대해 부모들은 아버지 다음으로 작명가를 꼽았으며, 학생들은 아버지와 조부모를 꼽았다. 학생들 중에는 '어머니'라고 답한 비율도 꽤 높아 남녀평등에 대한 의식이 점차 높아지고 있음을 확인할 수 있었다.

여섯째, 태명의 필요성에 대해서는 부모보다 학생들이 필요하다는 응답이 두 배 가까이 높았다. 젊은 사람들 간에 유행하는 태명 짓기가 앞으로도 계속 될 것임을 예측할 수 있다.

일곱째, 고유어 이름에 대한 선호는 높고(62.7%), 영어식 이름에 대한 선호도는 낮다(12.6%). 여학생들의 영어식 이름에 대한 선호도(19.5%)가 세대별, 성별 변인으로 나누었을 때 가장 높아 영어식 이름이 앞으로 증가할 것으로 예측된다.

인명에 대한 전국적 조사를 통해 10대 후반과 4,50대의 인명에 대한 언어 태도의 차이를 알아내고 그 이유를 분석해 냈다는 점이 연구의 의의라 하겠다. 지역적 차이를 유의미하게 해석하지 못한 점은 연구의 한계점이라 할 수 있으며, 앞으로 이 연구에서 예측한 인명의 변화 방향이 확인되어야 할 것이다.

제4부
한국인의 이름과 대중문화

제4부에서는 한국인의 이름이 대중문화 속에 어떻게 나타나는지를 살펴보기 위해 텔레비전 드라마 속 인물들의 이름과 가수 및 그룹의 명명 방식을 연구하였다.

1장에서는 드라마 인물의 명명이 어떠한 방식으로 이뤄지고 있으며, 그러한 인물명의 사회언어학적 특성은 무엇인가를 규명하는 것을 목적으로 한다. 이와 같은 연구를 위하여 KBS, MBC, SBS 등 우리나라의 대표적인 지상파 방송사에서 최근 3년인 2010~2012년에 방영한 드라마 가운데 대하·역사드라마를 제외한 모든 드라마의 인물명을 대상으로 사회언어학의 한 방법론인 계량적 접근을 시도하였다.

한류의 바람이 거세게 불며 중국, 동남아 등 아시아의 여러 나라에서 한국 드라마의 인기가 상상을 초월한다. 드라마에 등장하는 주인공들의 캐릭터는 작가의 상상력으로 창조한 것으로, 작가는 인물의 캐릭터를 고려하여 이름을 짓는다. 드라마에 등장하는 인물에 이름을 붙이는 것은 희곡이나 소설, 영화 같은 창작물의 등장인물에 이름을 붙이는 것과 동일한 행위이다. 셰익스피어의 '로미오와 줄리엣', '햄릿', '맥베스', '리어 왕' 등 희곡은 주인공의 이름을 제목으로 한 작품으로, 이름 자체가 전형적 인물의 대명사로 사용된다.

한국 영화 '영자의 전성시대'(1975)의 '영자', '바람 불어 좋은 날'(1980)의 '덕배, 춘식, 길남'과 드라마 '가을 동화'(2000)의 '은서, 준서', '겨울 연가'의 '준상, 유진'을 비교해 보면 어느 정도 시대성을 읽을 수 있다. 작가가 등장인물의 이름을 지을 때 고려할 수밖에 없는 요소 중 하나가 시대성이다. 이처럼 드라마의 등장인물의 이름이 실제 한국인의 이름과 공통점을 가지는지 통계적 분석을 시도한 것이 1장의 '드라마 인물의 탄생과 이름 짓기'이다.

2장은 가수와 그룹의 이름에 대한 연구이다. 드라마에 등장하는 인물의 이름과 달리 가수나 그룹의 이름은 실재하는 대상을 가리킨다. 예전에는 가수들이 실제 이름을 그대로 사용하는 경우가 많았는데 최근에는 '거미, 린'처럼 뜻을 알기 어려운 예명을 사용하는 경우가 아주 많다. 물론 '보아'처럼 원래 자신의 이름에서 성을 빼고 이름만 사용하는 예도 있지만 설명 없이는 본명이라고 생각하기 어려운 경우이다.

그룹은 둘 이상이 모여 결성을 하기 때문에 새로운 이름이 꼭 필요하다. 그런데 어느새 그룹 이름도 가수 이름처럼 설명이 없이는 무슨 뜻인지 알기 어려운 지경에 이르렀다. 자신들의 특징, 음악 세계 등을 표현하는 그룹명에 왜 이렇게 이해하기 어려운 이름이 붙게 되었는지 언제부터 이런 현상이 나타났는지 멜론의 음악 차트(1990~2009)를 통해 분석해 보았다.

일종의 상품 브랜드처럼 특색 있는 이름을 짓게 된 가수와 그룹의 이름을 어종별, 음절별로 분석하여 20년 동안의 변화를 추적해 보았다. 대상 가수와 그룹의 수가 많지 않고 1990년 이후 20년을 대상으로 하였기 때문에 시대 변화를 분명하게 보여주고 있지 못하지만 가수와 그룹 이름이 세계화 시대의 한국의 변화된 모습을 간접적으로 보여주고 있다는 점에서 여러 가지를 생각해 볼 수 있는 주제라고 생각한다.

제1장 드라마 인물의 탄생과 이름 짓기

이 연구는 우리 대중문화의 한 축을 담당하는 TV 드라마 인물의 명명이 어떠한 방식으로 이뤄지고 있으며, 그러한 인물명의 사회언어학적 특성은 무엇인가를 규명하는 것을 목적으로 한다. 이와 같은 연구를 위하여 KBS, MBC, SBS 등 우리나라의 대표적인 지상파 방송사에서 최근 3년인 2010~2012년에 방영한 드라마1) 가운데 대하·역사드라마를 제외한 모든 드라마의 인물명을 대상으로 사회언어학의 한 방법론인 계량적 접근을 시도하였다.

실제 언어 현실과 구별되는 일종의 허구적 세계인 작품 세계에서의 등장인물의 명명 원리 및 사회언어학적 특성이 무엇인가를 밝히는 것은 아직까지 한번도 시도된 적이 없는 TV 드라마 인물의 명명법을 규명하려는 시도라는 점에서 그 자체로도 충분히 의미 있는 작업이 될 수 있을 것으로 기대된다. 그러나 문학 작품은 본질적으로 작가의 상상력에 의해 창조된 허구의 세계이면서도 실제 세계와 아무런 관련성이 없이 존재하는 것이 아니라, 현실을 모방하거나 반영하는 것이 특징이다. 이

---

1) 이 가운데는 2009년에 시작하여 2010년에 종영된 드라마도 일부 포함되어 있음을 밝힌다.

러한 관점에서 볼 때, TV 드라마 인물의 명명법은 한국인들이 살아오면서 축적해 오고 있는 언어문화(language-culture)의 일면으로서 개인의 출생과 함께 이루어지는 작명의 원리 및 이름의 유형과 무관하지 않다고 할 수 있다. 따라서 본 연구에서는 TV 드라마 인물의 명명법이 실제 언어 현실에서의 명명법과 어떠한 공통점과 차이점이 있는가를 밝히는 데도 관심을 두고자 한다.

본서의 제2부 1장에서는 한 개인의 이름은 일정한 시대를 지배하는 가치관은 물론 한 시대가 표방하는 문화적 특성까지를 파악할 수 있게 해 주는 창(窓)의 역할을 하게 된다는 전제하에, 해방 이후 시기인 1950년대부터 2000년대까지 출생한 한국인 이름의 특성을 사회언어학의 연구 방법론 가운데 하나인 계량적 분석을 통해 제시하였다. 연구 결과 이름의 중복 빈도, 어종별 분포, 이름의 첫 글자와 끝 글자의 유형, 음절수, 음절말음의 유형 등 한국인 이름의 사회언어학적 특성이 각 연대와 성별로 밝혀지게 되었다. 이러한 한국인 이름의 특성은 드라마와 같은 문학 작품에 그대로 반영될 수도 있는바, 본 연구의 대상인 드라마 인물의 이름이 1950년대부터 2000년대까지의 한국인 이름의 특성과 어떠한 상관관계를 갖는지를 살펴보는 것은 사회언어학적으로 의미 있는 작업이라고 할 것이다. 따라서 본 연구에서는 연구 대상 자료에서 확인되는 등장인물의 명명 원리 및 사회언어학적 특성을 밝히되, 그러한 특성이 실제 언어 현실과 어떠한 공통점과 차이점이 있는지를 확인하는 데 중점을 두기로 하겠다.

1. 연구 대상 및 방법

본 연구는 KBS, MBC, SBS 등 우리나라의 대표적인 3개 지상파 방송사에서 최근 3년인 2010~2012년에 방영한 드라마 가운데 대하·역사 드라마는 제외한 모든 드라마의 인물명을 대상으로 이루어졌다. 우선 조사 대상 드라마의 편수를 방영 시간 및 요일에 따라 구분하여 제시하면 다음과 같다.

〈표 4.1〉 연구 대상 드라마 편수(2010~2012)

구분	KBS	MBC	SBS	총계
아침 드라마	6	·	·	6
일일 드라마	3	13	5	21
월화 드라마	14	4	13	31
수목 드라마	10	17	13	40
주말 드라마	5	14	12	31
소계	38	48	43	129

위의 표를 통해 알 수 있는 것처럼, 본 연구의 대상 드라마의 수는 MBC 48편, SBS 43편, KBS 38편을 합하여 모두 129편이다. 129편의 드라마에 등장한 인물의 수는 모두 1,530명인데, 이를 연령과 성별에 따라 구분하여 제시하면 다음과 같다.

〈표 4.2〉 조사 대상 드라마의 등장인물 수

구분		N	%
성별	남	807	52.7
	여	723	47.3
연령	10대 이하	106	6.9
	20대	431	28.2
	30대	445	29.1
	40대	193	12.6
	50대	222	14.5
	60대 이상	133	8.7

위의 표를 통해 알 수 있듯이, 연구 대상 드라마의 등장인물 1,530명 가운데 남성은 807명(52.7%), 여성은 723명(47.3%)으로, 남성이 좀 더 높은 비중을 차지한다. 연령별로는 20대 431명, 30대 445명으로 두 연령대를 합한 비율이 57.3%의 높은 분포를 보이며, 나머지 세대는 10대 이하가 106명(6.9%)으로 가장 낮고, 그 다음이 60대 이상으로 133명(8.7%), 40대는 133명으로 15.6%의 비교적 낮은 분포를 보이고 있음이 특징이다.

문제는 등장인물들 가운데는 '성 + 이름'이나 '이름' 형식의 호칭이 아니라, '성 + 직함(title)'2)이나 '○ 마담', '○ 여사', '○ 씨' 등 같은 통칭호칭어, '○○댁' 형식의 택호 등 이름이 아닌 다른 호칭으로 불리는 인물들이 존재한다는 것이다. 이러한 등장인물은 관찰 대상에서 제외해야 할 필요가 있는바, 결과적으로 연구의 대상 등장인물의 수는 1,492명으로, 이를 다시 연령과 성별로 구분하여 제시하면 다음과 같다.

---

2) 예를 들어 2010년에 방영된 MBC의 〈나는 별일 없이 산다〉의 경우, '공 사장, 도 박사, 염 변호사, 홍 원장' 등 상당수의 인물이 이름이 아니라 '성 + 직함'의 구조로 이루어진 호칭을 사용하고 있다.

〈표 4.3〉 분석 대상 등장인물 수

연령 \ 성별	남성	여성	소계
10대 이하	54	52	106
20대	191	238	429
30대	258	183	441
40대	103	80	183
50대	109	105	214
60대 이상	70	49	119
총계	785	707	1,492

성별과 연령이라는 이와 같은 두 가지 사회적 변수 외에 해당 인물이 어떠한 직업을 가지고 있는가는 인물의 캐릭터를 결정하는 데 중요한 요인이 될 수 있다. 따라서 직업, 곧 소득을 위해 개인이 하고 있는 일을 일의 형태에 따라 유형화한 한국 표준 직업 분류[3]를 참고하되, 해당 직업 표본의 수를 고려하여 통계상으로 의미 있는 등장인물의 직업을 분류한 결과를 토대로, 등장인물의 이름이 직업과 어떠한 상관관계가 있는지를 분석하기로 한다(〈표 4.4〉 참조).

〈표 4.4〉 직업에 따른 등장인물의 유형 및 수

직업명 중분류	소분류	남성	여성	소계
공공 및 기업 고위직	국회의원, 정치인	13	2	15
	CEO	77	19	96
	공무원	11	1	12
법률 및 행정 전문직	판사, 검사, 변호사	33	6	39

3) 현행 직업 분류는 2007년 7월 2일, 제6차 개정고시(통계청 고시 2007-3호)에 따른 것으로, 동년 10월 1일부터 시행되었다.

직업명		남성	여성	소계
중분류	소분류			
보건사회복지 관련직	의사	57	18	75
	간호사	1	12	13
교육전문가 및 관련직	교수, 교사	27	22	49
공학전문가 및 기술직	건축가, 선박기술자	16	4	20
문화예술 스포츠 전문가 및 관련직	방송인, 연예인	36	39	75
	기자, 작가	18	18	36
	디자이너	8	15	23
	큐레이터	2	17	19
	음악인, 피아니스트	11	3	14
	운동선수	11	4	15
서비스 종사자	경찰, 경호요원	43	18	61
	요리사	20	15	35
사무종사자	회사원	140	107	247
	비서 및 사무보조원	10	8	18
기타	자영업자	50	44	94
	종업원	45	37	82
	프리랜서	11	10	21
총계		584	372	956

결과적으로 TV 드라마의 인물명이 1차적으로는 성별과 연령이라는 변수와, 2차적으로는 직업이라는 변수와 어떠한 상관관계가 있는지를 SPSS를 이용한 빈도 분석과 교차 분석을 통해 밝힐 수 있게 되었다.

2. 드라마 인물의 명명에 대한 사회언어학적 분석

2.1. 등장인물의 명명(命名) 방식

주지하는 바와 같이, '캐릭터'란 소설이나 연극 따위에 등장하는 인물을 가리키기도 하고, 작품 내용에 의하여 독특한 개성과 이미지가 부여된 존재를 가리키기도 한다. '캐릭터'로서의 등장인물의 성격 창조는 사용하는 언어나 분장 등의 스타일링을 통해서 이루어질 수도 있지만,[4] 등장인물의 이름 짓기, 곧 명명(命名, appellation)을 통해 이루어질 수도 있다. R. Wellek & A. Warren(1970 : 299)에서는 성격 창조의 가장 간단한 형식은 명명이라는 전제하에 명명의 기능을 한 개체에 생명을 부여하는 것, 정령화하는 것, 개별성을 주는 것이라고 보았다. 또한 신봉승(2001 : 213~220)에서는 희곡이나 시나리오 같은 서사적인 산문예술의 본질은 등장인물의 이름을 짓는 것으로 시작될 수 있다고 보고, 해당 인물의 스타일과 이미지, 성격을 묘사하기 위한 첫 번째 작업은 다름 아닌 명명이라는 관점을 제시하고 있다. 이러한 논의들은 명명이 서사적 성격의 산문예술에서 성격 창조의 한 출발점임을 잘 보여주는 것이라고 할 것이다.

등장인물의 성격을 이름을 통해서 드러내는 방법은 크게 두 가지로 구분이 가능하다. 그 하나는 이름을 통해 등장인물의 성격을 상징적으로 드러내는 방법이고,[5] 다른 하나는 일정한 시대나 인물의 신분, 곧 사회적 지위 등을 드러낼 수 있는 가장 전형적인 이름은 무엇인가에 대한

---

4) 윤찬주(2011)에서는 TV 드라마의 스타일링 요소를 분장, 헤어, 의상 등 세 가지로 보고 있다.
5) 소설에서의 인물의 명명법을 다루고 있는 조진기(1984 : 86~92)에서는 이러한 상징적 명명 방법을 우의적 방법(allegorical method)이라고 보고 있다. 여기에서 말하는 우의적 방법이란 등장인물의 성격을 비유적으로 보여주는 명명 방식이다.

작가 나름대로의 판단이나 가치 부여, 언어태도 등을 실제 언어 현실과
의 연관성을 통해 간접적으로 드러내는 방법이라고 할 것이다.

연구의 대상 드라마 가운데 등장인물의 성격을 이름을 통해 상징적으
로 드러내었다고 볼 수 있는 것으로는 KBS의 <수상한 삼형제>와 SBS
의 <폼 나게 살 거야>6) 등을 그 예로 들 수 있다. 이 작품들은 작가 문
영남의 작품으로 2010년과 2011년에 각각 방영된 것인데, 예컨대 <수
상한 삼형제>의 등장인물을 그림으로 제시하면 다음과 같다.

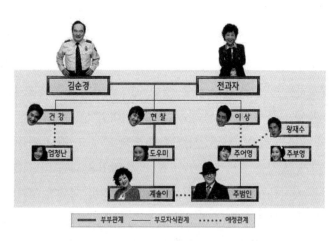

[그림 4.1] KBS 방영 〈수상한 삼형제〉의 등장인물

위 그림에서 보듯이, <수상한 삼형제>의 등장인물은 아버지 '김순경'
과 어머니 '전과자', '건강', '현찰', '이상'7) 등 아들 삼형제, 며느리 '엄

---

6) 작가 문영남은 등장인물의 이름을 독특하게 짓는 것으로도 잘 알려져 있는데, 본 연구
   의 대상 작품 외에 대표작이라고 할 수 있는 <조강지처 클럽>의 등장인물은 '나화신,
   한복수, 안양순, 길억, 한원수, 이기적, 정나미, 모지란, 한심한, 복분자, 이화상, 한선수,
   최현실, 최군수, 구세주, 공사판, 소귀애, 감시중, 이기타' 등 독특한 이름이 대부분이다.
7) 이러한 이름은 아버지 김순경이 인생에 있어 가장 가치 있게 여기는 세 가지 요소 '건
   강'과 '현찰(돈)', '이상(꿈)'을 세 아들의 이름으로 지은 데서 비롯된 것이다.

청난', '도우미', '주어영', 그리고 둘째며느리의 친정어머니 '계솔이', '셋째며느리'의 친정아버지 '주범인' 등 실제 언어 현실에서는 있기 어려운 독특한 이름들이 캐릭터의 성격을 어떤 식으로든 상징하는 방식으로 작명되었음을 알 수 있다.[8] 또한, '주어영'과 '주부영'의 경우, 부사 '어영부영'의 어근 '어영'과 '부영'을 자매의 이름으로 지음으로써 상호 관련성이 있으면서도 캐릭터의 성격을 상징적으로 드러내는 기능을 하고 있다.

SBS에서 방영한 <폼 나게 살 거야> 역시 <수상한 삼형제>와 마찬가지로 캐릭터의 성격을 상징적으로 드러내면서도 실제 언어 현실과는 구별되는 독특한 방식으로 작명이 이루어졌음을 보여준다. 다음이 그 예이다.

(1) ㄱ. 모성애, 나대라, 나아라, 나노라, 나주라, 나금성, 나화성, 남은정
    ㄴ. 천연덕, 최신형, 최소형, 최구형
    ㄷ. 조용팔, 조진상, 이해심
    ㄹ. 신기한, 조은걸, 연구중

이러한 등장인물의 이름들 가운데 (1ㄱ)~(1ㄷ)은 가족 관계에 있는 인물들의 이름이고, (1ㄹ)은 가족이 아닌 개별 인물들의 이름이다. 흥미로운 것은 '나대라, 나아라, 나노라, 나주라', '나금성, 나화성' '최신형, 최소형, 최구형' 등 형제지간에는 상호 연관성이 있도록 일종의 돌림자를 넣어 작명이 이루어진 가운데 그 자체로 등장인물의 캐릭터를 직접

---

8) '계솔이'의 경우, 소리대로 읽으면 '계소리' 혹은 '개소리'가 된다. 등장인물 소개에서 제시된 바와 같이 이 이름은 남의 시선 같은 건 아랑곳없이 허튼소리를 읊어대는 인물의 성격을 직접적으로 드러내는 이름이다.

적으로 상징하는 의미를 담는 방식으로 작명이 이루어지고 있다는 것이다. 또한, '모성애, 남은정, 천연덕, 이해심' 등 집안의 어머니 혹은 아내 역할의 여성들에게 주어지는 이름 역시 그 자체만으로 캐릭터의 성격을 짐작하는 데 충분한 정보를 주는 방식으로 작명이 이루어졌음을 알 수 있다.

<수상한 삼형제>나 <폼 나게 살 거야>와는 좀 다른 차원이긴 하지만, 등장인물의 이름이 캐릭터의 성격은 물론 작품의 주제까지를 잘 드러내는 방식으로 작명될 수 있음을 보여주는 것으로는 MBC <보석비빔밥>과 SBS의 <별을 따다 줘>를 예로 들 수 있다. 작가 임성한의 작품인 <보석비빔밥>은 '궁비취, 궁루비, 궁산호, 궁호박' 등의 이름을 가진 4남매들이 다양한 재료들이 서로 맛을 내는 비빔밥처럼 어우러져 살아가는 이야기를 담은 것으로, 서로 다른 네 가지 보석명을 등장인물의 이름으로 삼고 있음이 특징이다. 이 작품의 또 다른 등장인물로는 '서로마, 이태리, 서영국'을 들 수 있는데, 도시와 국가명을 가족 구성원의 이름에 반영하되 이 역시 인물의 캐릭터를 상징적으로 드러내는 기능을 하고 있다는 점에서9) 주목할 만한 명명법이라고 할 수 있다. 또한 작가 정지우의 <별을 따다 줘>에서는 '진빨강', '진주황', '진노랑', '진초록' '진파랑, 진남이' 등의 색채어들이 주인공을 비롯하여 입양한 동생들의 이름으로 등장한다. 색채어 자체로만 보면 무지개의 스펙트럼 순서 그대로이지만, 이 또한 고유한 색채어들이 지니고 있는 상징적 이미지를 반영한 이름들이라고 할 것이다.

이상에서 기술한 이름의 유형들은 한 작품의 등장인물 대부분이 캐릭

---

9) 아버지 '서로마'는 200억 자산 규모의 중소기업회장으로서 매우 엄격한 성격의 소유자이며, 어머니 '이태리'는 교양 있고 우아한 인텔리이다. 또한 아들 '서영국'은 유학을 다녀온 중소기업 후계자이다.

터의 성격을 상징적으로 드러내는 예라고 한다면, 경우에 따라서는 등
장인물들 일부 혹은 한두 사람이 그와 같은 성격을 드러내는 작품들도
없지 않은데 그러한 사례를 모아 하나의 표로 정리하면 다음과 같다.

〈표 4.5〉 상징적 성격의 등장인물 이름 사례

방송사	작품명	이름	의미	비고
KBS	넝쿨째 굴러온 당신	한만희	한이 많음.	
		엄청애	(아들을) 지극히 사랑함.	
		방장수	장수 단팥빵 주인.	
	해운대 연인들	육탐희	관능미 넘치는 신분 상승형 사모님.	
MBC	개인의 취향	박개인	날씨가 맑게 갠 날 태어남.	
	런닝, 9	나준수	일류지향적 인물.	
		신기록	선수로서의 기록이 좋음.	
		허지만	선수로서 재능은 좋지만 노력이 부족함.	
MBC	장난스런 키스	윤혜라	도도하고 아름다우며, 명석하면서 성격마저 딱 떨어짐.	그리스 신화의 여신 이름.
		오하니	엄마 없이 자란 아이답지 않게 구김살 없는 성격.	〈달려라 하니〉의 '하니'
		정주리	정 많고, 눈물도 많고, 웃음도 많음.	
	신이라 불리운 사나이	최강타	살아남기 위해 싸움 기술을 익힌 강인한 인물.	
SBS	나는 전설이다	전설희	주도적이고 리더십 강한 성격의 마돈나 밴드의 리드보컬.	
	내 여자 친구는 구미호	구미호	동물형 요괴 여우.	
	내 사랑 내 곁에	도미솔	명랑 쾌활한 성격에 공부도 열심히 잘하는 여고생.	
		이소령	씩씩하고 혈기 왕성한 청년.	
	바보엄마	최고만	지극히 자본주의적 발상을 지닌 인물.	
	내 딸 꽃님이	양꽃님	불우한 가정환경을 탓하지 않고 매사 긍정적이고 밝은 모습으로 살아감.	

이름을 통해 등장인물의 성격을 상징적으로 드러내는 또 다른 방법은
별명을 이용하는 방법이다. 흔히 별명은 남들이 본인의 의사와는 무관
하게 개인의 습관이나 행동을 비웃거나 놀리는 뜻으로 부르거나 애칭으
로 부르는 것을 말하는데, 본 연구의 대상 이름 가운데 별명에 해당하는
것으로는 다음과 같은 것들을 들 수 있다.

> (2) ㄱ. 초코 : 울다가도 초콜릿만 주면 울음을 뚝 그침. <KBS, 세상 어
> 디에도 없는 착한 남자>
> ㄴ. 금줄 : 금목걸이를 두세 개씩 걸고 다님. <KBS, 적도의 남자>
> ㄷ. 부영도 : 부산 영도다리에서 주워 옴. <KBS, 해운대 연인들>

이상의 기술을 통하여 확인한 등장인물 이름의 유형은 이름을 통해
인물의 캐릭터를 상징적으로 드러내는 방식에 따른 것이었다. 이러한
작명 방식은 몇몇 소수의 작가들에 의한 비교적 특수한 명명법으로, 주
로 '성 + 이름'의 구조가 한 덩어리가 되어 일정한 의미를 담아내는 작
명법이라고 할 수 있다. 이와는 달리, 대다수의 작가들은 일정한 시대나
인물의 신분, 곧 사회적 지위 등을 토대로 한 캐릭터의 성격을 드러낼
수 있는 가장 전형적인 이름[10]은 무엇인가에 대한 작가 나름대로의 판
단이나 가치 부여, 의식을 간접적으로 드러내는 방식으로 '성 + 이름'의
구조에서 '성'보다는 '이름' 그 자체에 의미를 두어 작명을 하는 경우가
많다. 예컨대 10대와 60대 등장인물의 이름의 사례를 성별로 구분하여
제시하면 다음과 같다.

---

10) 개인의 출생과 함께 이루어지는 작명은 지극히 사적인 범주에 속하는 것처럼 보이지
만, 정작은 그 행위가 특정 시대의 사유 체계 안에서 이루어지는 것이 일반적이라고
할 수 있듯이(강희숙·양명희·박동근 2012 : 34), 개별 작가에 의해 이루어지는 작명
행위 역시 특정 시대의 사유 체계를 보이는 일종의 전형성을 보인다고 할 수 있다.

〈표 4.6〉 10대와 60대의 남녀 등장인물 사례

연령 \ 성별	남성	여성	비고
10대	건호, 경준, 기찬, 다름, 도준, 민조, 서우, 시우, 어진, 우재, 은결, 장군, 준, 태산, 태준, 현상, 현우, 현재, 형우, 홍주	나리, 나정, 닻별, 루비, 리아, 리안, 미수, 민아, 별, 세라, 아정, 예빈, 예지, 은경, 지원, 초롱, 풀잎, 하나, 혜미	10대 이하 포함.
60대	규태, 기남, 기봉, 달만, 덕보, 대성, 대평, 동국, 동만, 두용, 만석, 만복, 병식, 병태, 부남, 상구, 영달, 수창, 정호, 태호	갑년, 갑분, 경자, 귀남, 금녀, 둘남, 막녀, 막례, 말남, 말년, 말선, 봉자, 분이, 소녀, 순금, 애자, 인숙, 정녀, 정순, 필순	60대 이상 포함.

두 세대 정도의 나이 차를 보임으로써 결과적으로 조부모와 손주뻘이
되는 〈표 4.6〉의 등장인물의 이름을 대조적으로 살펴보면, 몇 가지 특
징적인 차이가 있음을 알 수 있다.

우선, 10대의 이름에서는 60대 이름보다 '다름, 어진, 닻별, 별, 하니,
루비, 리아, 리안, 초롱, 풀잎, 하나' 등 한자어 이름이 아닌 고유어나 외
래어 이름이 더 자주 나타나고 있다. 이를 다시 성별로 구분하여 살펴보
면, 10대 남성보다는 여성의 경우에 고유어나 외래어 이름이 더 자주 출
현하고 있다.[11] 또한, 60대 여성의 경우, '갑년, 갑분, 말선, 필순'처럼
형제간의 서열을 드러내거나 '금녀, 둘남, 막녀, 막례, 말남, 말년'처럼
전통적인 남아선호 사상을 드러내는 이름이 많음을 알 수 있다.[12]

---

11) 강희숙·양명희·박동근(2012 : 39~42)에서는 해방 이후 한국인 이름의 어종을 성별
로 살펴본 결과, 남성의 경우 여성에 비해 한자어가 차지하는 비중이 훨씬 높으며, 상
대적으로 고유어나 외래어 이름은 남성보다 여성의 경우에 더 높은 비중을 차지하는
것으로 보고하고 있다. 특히 고유어 이름은 남성이 0.62%의 낮은 분포를 보이는 데 반
해, 여성은 2.62%를 차지함으로써 거의 네 배 정도를 차지하는바, 고유어 이름은 남성
보다 여성 이름의 전형적 특성에 속한다는 사실이 확인된 바 있다. 외래어 또한 고유
어와 유사하게 남성들보다는 여성들의 경우에 더 높게 나타나는 것으로 지적되었다.
12) 이러한 이름들은 대부분 '딸은 그만'이라는 의미를 담고 있어 전통적인 남아 선호사상

음운론적 차원에서 보더라도 10대 남성의 경우, '경준, 기찬, 도준, 어진, 장군, 준, 태산, 태준' 등 이름의 말음이 'ㄴ'인 경우가 압도적으로 많은 데 비해, 60대 남성의 경우는 'ㅇ'이나 'ㄱ'으로 끝나는 이름이 더 많은 편이다. 또한, 10대 남성의 경우, '서우, 시우, 현우, 홍우, 홍주' 등 받침이 없이 모음 'ㅜ'로 끝나는 이름이 많은 반면, 60대의 경우는 'ㅜ'로 끝나는 이름이 나타나지 않음이 특징이다. 한편 여성 이름을 보면, 10대의 경우, '나정, 아정, 은경, 초롱' 등 'ㅇ'으로 끝나는 이름이 많은 반면, 60대 여성의 경우는 '갑년, 갑분, 말년, 말선, 정순, 필순' 등 'ㄴ'이나 '귀남, 둘남, 말남, 순금' 등 'ㅁ'으로 끝나는 이름이 상대적으로 높은 분포를 보인다. 모음의 경우, 10대는 '나리, 하니, 루비, 예지, 혜미' 등 'ㅣ'로 끝나는 이름이 많은 데 비해 60대의 경우는 '금녀, 막녀, 막례, 소녀, 정녀' 등 이중모음 'ㅕ'나 'ㅖ'로 끝나는 이름이 많은 것 또한 두 세대 간의 차이를 드러내는 데 중요한 표지로 작용하고 있다고 할 수 있다.

2.2. 등장인물 이름에 대한 계량적 분석

2.1.에서는 연구 대상 드라마의 등장인물의 이름을 크게 두 가지로 유형화하여 살펴보았다. 여기에서는 그러한 이름들이 연령과 성별, 직업 등 사회적 변수와 관련 어떠한 사회언어학적 분포를 보이는가를 통해 해당 이름들이 지니는 사회적 의미를 살펴보기로 하겠다.

첫째로, 이름의 어종별 분포와 관련해서는 고유어와 한자어의 구별이 용이치 않아 외래어 이름만을 분석 대상으로 삼은바, 등장인물 가운데

을 그대로 드러내는 이름이라고 할 수 있다.

외래어(외국어 포함) 이름을 가진 인물은 모두 53명으로 나타났다. 이를 세대와 성별, 국적별로 구별하여 제시하면 다음과 같다.

〈표 4.7〉 등장인물의 외래어 이름 분포

세대 \ 성별·국적	남		여		소계
	내국인	외국인	내국인	외국인	
10대	3	0	5	0	8
20대	10	1	10	4	25
30대	5	4	3	0	12
40대	0	0	2	0	2
50대	1	0	2	0	3
60대	1	1	0	1	3
소계	20	6	22	5	53
총계	26		27		53

위의 표를 보면, 외래어 이름을 가진 등장인물 53명 가운데 내국인은 42명(79.2%), 외국인은 11명(20.8%)[13]으로 내국인의 비중이 압도적으로 높다. 이와 같은 언어적 사실은 외래어 이름이 외국 국적의 인물에게 주어지는 것이 아니라, 한국 국적의 인물들에게도 높은 비중으로 부여되고 있음을 보여주는 것이라고 할 것이다. 내국인들 가운데는 20대가 20명으로 가장 높은 비중을 차지하는데, 이와 같은 경향은 최근 들어 젊은이들 사이에서 외래어 이름을 사용하는 비중이 높아지고 있음을 반영하는 것이라고 할 수 있다.[14]

---

13) 국적별로는 미국인 4명, 일본인 4명, 중국인 1명, 프랑스인 1명, 필리핀인 1명이다.
14) 한국인의 영어 이름 실태를 조사 분석한 채서영(2004)에 따르면, 젊은이들은 우리말 이름이 발음하기나 외우기가 어렵다는 이유로 영어 이름을 정하고 있으며, 영어 이름을 인터넷 ID, 해외 연수나 여행, 직장생활에서 필요한 경우에 활발히 사용하고 있다.

한편, TV 등장인물 이름의 사회언어학적 특징 가운데 하나는 다양한 사회적 변수와 관련하여 나타나는 이름의 중복 빈도를 통해 확인할 수 있다. 다음은 연령과 성별에 따른 등장인물명의 중복 빈도이다.

〈표 4.8〉 각 세대와 성별 이름의 중복 빈도

	남	여
10대	기찬(2), 준(2)	재희(2), 하니(2)
20대	동주(3), 선우(3), 정우(3)/강호(2), 민재(2), 선호(2), 수(2), 인우(2), 재하(2), 지훈(2), 현수(2)	소라(3), 유경(3), 재인(3), 주희(3)희주(3)/경미(2), 미나(2), 미순(2), 미호(2), 민아(2), 소정(2), 승연(2), 아영(2), 유미(2), 유진(2), 윤서(2), 윤주(2), 은남(2), 은재(2), 은주(2), 주미(2), 지혜(2), 진주(2), 진희(2), 현진(2), 혜인(2)
30대	우진(4)/민혁(3), 정우(3), 진우(3)/강석(2), 강수(2), 강우(2), 대성(2), 대식(2), 동수(2), 산(2), 상철(2), 상호(2), 석호(2), 우현(2), 재용(2), 준수(2), 준하(2), 지원(2), 지헌(2), 진구(2), 진만(2), 태성(2), 태영(2), 태준(2), 태훈(2), 현욱(2)	도희(4), 지원(4)/경주(3), 은영(3), 태희(3)/미란(2), 미숙(2), 민주(2), 세영(2)수진(2), 신영(2), 영심(2), 영주(2)유미(2), 윤주(2), 윤희(2), 은설(2)재희(2), 준희(2), 현주(2)
40대	귀남(2), 덕수(2), 동식(2), 봉구(2)영도(2), 태산(2)	윤희(3), 지영(2), 도희(2), 인숙(2), 정숙(2), 정희(2)
50대	만수(2), 상길(2), 창식(2)	영자(3), 인숙(3)/명자(2), 미순(2), 미자(2), 선희(2)순애(2), 순옥(2), 순임(2), 영선(2)윤희(2), 정숙(2), 지숙(2), 혜자(2)
60대	태호(3), 만복(2)	순녀(2)

위의 표는 각 세대와 성별로 중복 빈도가 2회 이상인 이름의 목록을 제시한 것이다. 여기에서 보듯이, 연령과 성별에 따라 이름의 중복 양상에 상당한 차이가 있어서 10대나 40대, 60대의 경우는 중복 이름의 종류가 많지 않은 반면, 20대와 30대의 경우는 상당수의 이름들이 중복되고 있어 해당 연령과 성별의 인물의 전형성을 어느 정도는 엿볼 수 있

게 된다. 예컨대, 30대 남성의 '우진'이나 30대 여성 이름 '도희'나 '지원'이 그러한 사례에 속한다고 할 것이다.15) 그러나 30대를 제외한 그 밖의 경우는 그 빈도가 높지 않아서 그러한 전형성을 확보하기가 쉽지 않다. 이러한 문제를 해결하기 위해서는 이름의 중복 빈도 외에 이름의 첫 음절과 마지막 음절의 중복 빈도를 살펴보는 것이 필요하다고 할 수 있다. 다음은 2회 이상 출현한 이름의 첫 음절 유형 및 빈도를 제시한 것이다.

〈표 4.9〉 첫 음절 유형의 연령별, 성별 빈도

	남성	여성
10대	승(3), 은(3), 현(3)/기(2), 두(2), 병(2), 시(2), 찬(2), 태(2), 형(2)	세(3), 하(3)/나(2), 예(2), 유(2), 재(2), 지(2), 혜(2)
20대	동(12)/정(8), 재(8), 준(8)/민(7), 태(7)/영(6)/대(5), 상(5), 선(5)/ 강(4), 기(4), 도(4), 세(4), 지(4)/경(3), 무(3), 석(3), 성(3), 승(3), 유(3), 은(3), 인(3), 진(3), 현(3)/건(2), 근(2), 수(2), 마(2), 윤(2), 창(2), 철(2), 충(2), 하(2), 학(2), 혁(2), 형(2), 호(2)	미(17)/은(11)/유(10)/다(8), 소(8), 인(8), 재(8), 진(8)/윤(7), 정(7), 주(7), 혜(7)/나(6), 지(6)/민(5), 영(5)/경(4), 세(4), 수(4), 아(4), 희(4)/명(3), 애(3), 자(3), 현(3), 효(3)/강(2), 보(2), 봉(2), 선(2), 새(2), 순(2), 승(2), 태(2)

15) 강희숙·양명희·박동근(2012 : 47)에서는 각 연대와 성별로 1위의 중복 순위를 차지하는 이름의 예를 다음과 같이 제시하고 있는바, 본 연구의 결과와는 상당한 차이가 있음을 알 수 있다. 이와 같은 차이는 1차적으로는 표본의 제약에 따른 것일 수도 있지만, 다른 측면에서는 실제 언어 현실과 거리가 있는 작품 내부의 질서에 따른 것이라고 할 것이다.

성별 연대	남성		여성	
	이름	빈도	이름	빈도
1950	영수	58	영숙	278
1960	성수, 정호	44	미숙	257
1970	정훈	80	은영	169
1980	지훈	80	지혜	227
1990	지훈	109	민지	217
2000	민준	126	유진	206

	남성	여성
30대	태(17)/진(13)/강(11),도(11),재(11)/상(10)/민(9),영(9),지9)/동(8),우(8),준(8)/대(7),현(7)/기(6),승(6)/정(5)/인(4),창(4),해(4)/석(3),성(3),세(3),수(3),용(3),은(3)/경(2),광(2),남(2),무(2),병(2),서(2),운(2),윤(2),일(2),종(2),주(2),형(2),홍(2)	은(11)/지(9)/정(8)/경(7),세(7),수(7)/미(6),영(6),유(6),진(6)/도(5),혜(5)/연(4),윤(4),재(4),태(4),희(4)/가(3),나(3),민(3),순(3),신(3),애(3),우(3),이(3),주(3),현(3)/기(2),다(2),봉(2),서(2),소(2),여(2),인(2),일(2),채(2),회(2)
40대	동(7)/영(6)/태(5)/기(4),정(4)/덕(3),병(3),상(3),윤(3)/귀(2),대(2),도(2),문(2),민(2),봉(2),성(2),세(2),은(2),인(2),일(2),준(2),지(2),진(2),칠(2),철(2),한(2),혁(2),호(2),홍(2)	정(7)/윤(5)/영(4)인(4)/금(3)도(3)지(3)진(3)혜(3)/경(2)나(2)미(2)민(2)소(2)순(2)은(2)재(2)현(2)희(2)
50대	인(8)/영(7)/경(6),상(6)/정(5)/광(4)/기(3),대(3),명(3),용(3),재(3),진(3),태(3)/강(2),규(2),남(2),민(2),병(2),수(2),우(2),일(2),창(2),춘(2),호(2)	순(10)/영(6),인(6),정(6)/미(5)/명(4),선(4)/수(3),복(3),옥(3),윤(3),혜(3)/강(2),기(2),덕(2),말(2),백(2),숙(2),양(2),연(2),은(2),지(2),필(2),화(2),희(2)
60대	태(5)/대(4)동(4)상(4)영(4)정(4)/만(3)/달병순	순(5)/금(4)정(4)/말(3)/갑(2),경(2),막(2),미(2),영(2),인(2)

위의 표를 보면 우리는 이름의 첫 음절 유형 빈도가 연령과 성별에 따라 상당한 차이가 있어 등장인물의 연령과 성별에 따른 일종의 전형성을 어느 정도 파악할 수 있다. 특히, 20대 남성의 '동'이나 여성의 '미', 30대 남성의 '태'나 여성의 '은', 50대의 '인'이나 '순'이 그러한 예이다. 다만, 동일한 첫 음절 유형이 상이한 연령대에 분포하는 모습을 보이기도 하는데, 예컨대 남성 이름에서 '동'이 20대와 40대에, '태'가 30대와 60대에 동일하게 분포하며, 여성의 경우 '순'이 50대와 60대에 동일하게 분포하는 것이 그것이다. 이와 같은 사실은 동일한 음절이 여러 세대에 걸쳐 선택될 수 있음을 보여주는 것이라고 할 수 있다.[16]

---

16) 강희숙·양명희·박동근(2012 : 42~44)에서 제시된 이름의 중복 빈도 또한 시대별로 겹쳐서 나타나는 양상을 보임이 특징이다.

한편, 이름 첫 음절 유형 및 빈도가 연령과 성별로 차이를 보이는 것과 마찬가지로 이름 끝 음절 또한 그와 같은 차이를 보여준다. 다음은 중복 빈도 2 이상인 이름의 끝 음절 유형 및 빈도이다.

〈표 4.10〉 끝 음절 유형의 연령별, 성별 빈도

	남성	여성
10대	준(5)/우(4)/조(3), 진(3), 현(3)/ 구(2), 재(2), 주(2), 호(2)	정(4/나(3)/라(2), 리(2), 미(2), 별(2), 빈(2), 숙(2), 이(2), 주(2), 희(2)
20대	수(10)/우(8), 준(8), 진(8), 호(8)/훈(7)/철(6)/ 구(5), 민(5), 식(5)/기(4), 성(4), 영(4), 하(4), 혁(4), 희(4)/룡(3), 모(3), 원(3), 재(3), 한(3)/ 광(2), 국(2), 도(2), 명(2), 배(2), 빈(2), 석(2), 욱(2), 윤(2), 이(2), 인(2), 현(2), 형(2)	주(14), 희(14)/미(12)/영(11)/경9)/리(7), 수(7), 정(7), 진(7)/라(6), 숙(6)/나(5), 아(5), 연(5), 원(5), 은(5), 인(5)/란(4), 지(4)/기(3), 림(3)선(3), 순(3), 윤(3), 혜(3)/님(2), 민(2), 서(2), 이(2), 화(2)
30대	호(13)/준(12)/우(11)/수(10)/석(10)/석(9)/ 철(8), 훈(8)/진(7)/구(5), 성(5), 영(5), 욱(5), 찬(5), 현(5)/기(4), 민(4), 원(4)/국(3), 빈(3), 재(3), 조(3), 태(3), 하(3), 혁(3)/강(2), 도(2), 만(2), 명(2), 문(2), 법(2), 봉(2), 산(2), 상(2), 섭(2), 완(2), 일(2), 주(2), 한(2), 형(2), 환(2), 희(2)	영(16)/희(14)/경(9)/주(8)/란(7)숙(7)정(7) 진(7)/미(6)/수(5)원(5)/혜(4)/남(3)리(3)서(3)은(3)화(3)/나(2), 라(2), 민(2), 심(2), 슬(2), 연(2), 옥(2), 재(2)
40대	구(6), 수(6), 준(6)/도(5), 식(5)우(5)/석(4), 호(4)/성(3), 철(3), 혁(3), 훈(3)/국(2), 기(2), 동(2), 만(2), 민(2), 연(2), 윤(2), 재(2), 진(2), 현(2)	희(14)/숙(9)/미(5), 영(5), 주(5)/림(3), 애(3), 자(3)/라(2), 란(2), 심(2), 옥(2)
50대	호(7)/수(6)식(6)/철(5)/준(4)/구(3), 남(3), 배(3), 재(3), 태(3), 현(3)/규(2), 만(2), 명(2), 범(2), 복(2), 석(2), 욱(2), 주(2), 학(2), 한(2), 혁(2), 환(2)	자(15)/숙(12)/순(8)/희(7)/정(5)/실(4), 옥(4)/녀(3), 애(3)/경(2), 남(2), 모(2), 영(2), 임(2), 주(2)
60대	호(5)/진(4)/수(3), 용(3)/국(2), 길(2), 남(2), 달(2), 만(2), 봉(2), 섭(2), 식(2), 태(2)	자(5), 녀(5), 순(5)/남(3), 선(3), /년(2), 옥(2), 이(2), 호(2)

이와 같은 등장인물명 끝 음절 유형의 빈도는 연령과 성별에 따라 일
정한 경향성을 보여주는데, 이는 특히 강희숙·양명희·박동근(2012)에
서 확인된 이름의 끝 음절 유형의 빈도와 관련성이 비교적 높게 나타난
다는 점에서 그러하다. 이러한 사실을 확인하기 위해 강희숙·양명희·
박동근(2012)과 본 연구에서 확인된 끝 음절 유형의 빈도 가운데 1~3 순
위를 대조적으로 제시하면 다음과 같다.

〈표 4.11〉 끝 음절 중복 빈도 1~3위 이름 비교

	강희숙·양명희·박동근(2012)		강희숙(2013)	
	남성	여성	남성	여성
10대	준/우/민	은/연/영	준/우/조,진,현	정/나/라
20대	현/호/우	영/진/지	수/우,준,진,호/훈	주,희/미/영
30대	호/훈/현	영/희/정	호/준/우	영/희/경
40대	호/수/훈	희/영/숙	수,구,준/도,식,우/석,호	희/숙/미,영,주
50대	수/호/석	숙/희/자	호,수,식/철/준	자/숙/순
60대	수/호/식	자/숙/순	호,진/수/용	자,녀,순/남,선

이와 같은 비교를 통해 확인할 수 있는 언어적 사실은 이름의 첫 음
절 유형에서는 발견하기 어려웠던 실제 한국인 이름과의 공통점이 끝
음절 유형의 경우에는 상당한 많이 나타난다는 것이다. 물론 부분적으
로 일치하지 않는 이름도 있어 또 다른 해석을 필요로 하긴 하지만, 한
국인 이름에서 끝 음절이 어떻게 끝나는가 하는 것은 첫 음절 경우보다
훨씬 더 유표적이어서 그와 같은 유표성이 드라마 인물의 이름에도 그
대로 반영되고 있는 것은 아닐까 한다.

한편, 본 연구는 연령과 성별 외에 등장인물의 직업에 따라 명명이 어
떻게 달라지는가를 파악하려는 또 다른 목적을 가지고 있었는바, <표

4.4>에 제시한 직업의 분류 기준에 따른 등장 인물명의 유형 및 특징을 이름과 첫 음절 및 끝 음절 빈도를 통해 확인하고자 하였다. 특징적인 것은 등장 인물명을 직업의 유형별로 분류한 결과, 이름이나 끝 음절 중복 빈도는 매우 낮은 반면, 첫 음절 중복 빈도만큼은 비교적 높게 나타남으로써 일정한 전형성을 엿볼 수 있게 한다는 것이다. 이러한 사실을 감안하여, 직업별로 빈도 1순위를 보이는 첫 음절 유형 및 그 사례를 제시하면 다음과 같다.

〈표 4.12〉 직업별 첫 음절 빈도 1순위 및 사례

직업	남성	여성
국회의원, 정치인	재강, 재하	혜림, 희주
CEO	태주, 태준, 태진, 태호	은영, 은혜
공무원	동수, 동찬	아정
판사, 검사, 변호사	태성, 태준, 태혁, 태훈	정민, 정선
의사	인범, 인식, 인욱, 인혁	다경, 다지/지수, 지혜
간호사	태식	은숙, 은아
교수, 교사	영민, 영식, 영호/ 정완 ,정우, 정일	영숙, 영옥/윤수, 윤희/ 은유, 은혜
건축가, 선박기술자	상우, 상준/태산, 태준	다진, 민주, 봉희, 해주
방송인, 연예인	대길, 대박, 대웅 /현민, 현수, 현욱	미나, 미련/정난, 정옥, 정은
기자, 작가, 소설가	준, 준우, 준형	민경, 민주
디자이너	영걸, 영민	세경, 세나
큐레이터	도빈, 우진	윤주, 윤희/재인, 재희/ 정수, 정원
음악인, 피아니스트	동진, 무결	다미, 설희, 영랑
운동선수	기록, 동수, 무열	민수, 세라, 지민, 희영
경찰, 경호요원	정우, 정률, 정명, 정철	미수, 미숙/소란, 소희
요리사	동식, 동해	미순, 미희

직업	남성	여성
회사원	상구, 상길, 상도, 상억, 상우, 상원, 상준, 상철, 상혁, 상호	유경, 유진, 유라, 유란, 유미/ 지원, 지혜, 지영, 지완
비서 및 사무보조원	기도, 기택/영규, 영배	도희, 소정, 정화, 주희
자영업자	재용, 재하, 재훈	순녀, 순애, 순정, 순진/ 인숙, 인화, 인자
종업원	기남, 기별, 기출, 기훈/ 동백, 동아, 동철, 동훈	말남, 말년, 말순
프리랜서	태성, 태희, 태훈	진이, 진희

위의 사례는 직업의 유형과 관련하여 이름의 첫 음절 중복 빈도의 양상이 일정한 전형성을 드러낼 수 있음을 보여준다. 예컨대 남성 CEO나 법률 관련 전문직 종사자의 경우 '태'로 시작하는 이름이 많으며, 남성 회사원의 경우에는 '상'으로, 여성 회사원의 경우는 '유'나 '지'로 시작하는 경우가 많은바, 그러한 글자의 의미나 음성적 특징을 기초로 등장인물의 명명이 이루어질 수 있음을 시사한다. 또한, 여성 자영업자의 경우 '순녀, 순애, 순정, 순진'의 사례처럼 '순'으로 시작하거나 '인숙, 인화, 인자'처럼 '인'으로 시작하는 이름이 많다고 할 수 있어, 등장인물의 명명 시 이러한 이름의 첫 음절이 갖는 의미 또는 음성적 특징과 직업과의 연관성이 또한 고려되고 있음을 알 수 있다.

3. 요약 및 결론

본고는 드라마 인물의 성격 창조가 이름 짓기, 곧 명명(命名, appellation)을 통해서 이루어질 수 있다는 전제하에, KBS, MBC, SBS 등 우리나라

의 대표적인 지상파 방송사에서 2010~2012년에 방영한 드라마의 인물
명을 대상으로 명명 방식 및 인물명의 사회언어학적 특성은 무엇인가를
규명하는 것을 목적으로 하였다. 연구 결과를 요약하면 다음과 같다.

첫째, 인물 이름의 명명 방식은 상징적 방법과 실제 언어 현실과의 연
관성을 간접적으로 드러내는 방법으로 구분할 수 있었다. 그 결과, KBS
의 <수상한 삼형제>나 MBC의 <보석비빔밥>, SBS의 <폼 나게 살 거
야>와 같은 작품의 경우, 등장인물 거의 전체가, KBS의 <넝쿨째 굴러
온 당신>을 비롯한 상당수의 작품들이 인물의 일부 이름을 '성 + 이름'
의 형태 그 자체로 상징적으로 드러내고 있음이 확인되었다.

둘째, 대다수의 작가들은 일정한 시대나 인물의 신분, 곧 사회적 지위
등을 토대로 한 캐릭터의 성격을 드러낼 수 있는 가장 전형적인 이름은
무엇인가에 대한 작가 나름의 판단이나 가치 부여, 의식을 간접적으로
드러내는 방식으로 '성 + 이름'의 구조에서 '성'보다는 '이름' 그 자체에
의미를 두어 작명을 하는 경우가 많았다. 그 결과, 10대 여성의 이름에
서 고유어나 외래어 이름이 더 자주 나타난다든지, 60대 여성의 경우,
형제간의 서열을 드러내거나 전통적인 남아선호 사상을 드러내는 이름
이 많다는 사실이 확인되었다.

셋째, 등장인물 이름과 연령 및 성별과의 상관관계에 대한 계량적 분
석을 통해서는 2, 30대 연령층 등장인물 이름에서 외래어 이름이 가장
높은 빈도를 차지하는바, 이는 최근 젊은이들 사이에서 영어식 이름이
늘고 있다는 사실과 관련이 있음이 밝혀졌다. 또한, 첫 음절이나 끝 음
절 유형이 연령과 성별 요인과 비교적 뚜렷한 상관관계를 보이되, 특히
끝 음절 유형의 경우 강희숙·양명희·박동근(2012)에서 확인된 실제 언
어 현실과 상당 부분 일치하고 있음이 확인되었다.

넷째, 등장인물의 이름과 직업과의 상관관계에 대한 분석 결과, 특히

이름의 첫 음절 유형에서 일정한 사회적 의미를 드러내는 방식의 상관
관계가 있음이 확인되었다.

이 연구는 아직까지 한번도 시도된 적이 없는 TV 드라마 인물의 명
명법에 초점을 맞춤으로써 등장인물의 명명 원리 및 사회언어학적 특성
은 무엇인가를 밝힘과 동시에 한국 언어문화의 한 가지 측면을 밝혀내
었다는 점에서 그 자체로도 의미가 있는 연구 성과라고 생각한다. 그러
나 3년이라는 비교적 짧은 기간에 방영된 드라마에만 초점을 맞춤으로
써 표본의 대표성에 한계가 있을 수 있으며, 인물의 명명이 성별과 연
령, 직업이라는 외적 요인 외에도 인물의 내면적 특성과 상관관계가 있
을 수 있다는 점까지는 밝히지 못했다는 점에서 한계가 있을 수 있다.
이러한 문제는 앞으로 지속적인 관심을 가지고 해결해야 할 문제라고
본다.

제2장 가수와 그룹 이름의 명명법

  이 장에서는 언어 환경과 시대의 변화에 따라 한국 대중문화의 한 축
을 이루고 있는 가수와 그룹의 이름이 어떻게 변화하였는지를 살펴보고,
이러한 명명법의 변화에 내재된 사회언어학적인 의미를 찾는 데 목적이
있다.

  언어 환경이라 함은 우리가 속해 있는 사회에서 사용하는 언어 전반
을 모두 가리키는 넓은 개념으로 볼 수도 있고, 좁은 의미로는 일상생활
에서 사용하고 접하는 언어를 가리키는 것으로 이해할 수 있다.[1] 학교
에서 교재로 사용하는 교과서와 같은 규범적 언어, 어문 규범에 비교적
충실한 신문, 방송의 언어, 그리고 영화, 드라마, 가요, 게임 등 규범의
틀에서 어느 정도 벗어나 자유롭게 사용되는 대중매체의 언어 등이 모
두 언어 환경의 구성소라고 할 수 있다.

  이러한 언어 환경은 시대의 변화에 따라 변화되며, 구성원들의 언어
에 대한 태도와 서로 영향을 주고받는다. 다시 말하여 시대의 변화에 따

---

[1] 2005년 고시된 국어기본법 제9조 '실태 조사 등'에 대한 법령은 "문화체육관광부장관
  은 국어 정책의 수립에 필요한 국민의 국어능력, 국어 의식, 국어 사용 환경 등에 관한
  자료를 수집하거나 실태를 조사할 수 있다"라고 되어 있다. 국어기본법에 사용된 '국어
  사용 환경'과 '언어 환경'은 동일한 개념으로 이해해도 무방하다.

라 새롭게 언어가 창조되기도 하고 없어지기도 하는데 이는 구성원들의 언어 태도에 영향을 주게 되며, 구성원들의 언어 태도에 따라 새로운 언어 변화가 쉽게 받아들여지기도 하고 거부당하기도 하면서 언어 환경이 변화된다는 것이다.

2부 1장에서 본 것처럼 한국인의 인명은 시대별로 선호하는 이름에 변화가 나타나는데, 특히 고유어 이름은 1980년대에 이르러 이전 시기에 비해 폭발적인 증가를 보이며 전체 이름의 6.07%를 차지하고 1990년대에도 이러한 현상은 계속 유지되고 있으며, 2000년대부터 외래어 이름이 조금씩 등장하고 있다고 한다. 아직까지 한국인의 인명에 외래어 이름이 고유어 이름만큼 비율이 높아지지는 않았지만, 이름으로 자신의 특징을 표현해야 하는 가수의 이름이나 그룹명에는 외래어 이름이 점점 증가하고 있는 추세이다.

주민등록상에 올라가는 인명과 달리 가수의 이름은 예명일 가능성이 높기 때문에 한국인 인명의 특징을 연구하는 데 가수의 이름과 그룹명을 대상으로 하는 것은 적절하지 않은 것으로도 볼 수 있으나, 가수명 역시 한국인을 지칭하고 한국인에 의해 지어졌다는 점에서 한국인의 명명 의식을 엿볼 수 있다고 생각한다. 특히 그룹명은 서로 다른 사람들이 모였지만 그룹의 특징을 알릴 수 있는 이름을 붙인다는 점에서 개인의 인명을 명명하는 법과는 다른 특징을 보일 수 있기 때문에 한국인의 명명법을 좀 더 상세하게 살펴볼 수 있다는 점에서 의의를 찾을 수 있을 것이다.

가수명, 그룹명에 어떤 명명적 특징이 나타나는지 그 양상을 살펴보고, 어종의 변화가 나타나기 시작한 것이 언제부터인지, 변화의 양상은 구체적으로 어떠한지, 왜 이러한 변화가 나타나는지 그 원인 등을 분석해 봄으로써 명명법에 대한 한국인들의 인식을 살펴보고자 한다.

1. 연구 방법

모든 시기의 가수명과 그룹명을 조사하기에는 자료가 방대하여 멜론의 시대별 차트를 이용, 1990~2009년까지 20년 간 1위에서 100위 안의 노래를 부른 가수 및 그룹 이름을 엑셀로 정리하여 통계를 내었다. 멜론의 시대별 차트는 당시 유행했던 노래를 그대로 반영하지 못한다. 왜냐하면 소비자가 좋아하는 음악을 다운받아 들은 횟수를 기준으로 통계를 내기 때문에 예전에 유행했던 노래가 다시 순위에 오르는 경우가 있기 때문이다. 2012년에 유행됐던 버스커버스커의 '벚꽃엔딩'이 2013년 멜론에서 다시 순위에 오른 것이 대표적이다. 그럼에도 멜론의 시대별 차트를 이용한 것은 연도별로 1~100위에 대한 정보를 제공하고 있기 때문이다.[2]

1990~2009년까지 20년 동안 100위에 오른 가수와 그룹명을 연도별로 살펴보면 다음 <표 4.13>과 같다. 같은 연도 내에서 동일인, 동일 그룹은 1회로 계산하였고, '가수 + 그룹'을 분모로 하고 가수와 그룹을 각각 분자로 하여 비율을 계산했다(소수 둘째 자리에서 반올림). 그리고 실제 가수 수와 그룹 수는 괄호 안에 표시하였으며, 동일인, 동일 그룹을 제외하고 산정한 가수명은 모두 386개, 그룹명은 217개로 집계되어 가수명이 그룹명보다 더 많이 조사되었다.

---

2) 벅스 뮤직은 벅스 차트에 '차트 히스토리'가 있으나 주별 단위로 되어 있으며, 소리바다는 시대별 차트가 없으며, 네이버 뮤직은 80년대, 90년대처럼 10년을 기준으로 시대별 음악을 제공한다. 엠넷차트는 멜론처럼 스트리밍과 다운로드 수를 기준으로 순위를 매기는데 2008년부터 제공된다.

〈표 4.13〉 멜론 연도별(1990~2009년) 100위 차트의 가수와 그룹 비율

(단위 : %(명,개))

연도	1990	1991	1992	1993	1994	1995	1996	1997	1998	1999
가수	85.1	84.2	89.7	73.6	60.7	60.2	52.9	54.3	60.0	58.6
	(57)	(64)	(70)	(50)	(48)	(50)	(36)	(44)	(45)	(41)
그룹	14.9	15.8	10.3	26.4	39.3	39.8	47.1	45.7	40.0	41.4
	(10)	(12)	(8)	(18)	(31)	(33)	(32)	(37)	(30)	(29)
연도	2000	2001	2002	2003	2004	2005	2006	2007	2008	2009
가수	65.8	68.8	61.7	60.2	65.4	57.8	63.5	59.2	51.7	47.6
	(50)	(55)	(50)	(50)	(51)	(37)	(40)	(42)	(30)	(30)
그룹	34.2	31.2	38.3	39.8	34.6	42.2	36.5	40.8	48.3	52.4
	(26)	(25)	(31)	(33)	(27)	(27)	(23)	(29)	(28)	(33)

연도별로 보면 1990년대 초반에는 그룹보다 가수의 비율이 80%를 상회할 정도로 높았는데 1993년부터 조금씩 가수의 비율이 줄어들어 1990년대 말에는 60% 수준까지 떨어진다. 이후 2007년까지 가수의 비율이 60% 정도가 유지되는데 2008년에는 51.7%, 2009년에는 47.6%로 그룹의 비중이 가수의 비율과 거의 엇비슷해졌음을 알 수 있다. 물론 연도별로 100위 안에 든 가수와 그룹만을 대상으로 하였기 때문에 실제로 활동한 가수와 그룹의 정확한 수치는 아니지만 그룹의 활동이 점점 증가하였음은 확인할 수 있다.

다음 장에서는 가수와 그룹으로 나누어 어종의 변화가 어떻게 나타나는지, 이름을 구성하는 음절수의 선호가 있는지, 그리고 작명 방법은 어떠한지를 차례대로 살펴보아 가수 및 그룹의 명명법에 나타나는 사회언어학적 특성을 살펴보도록 하겠다.

2. 어종의 변화

가수명과 그룹명의 어종 변화를 살펴보고자 하는 것은 우리가 느끼고 있듯 외래어 어종의 가수명과 그룹명이 증가한 것이 언제부터인지 실질적인 데이터를 근거로 추적해 보기 위함이다.

가수는 단독으로 노래를 부르기 때문에 본명을 사용할 확률이 높고 예명을 사용하더라도 외국 이름보다는 한국 사람들이 흔히 사용하는 한자어나 고유어를 사용할 가능성이 높다. 반면 그룹은 둘 이상이 모여 결성되기 때문에 멤버의 이름을 사용하는 경우는 거의 없고, 그룹의 특성을 알릴 수 있는 작명을 하는 경우가 일반적이기 때문에 외래어를 먼저 사용했을 가능성이 높다.[3] 또한 가수명이 '성 + 이름'으로 구성되는 것과 달리 그룹명은 일반명사를 사용하거나 상표명처럼 단어를 조합해서 새로운 이름을 만드는 방식을 사용하는 경우가 많아 언어적 형식에서도 차이가 나타난다.

2.1. 가수명

다음 <표 4.14>는 1990~2009년까지 멜론 차트 100위에 오른 가수명을 어종별로 분류한 표이다.

---

[3] 김세레나, 패티킴, 트윈폴리오, 바니걸스, 어니언스 등 예전에 외래어종의 가수명과 그룹명이 사용되지 않았던 것은 아니다.

〈표 4.14〉 멜론 연도별(1990~2009년) 100위 차트의 가수명 어종 분포

(단위 : 명)

연도	1990	1991	1992	1993	1994	1995	1996	1997	1998	1999
한자어	57	63	70	50	48	50	36	41	41	38
고유어	0	1	0	0	0	0	0	0	0	0
외래어	0	0	0	0	0	0	0	2	2	2
한자어 +고/외	0	0	0	0	0	0	0	1	1	1
기타	0	0	0	0	0	0	0	0	1[4]	0
합계	57	64	70	50	48	50	36	44	45	41
연도	2000	2001	2002	2003	2004	2005	2006	2007	2008	2009
한자어	46	48	43	38	36	27	26	22	20	17
고유어	0	1	3	3	3	3	4	3	3	2
외래어	2	4[5]	3	9	12	6	8	14	7	8
한자어 +고/외	2	2	0	0	0	0	0	1	0	2
기타	0	0	1[6]	0	0	1[7]	2[8]	2[9]	1	1
합계	50	55	50	50	51	37	40	42	30	30

<표 4.14>를 보면 알 수 있듯 가수명은 한자어 비율이 가장 높다(324

명/83.9%).[10] 그룹명과 달리 가수는 한 개인을 표시하는 것이기 때문에

---

4) 가수 '여명'은 중국 가수이므로 기타로 처리하였다.

5) '포지션'은 임재욱과 안정훈이 같이 활동한 그룹이었으나 1999년 안정훈이 탈퇴한 후 그룹명을 그대로 사용하여 1999년 이전을 기점으로 이전은 그룹명에, 이후는 가수명에 포함하였다.

6) 가수 '류'는 한자 '流'일 가능성이 높으나 어떤 문서에서도 확인이 안 되어 기타로 처리 하였다.

7) 가수 '아이'는 영어 'i'인지 아니면 우리말 '아이'인지 확인하지 못하였다. 15세에 데뷔 한 것을 볼 때 우리말 '아이'일 가능성도 배제할 수 없다.

8) 중국인 가수 '장리인'과 일본인 가수 '아유미'는 외국 가수이므로 기타로 처리하였다.

9) 중국 가수 '장리인'과 '지아'를 합한 수이다. 가수 '지아'는 본명이 '박지혜'인 것으로 보아 본명의 '지'를 이용하여 지은 예명으로 보인다. 영어로는 'zia'로 표기하는데 명확 하게 어원을 알 수 없다. 2008년, 2009년 기타는 모두 가수 '지아'를 가리킨다.

외래어 이름의 사용이 일반적이지 않은 것을 볼 수 있다. 그리고 다음은
외래어(43명/11.1%)>고유어(10명/2.59%) 순이다.[11] 그룹명과 달리 가수는
한 개인을 표시하는 것이기 때문에 외래어 이름의 사용이 일반적이지
않은 것을 볼 수 있다. '한자어 + 기타'(4명)는 한자어, 외래어, 고유어 외
에 '한자어 + 고유어, 한자어 + 외래어'로 분석되는 예를 가리키는 것이
다. 여기에 속하는 가수명은 넷인데 1997년에 차트에 오른 '양파(洋-)'가
전자의 예이고, '화요비'(2000)[12]와 'JK 김동욱'(2001), '지드래곤'(2009)이
후자의 예이다. '양파'는 일반적으로 한자어와 고유어의 결합이라는 인
식이 별로 없으며, '화요비'의 '비'가 'R&B'의 'B'라는 것은 설명 없이는
알기 어렵다. 관심을 가져야만 그 뜻을 이해할 수 있도록 만들어진 가수
명은 일종의 상표명의 작명과 유사한 양상을 띤다. '지드래곤'은 '지용'
이라는 원래의 이름에서 '용'만 영어 단어로 바꾸어 작명한 예이다. 한
자로 된 이름 낱자의 뜻을 영어로 나타내는 작명법은 그만큼 한자보다
는 영어 단어가 의미를 알리는 데 더 효과적인 방법임을 인식한 결과로
보인다. 그 밖에 기타(6명)는 어원을 밝히지 못한 것이나 중국인, 외국인
가수 이름을 포함한 것이다.

외래어 이름의 가수[13]가 차트에 처음 오른 것은 1997년으로 나타나

10) 괄호 안의 이름 수는 동일인을 제외하고 산출한 수로 각 연도별 숫자를 합한 값과는
다르다. 뒤에 나오는 외래어, 고유어 이름의 수도 마찬가지이다. 여러 명이 같이 노래
를 부른 경우 그룹명 없이 가수 이름을 다 사용한 예도 있다. '비 오는 날의 수채화'를
부른 '김현식/강인원/권인하'와 '내일이 찾아오면'을 부른 '오석준/장필순/박정운'이다.
이는 그룹명도 아니고 그렇다고 단독 가수로 계산하기 어려워 제외하였다.
11) 강희숙 외(2012)는 1950년대~2000년대까지 한국인 이름을 표본 추출하여 그 특성을
분석한 연구로 어종별로는 한자어(98.23%)>고유어(1.62%)>외래어(0.16%)로 한자어
이름이 차지하는 비중이 압도적으로 높음을 밝힌 바 있다.
12) 괄호 안의 숫자는 100위 차트에 오른 첫해를 뜻한다.
13) 가수명을 어종으로 분류할 때 범주를 나누기 어려운 예가 있었다. 예를 들면 'kcm, H,
joo' 같은 예들인데 이들은 공통적으로 본명 또는 본명의 일부를 알파벳으로 표기하여
사용한 이름이다. 'kcm'은 본명 '강창모'의 이니셜을 사용한 것이고, 'H'는 본명 '현승

는데,[14] '리아'와 '진시몬'(97년) 이후 '에스더'(98년), '조 피디'(99년) 등이 조사되었다. 이중 '리아, 시몬, 에스더'는 모두 세례명으로 종교와 관련되며,[15] '조 피디'는 본인의 성 뒤에 '피디'라는 외래어를 덧붙여 명명한 것이다.[16] 2000년에 차트에 오른 외래어 가수 이름으로 '스카이(SKY)[17]'와 '제이(J.ae)'가 있는데, '제이'는 괄호 안의 로마자 표기를 보면 본명 '정재영'을 로마자로 표기한 성의 두문자 'J'와 이름의 첫 글자 'Jae'의 'ae'를 결합하여 만든 것으로 분석된다. 2001년 등장한 '싸이(psy)'와 '왁스(wax)'는 이름만 들어서는 가수인지 그룹명인지 알기 어렵다. '싸이'는 '사이코(psycho)'에서 따 온 것으로 사전상의 의미인 '미친(정신병자)'의 의미보다는 다른 사람보다는 조금 '튀는' 가수라는 의미를 담고 있고, '왁스(wax)'는 '자신의 노래를 광채 나듯이 빛을 낸다'는 뜻에서 지어졌다고 한다. 2002년에 등장한 'JK 김동욱'은 자신의 영어 이름인 'John Kim' 뒤에 한국 이름을 병행하여 사용한 예로 영어 이름과 한국어 이름이 같이 사용되는 것이 이상하게 느껴지지 않는 분위기가 형성되고 있음을 알 수 있다.

2003년에는 'H, 데프콘, 렉시, 리치, 마야, 세븐, 싸이, 왁스, 팀' 등 9명의 가수가 100위 안에 올라 이제까지 외래어 어원의 가수명이 전체 가수명 중 10% 미만이었던 점유율이 20% 가까이 오르게 된다. 2003년

민'의 이니셜 중 성의 앞 글자를, 그리고 'joo'는 본명 정민주의 마지막 글자 '주'를 알파벳을 사용하여 예명으로 사용하였다. 본명을 고려하면 한자어지만 읽는 법(에이치, 케이씨엠)이나 표기를 고려하여 외래어에 포함하였다.

14) 1990~2009년의 멜론 차트에 제한된 결과이다.

15) '리아'는 'RIAA'로 표기되어 있어 구약의 인물인 야곱의 아내 '리아(Ria)'로 보는 데 문제가 없지 않다.

16) '진시몬'의 '진', '조피디'의 '조'는 성(姓)으로 성까지 포함하면 '한자어 + 외래어'로 분석해야겠지만 이러한 분류가 이름의 어종 분석에 의미가 없다고 보아 외래어로 분류하였다.

17) 배우 '최진영'이 가수로 활동할 때 사용한 예명이다.

에 차트에 오른 가수명을 보면 'H'처럼 한국어 이름의 성 이니셜을 사용한 예, '렉시'처럼 영어 구(luxury sexy)를 줄여서 이름으로 사용한 예, '리치'나 '팀'처럼 영어 이름을 그대로 사용한 예가 나타난다. 2004년에는 'KCM'처럼 본명(강창모)의 이니셜을 사용한 이름,18) 'MC몽'19)처럼 영어 알파벳과 한글을 이용하여 표기한 외래어 이름, 'V. One'20)(Voice One)처럼 영어 두자어를 이용하여 알파벳으로 표기한 이름, '테이'(Tei)21) 처럼 작명 원리 없이는 이름의 뜻을 알 수 없는 상품명 같은 가수 이름이 나타나기 시작한다. 또 '바비 킴, 토니 안'(2004)처럼 재미교포 가수들이 늘어나 영어 이름과 한국의 성이 영어 이름식으로 순서가 바뀐 형태가 등장하기 시작한다.

2005년에는 'BMK, 모세', 2006년에는 '하울, 메이비, 리사, 더 네임', 2007년에는 '케이윌, 에반, 브라이언, 제드', 2008년에는 '알렉스, 노블레스, 크라운 제이', 2009년에는 '아웃사이더, 아이비, 아이유, 산다라 박' 등이 100위 차트에 등장한다. 이중 순수한 영어 이름은 '모세, 리사, 에반, 브라이언, 제드, 알렉스' 등이고, 'BMK'는 'Big Mama King'의 두자어, '하울(howl), 아웃사이더(outsider), 아이비(ivy), 노블레스(nobless)' 등은 영어의 일상어를 이름으로 사용한 예이다. '아이유'는 영어의 대명사 'I'와 'You'를 합한 이름으로 너와 내가 음악으로 하나가 된다는 의미의 이름이다.

지금까지 살펴본 것처럼 외래어 가수명은 외래어 이름을 그대로 사용

---

18) 한자 이름을 로마자로 표기한 것으로 한자어로 넣으면 그 특징을 살리기 어려우므로 외래어에 포함하였다.
19) MC는 미국에서 래퍼를 이르는 말이고, 몽은 Monkey로 외모를 빗댄 것이다.
20) 가수들 중 가장 기억에 남는 사람이 되겠다는 뜻이라고 한다.
21) 프랑스어 Te + 영어 I를 결합한 이름으로, 혼자 노래하는 게 아니라 들어주는 사람이 있어야 진정한 가수라는 의미로 작명되었다.

하는 예도 적지 않지만 자신의 이미지에 맞는 영어 단어를 가져와 사용하거나 두자어 등 다양한 결합 방식을 사용하여 상표명과 같은 새로운 신조어를 만들어 사용하는 예를 볼 수 있다.

고유어 가수명의 비율은 일반인의 이름에 비해 아주 낮은데, 그나마 1990년대보다는 2000년대에 고유어 가수명의 비율이 높다. 1990년대 차트에 오른 고유어 이름의 가수는 '방실이' 한 명뿐이고, 2000년대에 들어서면 '해이'[22](2001), '비, 자두, 장나라'(2002), '바다'(2003), '별'(2004), '하하'(2007), '나비, 박봄'(2009) 등이 등장한다. '장나라'와 '박봄'을 제외하고는 성 없이 고유어를 사용한 이름이라는 특징이 있으며 '비, 별, 자두, 바다, 나비' 같은 서정적인 자연물이 주로 많이 사용되었다.

가장 많은 비중을 차지하고 있는 한자어 이름은 '성 + 이름'으로 구성되어 있는 것이 일반적인데, '강산에'(1993~1998)처럼 언뜻 들으면 사람의 이름으로 느껴지지 않는 이름도 있다. '강산에'는 본명이 '강영걸'로, 성이 강씨인 것을 고려하면 '산에'를 이름으로 볼 수도 있으나 '강산'이 '江山'을 연상시킨다.[23] 1996년 차트에 오른 '인순이'는 본명인 '김인순'의 '인순'에 사람을 부를 때 이름 뒤에 붙는 접사 '이'를 붙여 이름을 만든 이름으로 특이한 명명법이다.[24]

대부분의 한자어 이름은 일반인의 작명 방법과 큰 차이가 없으며, 대부분 성 + 이름(2음절)으로 구성되어 있다. 2음절어 이름도 일부 나타나는데 특징은 성과 이름의 구분이 분명하지 않거나[25] 이름으로만 작명을

---

22) '해를 닮은 아이, 해를 몰고 온 아이'라는 뜻의 예명이라고 한다.

23) '강산에'를 어종으로 분석하면 '한자어 + 고유어'지만 이는 흔하지 않은 유형이라고 보아 한자어에 포함하였다.

24) 앞의 '강산에'처럼 '한자어 + 고유어'로 분석되지만 접사 '이' 때문에 '한자어 + 기타'로 분석할 필요가 없다고 보아 한자어에 포함하였다.

25) '나미, 현당(1990), 예민(1992), 사준(1997), 강타(2001), 하림(2002), 유진(2004)' 등은 그 구성이 '성 + 이름'인지 분명하지 않다.

한 예가 있다는 점, 그리고 이름이 그룹명처럼 일정한 메시지(의미)를 전달하고 있다는 점이다. 예를 들어 '보아(권보아), 주석(박주석)'(2000), '린애(곽린애), 휘성(최휘성)'(2002), '태빈(임태빈)'(2004), '나얼(유나얼)'(2005), '채연(이채연)'(2007), '대성(강대성)'(2008)은 본명에서 성을 제외하고 이름만 사용한 예이다. '진주(1998)'은 본명인 '주진'을 음절 도치하여 만든 이름이며, '린(藺)'(2006)이나 '란(蘭)'(2007)처럼 일음절 한자어 이름도 등장한다. 예전 가수들의 예명이 한국식 이름의 전형인 '성 + 이름'으로 구성된 것에서 점차 변화되고 있음을 보여주고 있는 것으로 한자어 가수 이름도 외래어나 고유어처럼 상표명처럼 만들어져 사용되고 있음을 알 수 있다. 한자어 이름 중 재미있는 이름은 2007년에 데뷔한 '마골피'이다. '마골피'는 국내 희귀 성씨를 언급하는 '천방지축마골피'에서 따 온 이름으로 성으로만 구성된 이름이라고 할 수 있다.[26] 역시 가수의 이름이 한국 이름의 전형에서 벗어난 예라 하겠다.

이처럼 한자어 가수 이름에도 다양한 작명 방식이 나타나게 된 것은 이름을 마치 상표명처럼 인식하여 가수의 개성이나 색깔을 표현하여 수용자에게 강한 이미지를 전달할 필요가 있기 때문으로 분석된다.[27] 대표적으로 가수 '거미'(2003)는 '巨美'와 동물 '거미'로도 풀이되곤 하는데 이렇게 둘 이상으로 의미가 해석되는 예는 주로 상표명에 나타나는 특징이다.[28] '이루(李鏤)'(2006)는 '가요계에 이름을 새기고 오너라'의 뜻을

---

26) 이국적이면서도 세련되고 그와 함께 왠지 날뛰는 느낌이 들어 이를 기꺼이 활동명으로 채택했다고 설명했다. y star(2007.2.27.)의 '이름부터 튀어야 산다! – 스타들의 특이한 작명법' 참고.

27) 가요계의 가수 공급 시스템의 변화가 더 큰 영향을 끼친 것으로 볼 수 있다. 이전에는 가수가 소속사 없이 혼자 활동하거나 소속사가 있어도 독립적이었다면 엔터테인먼트 회사들이 가수를 키워내고 공급하면서 가수나 그룹의 상품성에 대한 중요도가 커지면서 작명법에 변화가 생긴 것으로 해석된다.

28) 동물 '거미'는 많은 사람들이 그녀의 노래를 들으면 거미줄에서 헤어나오지 못하고 빠

지니며, 빅뱅의 멤버인 '태양'과 '대성(본명 강대성)'은 이름 그대로 태양처럼 빛을 비추고 가요계의 왕이 된다는 의미와 크게 성공한다는 의미를 표현한다. 만약 '대성'이 성과 함께 사용되었더라면 다른 한자어 이름처럼 이름의 뜻이 분명하게 전달되기 어려웠을 것이다. 가수명에서 성의 삭제는 이처럼 이름의 의미를 전달하는 데 효과적으로 작용하기도 한다.

2.2. 그룹명

다음 <표 4.15>는 1990~2009년까지 멜론 차트 100위에 오른 그룹명을 어종별로 분류한 표이다.

〈표 4.15〉 멜론 연도별(1990~2009) 100위 차트의 그룹명 어종 분포

(단위 : 명)

연도	1990	1991	1992	1993	1994	1995	1996	1997	1998	1999
한자어	2	1	1	1	4	4	5	5	4	5
고유어	5	6	3	2	4	3	0	1	1	0
외래어	0	0	1	10	21	23	26	29	23	23
한자어 +고/외	2	3	2	4	1	2	1	2	2	1
고유어 +외	0	0	0	0	0	0	0	0	0	1
기타[29]	1	1	1	1	1	1	1	0	0	0
합계	10	12	8	18	31	33	32	37	30	29

진다는 의미로 해석된다.

29) 기타는 어종 분류가 어려운 예를 포함한 것이다. 그룹 '015B'로 아라비아 숫자를 한자로 읽으면 한자어 + 외래어로 분석될 수 있으나, 0은 無, 1은 '한', 5B는 영어 단어 'orbit'을 뜻하기 때문에 기타로 범주화하였다. '가비앤제이(歌妃NJ)'는 '노래하는 왕비 N(노시현)과 J(정혜민, 장희영)'을 뜻하는 것으로 한자어와 영어 두문자로 구성되어 있다.

연도	2000	2001	2002	2003	2004	2005	2006	2007	2008	2009
한자어	6	2	5	4	5	3	2	1	2	2
고유어	0	0	1	1	1	1	3	0	2	1
외래어	19	21	21	26	20	21	17	26	22	27
한자어 +고/외	0	2	2	1	0	1	0	0	0	0
고유어 +외래	1	0	1	0	0	0	0	0	1	0
기타	0	0	1	1	1	1	1	2	1	3
합계	26	25	32	33	27	27	23	30	28	33

전체적으로 볼 때 가수명과 달리 그룹명은 외래어 이름의 비중이 가
장 높으며(165개/76.0%), 다음은 한자어(24개/11.1%)>고유어(15개/6.91%) 순
이다. <표 4.15>에서 보는 것처럼 1990~1992년까지는 고유어 그룹명
이 가장 많았으나 1993년부터 외래어 그룹명이 가장 많이 나타난다.[30]
외래어 이름의 증가는 한자어 이름보다는 고유어 이름에 영향을 주어
1996년 이후 고유어 이름은 등장하지 않거나 아주 적다.
외래어 그룹명은 1992년 '넥스트'[31]를 시작으로 1993년에는 10개의
외래어 그룹(피노키오, 노이즈, 잼, E.O.S.,[32] 듀스, 더 블루, 모자이크, 코나)이
100위 차트에 등장한다. 1994년에는 100위 안에 든 31개의 그룹 중 21
개(67.7%)의 그룹명이 외래어이다. 1990년대 초반의 외래어 그룹명은 대
부분 한 단어인 경우가 많은데 점점 약어의 사용이 증가한다. 1994년 차
트에 오른 'DJ DOC'의 'DOC'는 'Dream of Children'을 줄인 것이고,
1995년의 '룰라(RooRa)'는 'Root of Reggae'를 줄인 것이다. 'Ref'(1995)는

---

30) 1990년 차트에 오른 고유어 이름의 그룹명은 '노래를 찾는 사람들, 봄여름가을겨울,
    빛과 소금, 푸른 하늘, 해바라기' 등이다.
31) 넥스트(N.EX.T.)는 'New Experiment Team'의 약자로 새로운 실험이란 뜻이다.
32) E.O.S.(이오스)는 그리스의 새벽의 여신 에오스로 추측된다.

'Rave Effect', 'H.O.T.'(1996)는 'High-five Of Teenagers', 'enue'(1997)는 'new emotion', '핑클'(1998)은 'Fine Killing Liberty', '엔알지'(1998)는 'New Radiancy Group', '지오디'(1999)는 'groove over dose(내 안의 또다른 나)'의 약자이다. 이 외에도 '베이비 복스(Baby Voice of Expression)[33]', '원타임(1 time for Your Mind)'[34](1999), '유엔(Unites N generation)', 'CB Mass(Critical Brain Mass)'(2003), 'Q.Q.Q(Quality of Quantity)'[35](2002), '엠씨더 맥스(Moon Child The Maximum)'(2003), '클래지콰이(Classic Jazz Groove)'(2004), '씨야(See you always)' (2006), 'FTIsland(Five Treasure Island)'(2007), '유키스'[36](2009) 'U-KISS(Ubiquitous Korean International idol Super Star)' 등 약어를 사용하는 그룹명은 2000년대 후반까지도 왕성하게 만들어진다.

영어를 비롯한 서양어를 사용한 그룹명이 홍행하게 된 원인은 다양한 각도로 분석될 수 있을 것이다. 그중 하나는 세계화된 지구촌에서 음악이 더 이상 국내에서만 유통되지 않음을 염두에 둔 것으로 해석해 볼 수 있다. 이런 이유 때문인지 윤도현 밴드를 줄인 'YB' 같은 그룹명도 등장한다[37]. 주로 외래어 그룹명은 영어가 주원천이지만 '듀스(deux)'[38], '비주(bijou)'나 '젝스키스(Sechs Kies)'처럼 프랑스어나 독일어로부터 차용한 그룹명도 나타난다.

1990년부터 1999년까지 그룹명의 어원별 흐름을 보면 외래어가 증가하고 고유어는 점점 사라지고 있음을 알 수 있다. 이중 한자어는 그래도

---

33) 아기처럼 맑고 순수한 목소리로 표현한다는 뜻을 담고 있다.
34) 단 한 번에 네 마음을 사로잡겠다는 뜻을 담고 있다.
35) 범람하는 양 속에서 질을 추구하겠다는 뜻이다.
36) 전 세계를 아우르는 슈퍼스타를 지향한다는 뜻이다.
37) YB는 원말을 분석하면 한자어 + 외래어이나 로마자로 표기되어 외래어 그룹명으로 범주화하였다. Y.G.Family도 마찬가지이다.
38) 듀스는 프랑스어 'deex'를 영어식으로 발음한 것으로 영어 단어이지만 프랑스어에 기원한다.

어느 정도 명맥을 유지하고 있는데 이는 한자어가 외래어보다 의미를 좀 더 선명하게 전달할 수 있고 짧은 음절로 함축적 의미를 담을 수 있기 때문으로 해석된다. 예를 들어 '유리상자'를 'glass box'로 바꾸고 보면 '유리처럼 투명하고 맑은 목소리'라는 그룹명이 가지고 있는 의미를 잘 전달하지 못함을 알 수 있다. 또 '코요태'나 '자우림(紫雨林)'39) 같은 그룹명은 고유어나 외래어로 짧게 담을 수 없는 뜻을 갖고 있으며 한자어가 갖는 권위, 신비함 같은 것을 느끼게 한다.40)

한자어 그룹명은 1990년대 초반에는 '녹색지대, 11월, 오월, 부활, 이오공감, 전람회'처럼 서정적인 그룹명이 많았고 점점 '태사자(太四子)'나 '신화(神話)'처럼 '위대한 뮤지션', '신화와 같은 뮤지션'을 지향하는 그룹명이 등장하게 되었다. 2000년대 결성된 '동방신기'(2004)(아시아의 별), '소녀시대41)'(2007)는 중국이나 일본 등 아시아 시장을 겨냥한 이름으로 상품성을 감안하여 지어진 이름이라 할 수 있다.

고유어 그룹명은 1990년대 초반까지만 해도 적지 않았다. '노래를 찾는 사람들, 봄여름가을겨울, 아낌없이 주는 나무, 빛과 소금, 푸른 하늘, 낯선 사람들, 해바라기, 그림물감, 노래마을, 민들레'처럼 내용은 서정적이고, 언어적 형식은 단어뿐 아니라 구와 절도 사용되었다. 2000년대에는 '노을(2003), 거북이(2004), 배치기42)(2006), 다비치'43)(2008) 같은 고유어 그룹명이 사용되고 있는데, '더 자두'(2000)는 가수 '자두'와 구분하기 위해 그룹명에 영어 정관사 '더'를 사용하였다. 재미있는 고유어 그룹명으

---

39) '코요태'는 '높을 高(→ 코), 빛날 曜, 클 太'가 합쳐진 이름이고 '자우림'은 '보랏빛 비가 내리는 숲'이라는 뜻이다.

40) 한자어는 일상용어보다는 학술 용어나 전문 용어에 많이 사용되므로 고유어나 외래어에 비해 지적이고 권위적인 느낌을 풍긴다.

41) 소녀들이 평정할 시대가 왔다는 뜻이 담겨 있다.

42) 옛날 뱃사공들이 배를 몰기 전에 부르는 뱃노래이다.

43) 노래로 세상을 다 비춘다는 뜻이 담겨 있다.

로는 '자자'(1997)가 있는데 '그만 자고 일어나 새롭게 시작하자, 노래를 잘한다는 소문이 자자하다'처럼 의미가 다양하게 해석된다.

한자어와 고유어를 결합한 그룹명(4개)은 '햇빛촌, 언니네 이발관, 색종이, 서태지와 아이들'이, 한자어와 외래어가 결합한 그룹명(3개)은 '신촌블루스, 여행스케치, 악동클럽'이 조사되었다. 가수명과는 다르게 그룹명에는 '고유어 + 외래어' 유형(3개)이 있는데 '컨츄리 꼬꼬(1999), 더 자두(2000), 나몰라 패밀리(2008)'로 코믹한 이미지를 풍긴다. 이 밖에도 '리쌍'(2003)은 멤버인 '개리'와 '길(기리)'의 이름에 '리'가 쌍으로 있다고 하여 '리쌍'으로 작명한 것인데[44] 작명법이 독특하여 사람들의 관심을 끄는 이름이다.

3. 음절수

3.1. 가수명

한국인 이름의 음절수는 성과 이름을 합쳐 3음절을 이루는 예가 98% 이상을 차지하는 것으로 알려져 있다.[45] 가수 이름도 마찬가지로 성 +

---

44) '개리'의 '리'는 영어 이름의 일부, '기리'의 '리'는 고유어 이름의 일부이고, '쌍'(雙)은 한자어로 특이한 경우이기 때문에 기타로 범주화하였다. 이 외에도 명카드라이브(2009)는 박명수의 명, 제시카의 카와 'E-tribe'의 일부를 결합하여 만든 그룹명으로 어종은 한자어 + 외래어 + 외래어이지만 특이한 경우라 기타에 포함하였다. 015B도 기타로 범주화하였다.

45) 강희숙 외(2012)에서는 1950년대~2010년대에 출생한 한국인의 이름을 표본추출하여 분석한 결과 2음절로 이루어진 예가 남성 89,678명(98.33%), 여성 90,144명(98.84%)으로 전체 98% 이상의 높은 비중을 차지하고 있다고 보고하였다. 또한 1음절 이름의 경우는 남성이, 3음절, 4음절 이상의 다음절인 경우는 여성이 훨씬 더 높은 비중을 차지하며, 이는 1음절 이름이 남성적 성격을 지니고 3음절 이상의 이름은 여성적 성격을 지니는 것으로 해석하였다.

이름을 합친 3음절 이름의 비중이 가장 높으며(304명/78.8%), 1음절어(6명
/1.55%), 2음절어(61명/15.8%), 4음절어(5명/1.30%), 5음절어(2명/0.52%) 가수명
도 있다.[46]

〈표 4.16〉 멜론 연도별(1990~2009) 100위 차트의 가수명 음절어별 분포

(단위 : 명)

음절수 이름	1음절어	2음절어	3음절어	4음절어	5음절어
예	란, 린, 류, 별, 비, 팀	현당, 현영, 현철, 환희, 휘성, 보아, 이루, 나비, 바다, 박봄, 하하, 해이, 지아, 렉시, 리사, 리아, 아이, 양파, 여명 …	강산에, 인순이, 방실이, 장나라, 마골피, 진시몬, 조PD, 더네임, 데프콘, 메이비, 스카이, 아이비, 아이유, 알렉스 에스더, 바비 킴, 토니 안, 화요비 …	황승호제, 산다라박, 노블레스, 브라이언, 지드래곤	아웃사이더, 크라운제이
합계	6	61	304	5	2

46) 'H, BMK, JOO, KCM, MC몽, PK헤만, V.One, JK 김동욱'은 알파벳을 읽는 방법에 따
라 음절수가 달리 산정될 수 있어 기타로 범주화하여 포함하지 않았다.

1음절 이름 중에는 초성이 'ㄹ'인 이름이 반이 넘는다. 일반적으로 한국인의 이름에는 두음법칙 때문에 어두에 'ㄹ'이 오는 예가 거의 없어 이들 이름은 어원은 한자어지만 이국적인 이미지를 풍긴다.

2음절 이름은 '성 + 이름'의 구성인 경우와 이름만으로 구성된 경우가 있는데 이를 구분하기 쉽지 않다. 1990년 차트에 오른 '나미, 지예, 현철, 현당', 1991년 '윤상, 심신, 유열, 정탁', 1992년 '예민', 1997년 '사준', 1998년 '진주'에서 볼 수 있듯 1990년대의 가수들은 '성 + 이름'의 구성인 경우가 더 많은 반면 2000년대로 갈수록 이름만 사용한 예가 증가한다. 2음절 이름은 '주석, 이적, 보아, 제이'(2000), '해이, 왁스, 싸이'(2001), '리치, 린애, 하림, 휘성'(2002)처럼 계속 증가하여 2002년에는 2음절 이름이 49명 중 9명을 차지하고(18.4%), 2003년에는 50명의 가수 중 14명이 2음절 이름이다(28%). 이처럼 2음절 이름이 증가하는 것은 2음절 이름이 음절이 짧아 3음절 이름보다 부르기 쉽고, 성 없이 이름만 부르는 경우[47] 더 친근한 느낌을 주기 때문으로 보인다.

3음절어는 대부분 한자어이고 '성 + 이름'으로 구성되는데 <표 4.4>의 예에서 볼 수 있듯 다른 구성의 이름도 있다. '강산에'처럼 인명에는 사용하지 않는 조사를 사용하거나 '인순이, 방실이'처럼 인명 뒤에 사용하는 접사 '이'를 사용한 이름도 있으며,[48] 외래어 이름도 '한국 성 + 외래어 이름'(진시몬) 외에 '외래어 이름 + 한국 성'(토니 안), 또는 아예 성 없이 외래어 이름(에스터)만 사용한 예가 보인다. '조피디'는 이름 대신

---

47) 3.1에서 살펴보았듯 2음절 이름 중에는 본명에서 성을 빼고 사용하는 이름이 적지 않다. 성을 빼고 이름을 부르는 것은 성과 이름을 같이 사용하는 것보다 격식적이지 않기 때문에 훨씬 친근한 느낌을 준다. 요즘 미용실이나 레스토랑에서 근무하는 서비스 업종의 직원들의 명찰을 보면 성 없이 이름만 사용하는 경우를 흔하게 볼 수 있다. 이역시 친근함을 표시하기 위한 방법으로 볼 수 있다.
48) 1975년 데뷔한 가수 '혜은이'가 '이름 + 접사 이' 구성의 효시로 보인다.

'피디'라는 직업명을 넣어 이름을 만든 특이한 예이고, '데프콘, 메이비, 스카이, 아이비, 아이유' 등은 성 없이 외래어 이름만 사용하였다. 이처럼 3음절어 가수명에 다양한 구성이 나타나는 것은 외래어를 사용한 이름의 증가와 관련된다.

4음절 이름은 1990년대에는 '황승호제'(1994)만 나타나며, 2000년대에도 브라이언(2007), 노블레스(2008), 산다라박(2009), 지드래곤(2009) 등 4명만 차트에 올라 있다. 아무래도 4음절어는 기존의 3음절어보다 음절이 길어 부르기 어렵고 기억하기도 어렵기 때문에 많이 사용되지 않는 것 같다. 5음절 이름 역시 '아웃사이더, 크라운 제이'밖에 안 나타나는데 이 역시 4음절어와 마찬가지 이유로 많이 사용되지 않는 것으로 해석할 수 있다.

3.2. 그룹명

다음은 그룹명을 음절수별로 조사한 자료이다.

가수명처럼 높은 비율은 아니지만 3음절어(63개/29.0%)가 가장 비율이 높고, 다음은 4음절어(51개/23.5%)>2음절어(45개/20.7%)>5음절어(27개/12.4%) 순이다. 7음절 이상의 그룹명은 극히 소수이며, 1음절어 그룹명도 8개밖에 안 되며 모두 외래어이다.

가수명과 달리 2음절어~5음절어까지의 이름이 비교적 고르게 분포되는 것은 그룹명에 외래어 이름이 많은 것과 관련이 높다. 그룹명은 가수 이름과 달리 그룹의 음악적 특징이나 구성원들의 특성을 표현할 수 있어야 하는데 그러다 보니 고유어나 한자어보다는 외래어를 선호하게 되었고 그 결과 다양한 구성을 띠며 비교적 고른 음절수를 결과한 것으로 보인다. 5장에서 살펴보겠지만 그룹명은 약어도 많이 사용하는데 이는

음절수가 길어지면 그만큼 기억하기 어렵기 때문인 것도 한 이유일 것
이다.

〈표 4.17〉 멜론 연도별(1990~2009) 100위 차트의 그룹명 음절별 분포

(단위 : 명)

음절수 이름	1음절	2음절	3음절	4음절	5음절	6음절	7음절	8음절
예	걸, 넬, 뮤, 벅, 쿨, 캔, 잼, 샵	이슈, 이지, 키키, us, 구피, 룰라, 리쌍, 듀스, 디바, 모노, 뱅크, 버즈, 자자, 노을 …	2PM, f(x), K2, EOS, 넥스트, 노이즈, 다비치, 더넛츠, 더블루, 더데이, 햇빛촌, 거북이, 민들레, 배치기, 동물원, 색종이 …	015B, 2AM, 2NE1, 더클래식, 러브홀릭, 럼블피시, 마로니에, 모자이크, 비바소울, 블루맨션, 그림물감, 빛과소금 …	HOT, 롤러코 스터, 베비비 복스 미스미 스터, 먼데이 키즈, 가비엔 제이, 여행스 케치, 낯선사 람들 …	FT아일 랜드, MC스 나이퍼, 드렁큰 타이거, 버블시 스터즈, 델리스 파이스, 언니네 이발관 …	SS501, 봄여름 가을겨울, 서태지와 아이들	브라운 아이드 소울, 브라운 아이드 걸스 플라이 투더스 카이, 노래를 찾는 사람들, 아낌없 이 주는 나무
합계	8	45	63	51	27	15	3	5

4. 작명 방법

4.1. 가수명[49]

2장에서 일부 기술한 것처럼 가수 이름의 작명에는 다양한 방법이 사용되고 있다. 먼저 한자어의 경우 본명에서 성을 빼고 이름만 사용하는 방법은 2000년대 한자어 이름 중 가장 많이 사용하는 방법이다.

> (1) 보아(권보아), 주석(박주석), 린애(곽린애), 휘성(최휘성), 태빈(임태빈), 나얼(유나얼), 채연(이채연), 대성(강대성)

'양파, 거미, 태양' 등은 일반어를 가수 이름으로 사용한 예로 단어가 가지고 있는 비유적 의미를 활용한 것이다. 예를 들어 '양파'는 양파처럼 껍질을 아무리 벗겨도 새롭고 톡 쏜다는 의미로 항상 새로운 모습을 보여 주겠다는 뜻이라고 한다.[50]

> (2) 태양, 양파, 자두, 비, 별, 바다, 스카이, 왁스, 하울, 아이비, 아웃사이더, 노블레스

가수명 중에는 절단어를 사용하거나, 단어의 일부를 결합하거나(혼성어), 합성어, 약어, 두자어 등 단어 형성의 다양한 방식을 활용한 예들도 보인다.

---

49) 3장에서 보았듯 가수명의 대부분은 한자어이며 '성 + 이름'으로 구성되어 있다. 이 가수들의 이름은 일반인의 작명법과 다른 바가 별로 없기 때문에 여기서는 일반인과 다른 독특한 작명 방법에 대해서만 살펴보도록 하겠다.
50) 동아일보 1997. 2. 27. 17면 참고.

(3) ㄱ. 싸이(←psycho)

ㄴ. 화요비(火曜B(←R&B) MC몽(MC mon(←monkey)), 렉시(luxury sexy)

ㄷ. 지드래곤(지 + dragon), 테이(Te + i), 아이유(I + You), 메이비(may bee)

ㄹ. V.One(voice one)

ㅁ. 제아(제일 아름다운 목소리), 해이(해를 닮은 아이, 해를 몰고 온 아이), BMK(Big Mama King)

가수명 중에는 이름을 로마자로 표기하는 방식을 활용한 다양한 작명법도 보인다.

(4) H, KCM, 제이(J.ae), JK 김동욱, Joo

4.2. 그룹명

그룹은 다수의 사람이 모여 결성되기 때문에 그룹명에 자신들이 지향하는 음악에 대한 메시지를 담는 경우가 많다. 일반어를 사용한 그룹명들은 이름만 들어도 그룹의 이미지를 떠올릴 수 있는 경우가 많다.

(5) ㄱ. 녹색지대, 11월, 오월, 부활, 이오공감, 전람회, 동물원, 신화, 동방신기, 소녀시대

ㄴ. 노래를 찾는 사람들, 봄여름가을겨울, 아낌없이 주는 나무, 빛과 소금, 푸른 하늘, 해바라기, 노래마을, 민들레

ㄷ. 피노키오, 모자이크, 코나, 모노, 마로니에, 더 클래식

그러나 다음 예처럼 설명을 들어야 그 뜻을 이해할 수 있는 난해한 예들도 적지 않다.

(6) ㄱ. 2PM(2008) : 오후 2시처럼 가장 활발한 시간을 나타냄, 그룹이
　　　번창하고 활발한 활동을 하길 바람.
　　ㄴ. 2AM(2008) : 오전 2시 자신의 하루를 되돌아보는 시간 모든 감
　　　정이 있는 그룹.
　　ㄷ. f(x)(2009) : '함수식'을 뜻하는 수학 기호로, x의 값에 따라 결과
　　　가 변하는 수식처럼 멤버들의 다양한 재능과 매력을 바탕으로
　　　한국뿐만 아니라 아시아에서 다채로운 활동을 펼치겠다는 의
　　　미임.

그룹명에 아라비아 숫자나 로마자를 사용하여 작명하는 방법은 1990
년에도 나타난다. 015B(1991)는 무한궤도를 표현한 것으로, 0은 '無', 1은
'한', 5B는 영어 단어 'orbit'을 숫자와 로마자로 표기한 것이다. 이처럼
아라비아 숫자와 로마자를 사용한 그룹명에는 다음과 같은 예가 있다.

(7) ㄱ. 2NE1(2009) : 언제나 21살의 나이처럼 도전적이고 신선한 음악
　　　을 선보인다는 뜻임.
　　ㄴ. SS501(2009) : SS의 첫 번째 S는 지향적 의미로 SUN, STAR 등 앞
　　　으로 성공을 추구하는 의미이며, 두 번째 S는 현재 SINGER를
　　　의미, 마지막으로 501은 다섯 명이 하나됨을 뜻함.

그룹에 속한 멤버의 이름을 이용하여 작명한 예도 있다.

(8) 철이와 미애, 지누션, S.E.S., 타샤니, 리쌍, 퓨처 라이거

'철이와 미애'(1993)는 멤버 신철과 미애의 이름을 이용한 그룹명이며,
'지누션'(1997)은 한자어 이름(진우)을 소리 나는 대로 쓴 '지누'와 영어
이름 '션(Sean)'을 결합하여 만든 그룹명이고, 'S.E.S.'(1998)는 'sea(바다),
eugene(유진), shoo(슈)'를 결합한 그룹명이다.[51] '타샤니'(1999)는 윤미래의

영어 이름 '타샤'와 이수아의 이름 '애니'를 합하여 만들었으며, 퓨처 라이거는 '타이거 JK'의 타이거, '윤미래'의 미래(Future 퓨처) 그리고 8월 14일생 사자자리인 유재석의 라이온을 합쳐 만든 것이다. 이름을 이용한 초기의 작명 방법이 단순한 반면 최근에는 절단 방식을 사용하여 훨씬 더 복잡하게 변화되었음을 볼 수 있다.

이 외에도 3장에서 기술한 것처럼 외래어 그룹명에는 약어가 많이 사용된다. 대부분 영어에 없는 표현을 약어로 사용한 것으로, 구절의 첫 문자를 딴 두자어 방식이나 앞이나 뒤를 절단하는 영어의 줄임말 방식을 사용한 것으로 상품명에 주로 등장하는 작명 방식이 그룹명에 사용되고 있음을 알 수 있다.52) 이는 가수나 그룹을 상품처럼 소비시키는 것이 목적이기 때문에, 다시 말하여 상업적 목적을 이루기 위한 한 방법으로 작명을 활용하는 현상으로 이해할 수 있다.

5. 요약 및 결론

이 장에서는 1990년부터 2009년까지 20년 동안 멜론의 100위 차트에 오른 가수명과 그룹명을 대상으로 어종별 분포와 변화, 음절수의 분포와 변화, 새로운 작명 방법 등을 살펴보았다.

그 결과 가수명은 한자어 비율이 83.9%로 가장 높고 다음은 외래어(11.1%)>고유어(2.59%) 순으로 나타났으며, 그룹명은 외래어 이름의 비율

---

51) 이러한 작명법은 영어와 고유어의 경계까지 허물고 있는데 예를 들어 'S.E.S.'(1998)는 가수 이름인 '바다'를 영어의 'sea'로 바꾸고, 한자어 이름인 '유진'(본명 김유진)은 로마자(Eujene)로 바꾸어 결합하는 방식을 사용하고 있다.
52) 채완(2010)에서는 상표명의 작명 기법을 형태론적으로 분석하고 있다.

이 76.0%로 가장 높으며 다음은 한자어(11.1%)>고유어(6.91%) 순으로 나타났다. 가수명과 그룹명에서의 외래어종의 증가는 영어의 위세에 따른 현상이며, 특히 그룹명에서 외래어종이 높은 비율을 차지한 것은 그룹 자체가 외래에서 시작된 것으로 외국 노래의 형식을 따르기 때문에 그 영향을 받은 것이 가장 큰 원인이라 하겠다. 또한 국내뿐 아니라 세계 시장을 노리는 가수와 그룹의 증가는 상업어인 영어의 영향을 쉽게 받는다.

음절별로 가수명과 그룹명을 보면 가수명은 3음절어가 가장 많고 (78.8%) 다음은 2음절어(15.8%), 1음절어(1.55%) 순으로 나타났고, 그룹명은 3음절어(29.0%)>4음절어(23.5%)>2음절어(20.7%)>5음절어(12.4%) 순으로 나타났다. 가수명에 3음절어가 높은 비율을 차지한 것은 한자어종의 이름이 가장 높은 비율을 차지하는 것과 상관관계가 있으며, 2음절어의 증가는 2음절어의 특성상 쉽게 기억하고 부를 수 있으며 성 없이 이름만 부르는 경우 더 친근한 느낌을 주기 때문으로 풀이된다(이 역시 영어 이름의 특징이다). 그룹명은 1음절어부터 8음절어까지 다양하게 음절수가 분포하는데 2음절어~5음절어의 비교적 고른 분포는 외래어 그룹명의 다양한 작명 방법에 기인한다. 그럼에도 6음절 이상의 그룹명은 많지 않은데 이 역시 기억에 부담을 주기 때문으로 볼 수 있다.

가수명과 그룹명의 어종 변화와 음절 분포, 그리고 다양한 작명 방법은 세계어, 상업어로서의 영어의 위세가 한국인의 명명 의식에 영향을 끼친 결과로 해석할 수 있다. 물론 가수명과 그룹명은 상표명과 유사한 특징을 지니기 때문에 이 같은 변화가 한국인의 이름(본명)에 어느 정도 영향을 끼칠지는 아직 미지수이다. 이러한 현상이 가수나 그룹의 이름에 국한될지 아니면 한국인의 본명에도 영향을 줄지 앞으로의 추이를 지켜봐야 할 것이다.

참고문헌

강남식(2004), <한국 여성운동의 흐름과 쟁점>, ≪기억과 전망≫ 7, 116-137, 민
주화운동기념사업회.

강병윤(2000), <고유어식 인명 연구>, ≪공주교대논총≫ 37(1), 49-74, 공주교육
대학교.

강헌규·신용호(1990), ≪한국인의 자·호 연구≫, 계명문화사.

강희숙(2012), <태명 짓기의 실태 및 확산 양상에 대한 사회언어학적 분석>,
≪사회언어학≫ 20(2), 33-61, 한국사회언어학회.

강희숙(2013), <드라마 인물의 명명에 대한 사회언어학적 연구>, ≪우리말연구≫
58, 1-26, 우리말글학회.

강희숙·양명희·박동근(2011), <한국인 인명의 특성 및 언어 태도에 대한 사회
언어학적 연구>, ≪2011년도 한국사회언어학회 정기 가을학술대
회 발표자료집≫, 한국사회언어학회.

강희숙·양명희·박동근 (2012), <해방 이후 한국인 이름의 특성 및 변천 양상
에 대한 사회언어학적 연구>, ≪어문연구≫ 73, 33-60, 어문연구
학회.

국립국어연구원(2005), ≪외래어 표기 용례집-인명≫, 국립국어원.

국립국어원(2005), ≪국민의 언어의식 조사≫, 국립국어원.

국립국어원(2011), ≪표준언어예절≫, 국립국어원.

국립국어원(2007), <한민족언어정보화 통합 검색 프로그램>.

고태우(1986), <'뜻이 깊고 고운 이름'의 실체>, ≪통일한국≫ 31, 46-51, 평화
문제연구소.

김경숙(1990), <조선조 후기의 호적대장에 나타난 인명표기 연구>, 동아대학교
박사학위논문.

김광언(1985), <한글 이름 우리말 이름>, ≪한글 새소식≫ 158, 한글학회.

김기선(2011), <고구려 '온달'과 몽골 산악신앙의 완곡어 'Öndör'와의 작명관 비교 연구>, ≪동아시아고대학≫ 24, 442-473, 동아시아고대학회.

김만태(2011), <현대 한국사회의 이름 짓기 방법과 특성에 관한 고찰 -기복신앙적 관점을 중심으로->, ≪종교연구≫ 65, 151-186, 한국종교학회.

김문창(1991), <고유어식 사람 이름에 대하여>, ≪새국어생활≫ 1(1), 76-103, 국립국어연구원.

김문창(1993), <고유어식 사람 이름에 대하여>, ≪어문연구≫ 21, 93-119, 한국어문교육연구회.

김민수(1972), <우리의 성명 문제>, ≪국어국문학≫ 55(57), 73-83, 국어국문학회.

김백만(1991), <성명학에 대한 인식>, ≪새국어생활≫ 1(1), 114-133, 국립국어연구원.

김석미(2001), <내담자 이름의 매력도에 따른 상담자의 내담자 평가>, 이화여자대학교 석사학위논문.

김성근(1981), <이름을 어떻게 지을 것인가>, ≪문화어학습≫ 1981년 2호.

김세봉(2002), <한국인의 성과 이름에 대하여>, ≪동양학간보≫ 13, 38-45, 단국대학교 동양학연구소.

김순기(2010), <2000년대 한국 텔레비전 드라마에 나타난 여성주인공의 특성에 관한 연구>, 세종대학교 석사학위논문.

김슬옹(1994), <'한글 이름 짓기 사전' 편찬자의 아들딸 이름 짓기 '고민' 해소법-한글 이름 예쁘게 잘 짓는 법 10가지>, ≪월간 사회평론 길≫ 94(11), 176-179, 사회평론.

김슬옹(2004), <한글 이름(인명)의 새로운 범주화와 사회적 의미>, ≪사회언어학≫ 12(1), 29-50, 한국사회언어학회.

김슬옹·김불군·신연희(1994), ≪뜻깊은 큰소리 한글 이름≫, 다른우리.

김슬옹·김불군·신연희(2002), ≪한글 이름 짓기 사전≫, 미래사.

김정태(2011), <고유어 인명의 명명 특징>, ≪인문학연구≫ 85, 87-111, 한양대학교 인문학연구소.

김종택(1991), <한국인의 성명 정착 과정 연구>, ≪국어교육학회≫ 23, 1-33, 국어교육학회.

김종훈(1983), <인명표기 고유한자 '乭·釗' 고>, ≪국어교육≫ 44, 379-387, 한 국국어교육연구회.

김준혁(2006), <김준혁의 화성이야기(22) : 화성성역의궤에 나타난 조선시대 백 성들 이름>, ≪경기일보≫, 2006. 6. 13.

김연진(2006), ≪방송대본의 이해≫, 박이정.

김윤학(1983), 우리말 이름, ≪나라사랑≫ 48, 14-17, 외솔회.

김창호(1983), <신라중고 금석문의 인명표기(1)>, ≪대구사학≫ 22(1), 1-36, 대 구사학회.

김창호(1983), <신라중고 금석문의 인명표기(2)>, ≪역사교육논집≫ 4(1), 1-22, 역사교육학회.

김창호(1993), 백제와 고구려 신라 금석문의 비교-인명 표기를 중심으로, ≪백 제연구총서≫ 3, 115-132, 충남대학교 백제연구소.

김태경(2011), <한국 고대 지명, 인명이 반영하는 중국어음 시기 분석>, ≪중국 어문학논집≫, 7-26, 중국어문학연구회.

김태윤(1999), <음성인식을 이용한 114 안내 서비스에 적합한 한국어 이름 모델 링>, 고려대학교 석사학위논문.

김하정(2003), <청소년들의 초기 친구 관계 형성과 이름의 매력도>, 이화여자대 학교 석사학위논문.

김환표(2012), ≪드라마, 한국을 말하다≫, 인물과 사상사.

김혜숙(1998), <한국 인명의 로마자 표기 순서 및 표기 양상>, ≪사회언어학≫ 6, 415-443, 한국사회언어학회.

김혜숙(2001), <한국인의 로마자 인명 표기의 통일성과 일관성-≪영어영문학≫ 게재자를 중심으로->, ≪영어학≫ 1(3), 417-435, 한국영어학회.

나은미(2003), <인명에 대한 사회언어학적 연구-세대별·성별 변인을 중심으로->, ≪사회언어학≫ 11(1), 95-118, 한국사회언어학회.

남풍현(1991), <한국인의 이름의 변천>, ≪새국어생활≫ 1(1), 57-75, 국립국어 연구원.

리민덕(1999), <우리말 인명의 형태적 분석>, ≪중국조선어문≫ 104, 길림성민

족사무위원회.

마영미(2010), <이름에 대한 사회문화적 고찰- 한국과 중국 조선족 자녀들의 이름을 중심으로>, ≪중국 조선어문≫ 169, 11-15, 조선어문학회.

문금현(2003), <고유어 이름에 대한 고찰>, ≪새국어교육≫ 66, 119-149, 한국국어교육학회.

민재홍(2009), <중국인의 성씨(姓氏)와 시대별 이름 짓기(命名)의 특징>, ≪중국문화연구≫ 15, 575-594, 중국문화연구학회.

박건숙(2011), <사람 이름의 의미 자질 연구>, ≪한국어 의미학≫ 37, 159-182, 한국어의미학회.

박동근(2012), <한국의 사람 이름 연구사>, ≪한말연구≫ 31, 5-32, 한말연구학회.

박병찬(1982), <우리말 이름 짓기의 실태와 전망>, ≪새국어교육≫ 35, 한국국어교육학원.

박성종(2008), <1609년 울산 호적대장의 고유어 인명 표기-고유어 인명의 차자표기 방식과 원리를 중심으로>, ≪고문서연구≫ 33, 63-94, 한국고문서학회.

박승목(2005), <성명학의 이론 정립과 과제>, 공주대학교 석사학위논문.

박수밀 외(2011), ≪살아있는 한자 교과서 2≫, 휴머니스트

박중배(2001), <한자이름 이야기>, ≪한글한자문화≫ 20, 56-58, 한글한자문화.

박헌순(1991), <이름의 종류>, ≪새국어생활≫ 1(1), 39-56. 국립국어연구원.

박현순(1969), <우리나라 인사말과 이름에 대한 소고>, ≪경대문학≫ 4, 36-39, 경기대학교 국어국문학회.

방향옥·이상우(2011), <중한 인명에 대한 비교 고찰>, ≪중국인문과학≫ 49, 163-183, 중국인문학회.

밝한샘(2007), <성과 이름이 한자식 표현에서 벗어나는 일은>, ≪나라사랑≫ 113, 53-59, 외솔회.

배대온(2004), <여자이름 '소사(召史)'에 대하여>, ≪배달말≫ 35, 431-447, 배달말학회.

배우리(1984), ≪고운 이름 한글 이름≫, 해냄출판사.

배우리(1990), <순 우리말 이름 찾아 보급하는 고운 이름 한글 이름>, ≪한국인≫ 9(9), 38-42, 사회발전연구소.

삼성생명(1992), ≪자녀-한글이름이 늘고 있다≫, 홍보부 보도 자료.

새역사편찬위원회(2004), ≪한국인의 성씨와 족보-인간의 뿌리를 생각하자≫, 온북스.

서정수(1991), <우리말 이름의 로마자 표기에 관하여>, ≪새국어생활≫ 1(1), 104-113, 국립국어연구원.

서정수(1993), <우리의 이름과 정보화 사회>, ≪한글 새소식≫ 246, 한글학회.

서정수(1993), <우리 이름의 변천 과정>, ≪한글 새소식≫ 247, 한글학회.

송정근(2008), <상업적 명명어의 단어유형 체계 설정을 위하여>, ≪우리말글≫ 42, 89-114, 우리말글학회.

송정자(1992), <고유어 이름 짓기의 조어론적 연구 : 인명을 중심으로>, 고려대학교 석사학위논문.

신도희(2007), <성명의 시대적 변천 과정과 사용 현황 연구>, 경기대학교 석사학위논문.

신봉승(2001), ≪TV 드라마 시나리오 창작의 길라잡이≫, 선.

신석호(1997), <성씨(姓氏)에 대한 고찰>, ≪한국인의 족보≫, 일신각.

안미숙(1988), <이름의 의미성에 관한 연구>, 이화여자대학교 석사학위논문.

안병희(1977), <초기 한글표기의 고유어 인명에 대하여>, ≪언어학≫ 2, 65-72, 한국언어학회.

안승덕(1983), <여학생의 이름에 쓰인 한자의 양상>, ≪국어교육≫ 44, 359-377, 한국국어교육연구회.

안승웅(2010), <한국인의 작명실태에 관한 연구>, 원광대학교 석사학위논문.

왕안석(1989), <택호와 종자명 호칭>, ≪선청어문≫ 18, 24-47, 서울대학교 국어교육과.

양명희(2007), <한국인의 언어의식의 변화>, ≪사회언어학≫ 15(1), 107-128, 한국사회언어학회.

양명희(2012), <인명의 특징과 그에 대한 언어 태도 연구-서울, 광주, 목포 거주 고등학생을 중심으로->, ≪한국어학≫ 55, 239-266, 한국어학회.

양명희 · 강희숙 · 박동근(2013), <인명에 대한 언어 태도 연구 : 고등학생 자녀와 그 부모 세대를 중심으로>, ≪사회언어학≫ 21(3), 181-120, 한국 사회언어학회.

양명희(2015), <가수 및 그룹의 명명 방식에 대한 사회언어학적 연구 -1990~ 2009년의 멜론 차트를 중심으로->, ≪한말연구≫ 36, 37-62, 한말 연구학회.

양병선(2000), <한국 인명 로마자 표기법 연구-음절단위 국어의 영자표기법>, ≪언어학≫ 8(3), 281-302, 대한언어학회.

양병선(2002), <성씨의 로마자 표기에 관한 제언>, ≪인문과학연구≫ 7, 157-195, 전주대학교 인문과학연구소.

양병선(2003), <우리말 한자 인명 로마자표기에 관한 연구>, ≪언어학≫ 11(4), 101-122, 대한언어학회.

양병선(2005), <인명 로마자 표기 실태 및 분석-국가대표선수를 중심으로>, ≪언어학≫ 13(1), 135-158, 대한언어학회.

양병선(2006), <한글 이름 로마자 표기에 관한 제언>, ≪현대문법연구≫ 43, 201-224, 현대문법학회.

양병선(2008), <인명 영문 로마자 표기법 : 새전자주민증 사용에 대비하여>, ≪언어학≫ 16, 193-216, 대한언어학회.

유동삼(1980), <한글로 이름쓰기>, ≪나라사랑≫ 37, 8-9, 외솔회.

유동삼(1985), <사람 이름 표기는 올바르게>, ≪나라사랑≫ 54, 4-5, 외솔회.

유영희(2003), <학생 이름 매력도가 교사의 학생 평가에 미치는 영향>, 이화여 자대학교 석사학위논문.

유창균(1975), <고구려인명표기에 나타난 용자법의 검토>, ≪동양학≫ 5, 85-98, 단국대학교 동양학연구소.

柳玟和(2016), <『日本書紀』의 고구려 인명 표기>, ≪일본연구≫ 40, 중앙대학교 일본연구소.

柳玟和(2016), <『日本書紀』의 韓國 古代人名 尊稱 接尾語 考察>, ≪일본어문학≫ 68, 일본어문학회.

유풍천(1993), <이름 석자만은 한자로 쓰자>, ≪어문연구≫ 21(3), 348-348, 한국어문교육연구회.

윤석진(2012), <'놀이'로서의 TV드라마 시청 방식 고찰>, ≪한국언어문화≫ 47, 89-121, 한국언어문화학회.

이관식(1995), 한국 고대 인명어 어원 연구, 경희대학교 대학원 박사학위논문.

이관식(2002), ≪한국 고대 인명어 연구≫, 보고사.

이광숙(1981), <사회 계층과 작명>, ≪어학연구≫ 17(1), 85-94, 서울대 어학연구소.

이대근(2003), <작명 유감>, ≪한글한자문화≫ 42, 78-81, 전국한자교육추진총연합회.

이두희 · 박용규 · 박성훈 · 홍순석(1988), ≪한국인명자호사전≫, 계명문화사.

이명아(2016), <한중 이름 호칭어의 사회문화적 의미>, ≪철학 · 사상 · 문화≫ 21, 동국대학교 동서사상연구소.

이보영(2003), <이름 고정관념이 교사의 학생 평가에 미치는 영향>, 이화여자대학교 석사학위논문.

이복규(2007), <한국인의 이름에 대하여>, ≪온지학회≫ 16, 363-388, 온지학회.

이복규(2012), ≪한국인의 이름 이야기≫, 학고방.

이성천 · 김민철(2008), ≪이름 짓기 사전≫, 문원복.

이수건(1991), <한국 성씨의 유래와 종류 및 특징>, ≪새국어생활≫ 1(1), 23-38, 국립국어원.

이수건(2003), ≪한국의 성씨와 족보≫, 서울대학교 출판부.

이순옥(2007), <미스 코리아 변천사로 본 뷰티에 관한 연구-헤어스타일과 메이크업을 중심으로>, ≪코리아뷰티디자인학회지≫ 3(3), 191-199, 코리아뷰티디자인학회.

이장희(2003), <6세기 신라 금석문의 인명 접사 연구>, ≪언어과학연구≫ 26, 227-252, 언어과학회.

이정선(2015), <조선총독부의 조선인 이름 정책과 이름의 변화 양상들>, ≪역사민속학≫ 49, 87-120, 한국역사민속학회.

이옥연(1983), <명명에 대한 사회언어학적 연구-간판 용어를 중심으로>, ≪韓國國語敎育研究會 論文集≫ 24, 49-79, 한국어교육학회.

이우람(1991), ≪누가 이름을 함부로 짓는가?≫, 대한성명학회 출판부.

이용배(2009), <고유 명사 인식을 위한 인명사전 구축>, ≪초등교육연구≫ 20(1), 237-248, 전주교대 초등교육연구원.

이은경(2008), <TV 드라마에 나타난 남녀 등장인물의 성격과 역할>, ≪문명연지≫ 18, 183-214, 한국문명학회.

이은영(2005), <이름과 언어를 통해 본 재일한국인의 아이덴티니>, 중앙대학교 석사학위논문.

이응백(2001), <한자의 이름>, ≪한글한자문화≫ 23, 38-41, 전국한자교육추진 총연합회.

이영미(2008), ≪한국인의 자화상, 드라마≫, 생각의 나무.

이현주(2004), <전문용어 명명절차에서의 다의성 : 사진용어와 관련하여>, ≪불어불문학연구≫ 60, 601-630, 한국불어불문학회.

이현주(2006), <전문용어 명명절차 속의 일상어휘의 역할>, ≪프랑스학연구≫ 37, 275-299, 프랑스학회.

이홍식(1954), <백제 인명고>, ≪논문집≫ 1, 21-39, 서울대학교.

임의택·고희청(2011), <한국 TV 홈드라마의 변화와 특성에 관한 연구>, ≪커뮤니케이션 디자인학연구≫ 35, 89-121, 커뮤니케이션디자인학회.

임영철(1995), <일본의 사회언어학 - 언어의식을 중심으로>, ≪일어일문학연구≫ 26, 201-228, 일어일문학회.

임종욱 편(2010), ≪한국인명자호사전≫, 이회문화사.

장세경(1986), <삼국사기와 삼국유사의 동일 인명의 이표기에 대한 연구>, ≪인문논총≫ 11, 5-33, 한양대학교 인문과학대학.

장세경(1987), <<삼국사기> 인명중 동일인명의 이표기에 대한 연구>, ≪인문논총≫ 14, 5-40, 한양대학교 인문과학대학.

장세경(1990), <고대 복수인명 표기의 음성·음운론적 고찰-<삼국사기> <삼국유사> 인명을 중심으로->, 동국대학교 박사학위논문.

장세경(1991), <백제 인명 표기자 연구-<일본서기>의 한국 인명 표기자와의 비교>, ≪동방학지≫ 71·72, 563-580, 연세대학교 국학연구원.

장 휘(2005), <한족 성명 및 한민족 문화 심리 특성>, ≪필절사범고등전문학교학

보≫ 23(2).

전수태(2004), <북한의 이름 짓기>, ≪한국어 의미학≫ 14, 55-73, 한국어의미
학회.

정경일(1997), <한국 인명의 로마자 표기 양상에 대하여>, ≪한국언어문학≫ 39,
171-186, 한국언어문학회.

정민 외(2011), ≪살아있는 한자 교과서≫, 휴머니스트.

정성윤(2002), <신라인명의 차자표기 연구>, 동국대학교 석사학위논문.

정성현(2008), <중한 성명 이동간술>, ≪대중과학·과학 연구 및 실천≫ 제1호.

정종수(2005), <이름의 유사성으로 생성된 별명에 관한 연구>, ≪언어연구≫
21(2), 1-18, 한국현대언어학회.

정진영(2010), 한국어교유명사 연구, 부산대학교 박사학위논문.

정용기(2001), <인명용 한자에 대하여>, ≪한글과 한자문화≫ 23, 42-43, 전국
한자교육추진총연합회.

조규태(1980), <조선시대 여자 이름의 어학적 고찰>, ≪효성여대여성문제연구≫
9, 283-296, 대구효성가톨릭대학교 사회과학연구소.

조규태(1981), <민적부에 나타난 여자이름 연구>, ≪효성여대여성문제연구≫
10, 297-306, 대구효성가톨릭대학교 사회과학연구소.

조규태(1993), <우리 이름의 변천 과정>, ≪한글 새소식≫ 247, 한글학회.

조오현·김용경·박동근(2002), <토박이말 이름 어휘집-가게이름>, ≪사람이름≫,
문화관광부.

조준학·박남식·장석진·이정민(1981), <한국인의 언어의식>, ≪어학연구≫
17(2), 167-197, 서울대학교 어학연구소.

조진기(1984), <소설과 아펠레이션>, ≪한국현대소설연구≫, 86-92, 학문사.

주림림(2009), <한국와 중국의 이름에 관한 비교 연구>, 충남대학교 석사학위논
문.

지미란(2005), <인명용 한자의 비교 연구>, 연변대학 석사학위논문.

채서영(2004), <한국인의 영어 이름 사용 실태와 작명 방식 변화에 대한 영어의
영향>, ≪사회언어학≫ 12(2), 261-278, 한국사회언어학회.

채소영(2011), <성명학의 이론적 고찰>, 공주대학교 석사학위논문.

채 완(2010), ≪광고와 상표명의 언어 연구≫, 지식과 교양.

최범훈(1976), <한자차용 고유인명 표기체계 연구-금석문·고문서를 중심으로>, 동국대학교 박사학위 논문.

최범훈(1977), ≪한자 차용 표기 체계 연구≫, 동국대학교 한국학연구소.

최범훈(1980), <한자차용 고유어 인명표기 조사연구>, ≪국어학≫ 9, 101-121, 국어학회.

채소영(2011), <성명학의 이론적 고찰>, 공주대학교 석사학위논문.

최준호(2012), ≪추사, 명호처럼 살다≫, 아미재.

최창렬(1994), <전래 순 우리말 이름의 어원>, ≪선청어문≫ 22, 685-703, 서울대학교 국어교육과.

통계청(2016), <2015 인구주택총조사-전수부분 : 등록센서스 방식 집계결과>.

한국정신문화연구원(1991), ≪한국민족문화대백과사전≫, 한국정신문화연구원.

한국언어문화연구원(2005), ≪한국의 성씨와 이름≫, 한국언어문화연구원.

한국현대소설학회(1994), ≪현대소설론≫, 평민사.

한연석(2015), <삼국유사(三國遺事)에 보이는 인명(人名)(자(字)) "대성(大城), 염촉 (厭髑)"의 재고(再考)>, ≪한문교육연구≫ 45, 한국한문교육학회.

한연주(1994), <현대 한국인명의 연구>, 인하대학교 석사학위논문.

한정주(2015), ≪호, 조선 선비의 자존심≫, 다실호당.

한창진(1991), <조선 사람의 성과 이름 짓기>, ≪문화어학습≫ 1991년 3호.

한희준·예용희·류범종(2010), 학술정보서비스에서 인명검색 고도화 방법, ≪한국콘텐츠학회논문집≫, 490-498, 한국콘텐츠학회.

황명철(1993), <고유어로 된 사람이름의 구조적 특성>, ≪문화어학습≫ 1993년 1호.

Barry, H. and Harper, A.(1995), Increased choices of female phonetic attributes in first names, *Sex role* 32.

Crystal, David(1992/1997), *An Encyclopedia dictionary of language and languages, Cambridge*, MA : Blackwell.

Fasold, Ralph W.(1984), *The Sociolingistics of Society*, Oxford : Blackwell.

Garrett, Peter(2010), *Attitudes to Language*, Cambridge University Press.

Harari, H. and McDavid, J.(1973), Name stereotypes and teachers' expectation, *Journal of educational psychology* 65.

R. Wellek & A. Warren(1970), *Theory of Literature*, Penguin Books.

Schiffman, Harold E.(1996), *Linguistic culture and language policy*, London and New York : Routledge.

Smith, G.(1998), The political impact of name sounds, *Communication monographs* 65.

http://ccat.sas.upenn.edu/~haroldfs/540/attitudes/woolard.html(homepage of Harold F. Schiffman)

http://kosis.kr/nsikor/view/stat10.do.(국가통계포털사이트)

https : //ko.wikipedia.org(위키피디아 '한국의 성씨와 이름')

http://www.census.go.kr/mainView.do(2015 인구주택총조사)

찾아보기

저자 소개

강희숙 조선대학교 국어국문학과 교수
≪국어 정서법의 이해≫(2010, 단독)
≪사회언어학사전≫(2012, 공저)
≪우리말 편지≫(2014, 단독)
≪사회언어학 : 언어와 사회, 그리고 문화≫(2014, 공저)
≪언어와 금기≫(2015, 공저)
≪다른 말과 틀린 말≫(2016, 단독)
≪언어 변이와 변화≫(1998, 공역)

양명희 중앙대학교 국어국문학과 교수
≪현대국어 대용어에 대한 연구≫(1998, 단독)
≪인터넷 통신 언어와 청소년 언어문화≫(2006, 공저)
≪한국어 듣기교육론≫(2011, 공저)
≪사회언어학 : 언어와 사회, 그리고 문화≫(2014, 공저)

박동근 대진대학교 교양교육원 교수
≪한국어 흉내말의 이해≫(2008, 단독)
≪한국어학의 이해≫(2008, 공저)
≪한국어 어휘 연구의 새로운 모색≫(2008, 단독)
≪토박이말 이름의 실태와 분석≫(2005, 공저)

한국인 이름의 사회언어학

초판 1쇄 인쇄 2016년 12월 23일
초판 1쇄 발행 2016년 12월 30일
저　자 강희숙·양명희·박동근
펴낸이 이대현
편　집 권분옥

펴낸곳 도서출판 역락
주소 서울시 서초구 동광로 46길 6-6 문창빌딩 2층
전화 02-3409-2058, 2060
팩스 02-3409-2059
등록 1999년 4월 19일 제303-2002-000014호
이메일 youkrack@hanmail.net
역락블로그 http://blog.naver.com/youkrack3888

값 23,000원
ISBN 979-11-5686-717-3 93710
* 파본은 구입처에서 교환해 드립니다.

이 도서의 국립중앙도서관 출판예정도서목록(CIP)은 서지정보유통지원시스템 홈페이지(http://seoji.nl.go.kr)와 국
가자료공동목록시스템(http://www.nl.go.kr/kolisnet)에서 이용하실 수 있습니다.(CIP제어번호: CIP2016032411)